# 東印度公司與亞洲的海洋

## 跨國公司如何創造二百年歐亞整體史

東インド会社とアジアの海

羽田 正（東京大學東洋文化研究所教授）————著

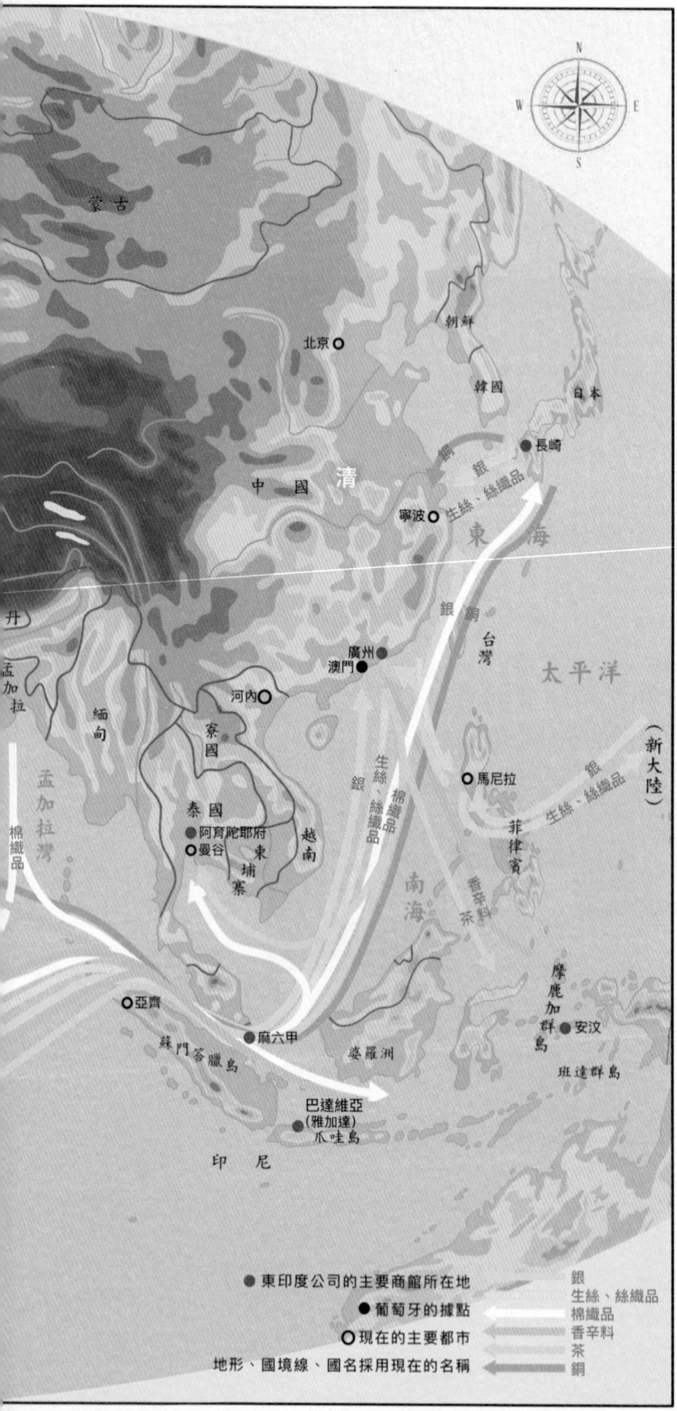
N
W
E
S
蒙古
朝鮮
北京
韓國
日本
長崎
中國
清
銅
銀
寧波
生絲、絲織品
東海
銀
銅
台灣
廣州
澳門
太平洋
河內
孟加拉
緬甸
寮國
新大陸
銀
生絲、絲織品
馬尼拉
銀
生絲、絲織品
棉織品
孟加拉灣
棉織品
泰國
阿育陀耶府
曼谷
柬埔寨
越南
菲律賓
南海
香辛料
茶
摩鹿加群島
亞齊
安汶
麻六甲
蘇門答臘島
婆羅洲
班達群島
巴達維亞
(雅加達)
爪哇島
印尼
東印度公司的主要商館所在地
葡萄牙的據點
現在的主要都市
地形、國境線、國名採用現在的名稱
銀
生絲、絲織品
棉織品
香辛料
茶
銅

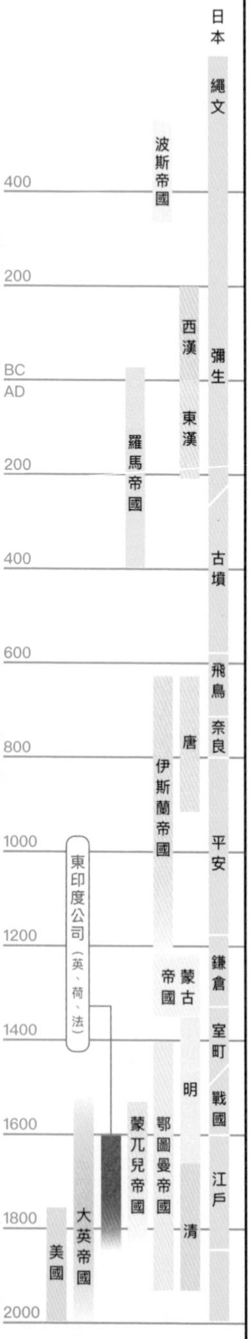
日本
400
200
BC
AD
200
400
600
800
1000
1200
1400
1600
1800
2000
繩文
彌生
古墳
飛鳥
奈良
平安
鎌倉
室町
戰國
江戶
波斯帝國
西漢
東漢
羅馬帝國
唐
伊斯蘭帝國
蒙古帝國
明
清
鄂圖曼帝國
蒙兀兒帝國
東印度公司（英、荷、法）
大英帝國
美國

# 印度洋海域過去是世界交易的中心

荷蘭、英國、法國等國家的東印度公司，在十七～十八世紀將亞洲生產的香辛料、絲織品、棉織品、茶、銀、銅等商品運往全世界，促成世界的一體化，而印度洋海域就是其活躍的舞台。與其相鄰的南中國海、以及與日本海相連的東中國海所構成的亞洲海域，是本書的另一位主角。

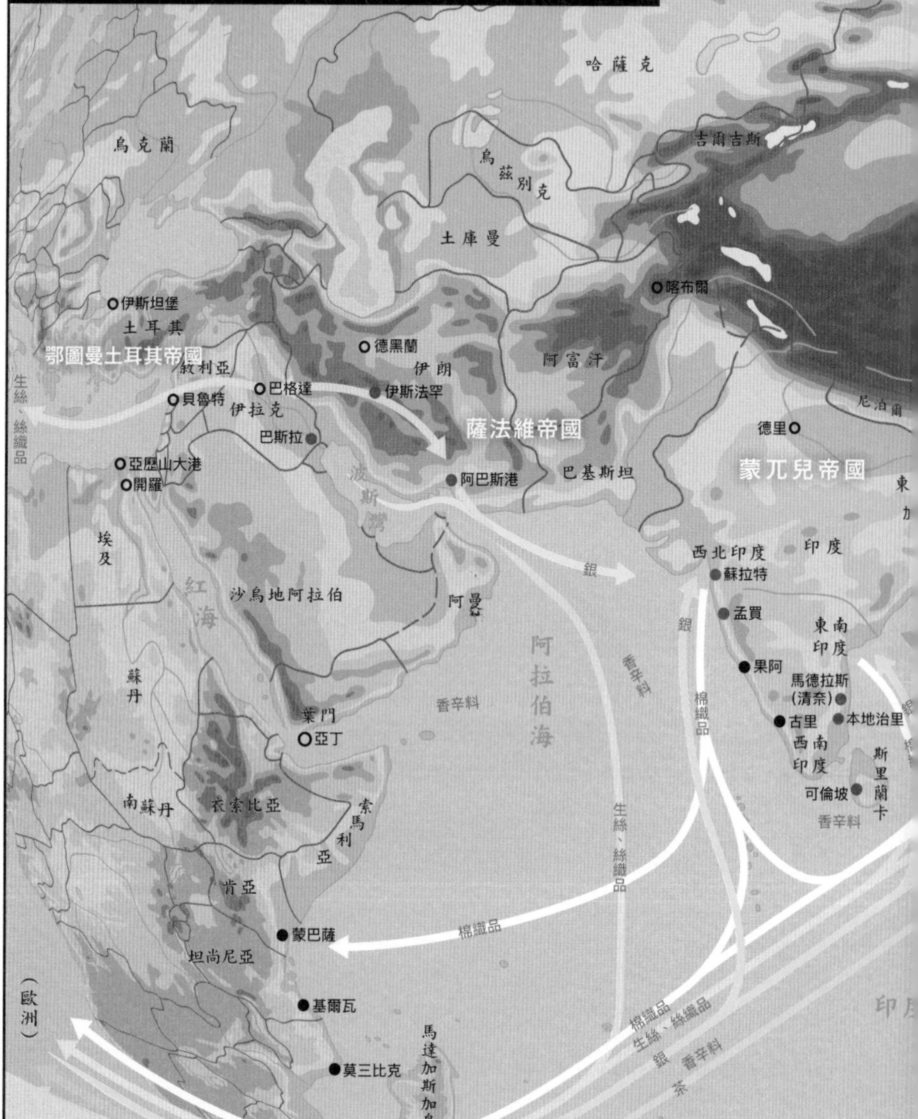

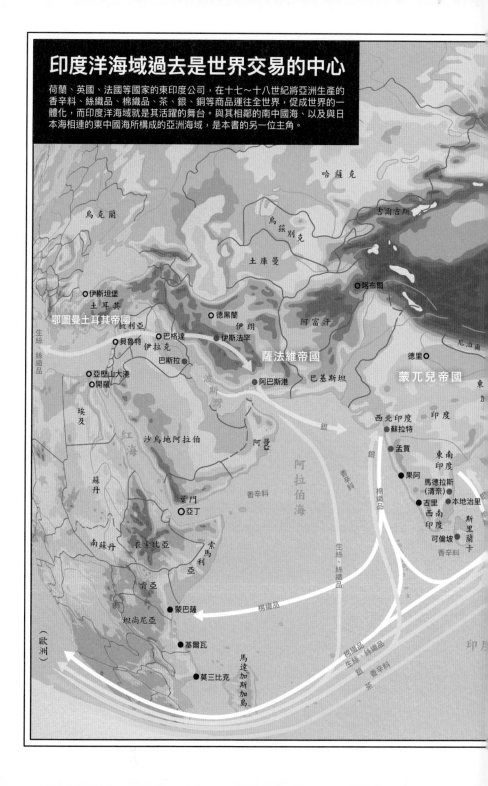

# 目錄

# 前言

英國東印度公司的紋章

## ◎四百年前的世界

攤開並且眺望世界地圖，試著想像距今大約四百年前，西元一六〇〇年代初的世界，那是一個與我們目前生活的現代極為不同的世界。接著，再試著想像從美洲大陸往東繞行世界一圈。

今日的美國所在的北美大陸，當時大部分仍然是原住民居住的空間。來自英國的移民開始建設真正的居住地——詹姆斯鎮（Jamestown, Virginia）是在一六〇七年；而清教徒先輩（Pilgrim Fathers）搭乘五月花號（Mayflower）抵達這片大陸也不過是一六二〇年的事情。至於在中、南美洲，來自西班牙和葡萄牙的移民，驅

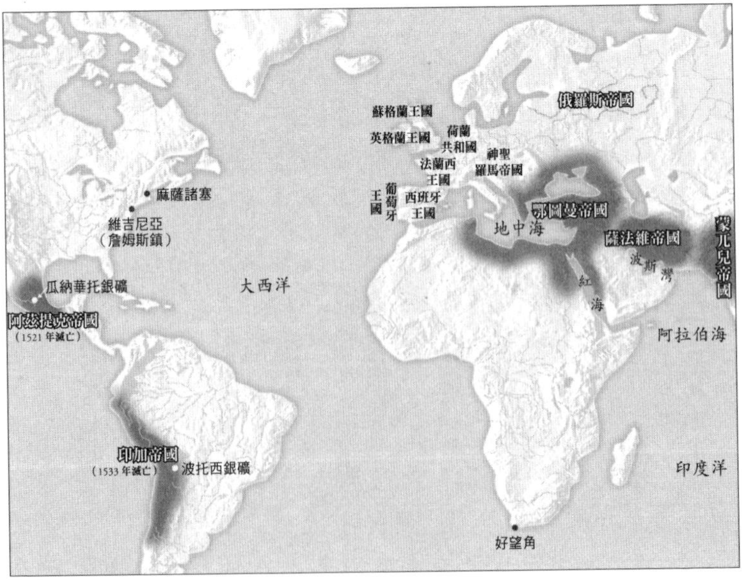


十七世紀初的世界

使原住民與來自非洲大陸的奴隸挖掘銀礦，並且開始栽種商品作物——甘蔗。當時距離歐洲人「發現」新大陸已經超過一個世紀。阿茲提克和印加等原住民建立的帝國已遭毀滅，當地連一個現代獨立國家的雛形都還沒出現。

接下來看位在歐亞大陸西邊的歐洲。從十六世紀前半開始，歐洲由於基督信仰與儀式的差異，造成政治上持續不斷的對立。新教徒勢力強盛的北部低地諸國與強制實行天主教的哈布斯堡王朝之間的獨立戰爭結果大致抵定，最後終於建立尼德蘭七省（荷蘭）共和國。失去手工業與金融中心的西班牙哈布斯堡王朝（Habsburg Spain）受到嚴重打擊。此時中歐日耳曼諸侯之間的宗教對立正起，三十年戰爭即將爆發，之後就連法國、瑞典等周邊各國也被捲入其中。

另一方面，英格蘭的伊麗莎白一世（Elizabeth I）頒布統一令，法國的亨利四世（Henri IV）頒布南特敕令（Édit de Nantes），使得兩國領內的宗教紛爭終於塵埃落定，王權的力量也逐漸強化，絕對王政的體制日益成形。至於主導文藝復興的義大利各城市的光芒在這個時期已經逐漸黯淡。當時歐洲地區的人口數推估約一億人左右。至於歐洲的東方，俄羅斯的羅曼諾夫王朝（House of Romanov）即將誕生，俄羅斯人的勢力終於開始延伸到烏拉爾山脈的東側。

接著把目光從歐亞大陸的西南方轉到南方。那裡有數個比鄰的帝國，由西到東分別是鄂圖曼帝國、薩法維帝國（Safavid dynasty）與蒙兀兒帝國。這些帝國的影響力遍及廣大的領域，規模遠遠超越歐洲的各個王國。當時蒙兀兒帝國的人口超過一億人，據說甚至多達將近一億五千萬人。推估當時世界總人口數也不過五億數千萬人，也就是說約有五分之一的人口集中在蒙兀兒帝國。三個帝國的皇帝或政治強權者雖然都信奉伊斯蘭教，不過帝國領內的人民卻大多數是非伊斯蘭教徒。因為帝國內部宗教、宗派之間的對立與抗爭被強大的王權掩蓋，不像歐洲那樣浮出檯面，所以幾乎沒有成為問題。從現代反觀當時，十七世紀初可以說是這三個帝國的最強盛時期。鄂圖曼帝國與薩法維帝國的國境一帶雖然有激烈的紛爭，不過對於當時的人們而言，這些帝國的統治非常穩定，也因此皇帝的權力與權威也顯得極為強勢。

十七世紀初的世界東南亞與現在則形成極大的對比，當時居住的人數極少，估計人口只有二千三百萬人，人口密度每平方公里只有五點五人。這個數據僅當時中國或印度的七分之一到六分之一、歐洲的一半而已。不過從兩百年前展開的海上交易活動依然活絡，在這樣的背景下，各地都形成了擁有一定規模的政權。比如北蘇門答臘的亞齊（Aceh）、西爪哇的萬丹（Banten）、南蘇拉威西的望加錫（Kota Makassar）等島嶼部的伊斯蘭教徒王國，還有位在大陸部信奉佛教的泰國阿育陀耶王朝、緬甸的東吁王朝（Taungoo Dynasty）等。

從歐亞大陸中部到東北部一帶，是土耳其裔諸語系和蒙古語系民族的世界。不過各民族並沒有統一的政治或軍事政權，對於周邊各地區的影響力也不及三百年前的「蒙古和平」時期。這些人大多是遊牧民族，所以相較於使用火槍、大砲等火器的定居軍隊，漸漸處於劣勢。

歐亞大陸東部則有一個醒目並且已經持續將近兩百五十年的巨大帝國——明帝國。明帝國底下統治的人口約有一億人，幾乎與蒙兀兒帝國相同。然而當時的明帝國正面臨財政危機。因為十六世紀末的日本軍在豐臣秀吉的令下出兵侵略朝鮮半島，明帝國為了救援朝鮮而派遣大軍與日本交戰。前後兩次的戰役對明帝國帶來沉重的經濟負擔。支配階層的官僚之間、官僚與宦官之間的對立也日益嚴重，帝國正一步步地走向瓦解。另一方面，取代明帝國繼而建立清帝國的女真（jušen）人指導者努爾哈赤，於現在的中國東北地方建立後金，並逐漸擴大勢力。

最後來關注一下浮現於歐亞大陸東邊的日本列島。日本列島歷經了一百年以上的戰國時代之後，由德川家康建立江戶幕府。不過當時在大坂這座巨城裡，豐臣氏的勢力依舊健在，德川政權下的「天下統一」究竟有多穩定，此時還是未知數。當時日本列島的人口約有一千兩百萬到一千六百萬人左右。

除了以上的地區以外，大洋洲和非洲大陸應該也有許多居民各自營生。然而現代的我們對這兩個地區的政治與社會認識極為有限。因為不光是居住在大洋洲和非洲大陸的人沒有保留自己的歷史，也很少有人從外部造訪這些地方並留下記錄。這或許是因為這些地區的政權、社會對外部世界的影響不大之故。

## ◎四百年的巨大變化

把以上描述的四百年前的世界和現代的世界相比，相信讀者應該會對兩者之間的差異之大感到驚訝吧？當時地球上的總人口數不到現在的十分之一。讀者可以試著想像一下擁有現代知識的我們，如果誕生在當時的世界會有什麼樣的感覺。當時沒有飛機、鐵路、沒有汽車，人口也極為有限，地球給我們的感受，想必遠比現在更廣大。當時地球上最快的交通工具是馬。而不要說核能了，甚至連電力或瓦斯也沒有，所以夜晚漆黑一片，冬天也應該相當寒冷。尤其是十六世紀末到十七世紀初的這段時期，南法的隆河從一五九〇年到一六〇三年期間就曾經凍結三次，據說馬賽附近的海域在一五九五年也結冰了。

當時地球上將近六億人的總人口之中，約有百分之八十以上的人從事農業。前面所提到的大多數帝國、國家，幾乎都仰賴領地內農民生產的農作物維生。營生的方式可以說完全不同於第三級產業（商業及服務業）就業者眾多、逐漸都市化的現今世界。

現在是全世界關注焦點的中東地域，在當時沒有伊拉克、以色列，也沒有巴勒斯坦或是阿富汗；現在的世界超級大國——美國也還沒誕生。當時沒有任何一個國家的領土與現在完全相同。也許會有人說：「才沒這回事呢！『日本』不就是嗎？」實際上並非如此，因為當時德川政權的權力尚不及於北海道與沖繩。沖繩在那時是一個稱為琉球王國的國家。又譬如我們所稱的「英國」，在當時英格蘭、蘇格蘭與北愛爾蘭也還沒統合。地球上許多地區的政治體，在那個年代尚未被視為所謂「國」或「國家」。不只南、北美洲大陸和大部分的非洲大陸是如此，就連北海道愛奴人的社會也是其中一個例子。有些地區即使存在著所謂的「國家」，國界也總是曖昧不明。現代所有的陸地、甚至就連海洋都區劃著清楚的國界線，但當時的地球完全不是如此。不過才短短的四百年，地球和居住其中的人類社會竟然就有如此大的轉變。究竟是為什麼呢？

## ◎把世界視為一個整體的歷史

這是個任何人都會感到疑惑的根本疑問。為了回答這個問題，只專注於一個國家或地區的歷史並不充分，還必須要把世界視為一個整體，回顧世界整體的歷史才行。本書所要進行的嘗試，便是專注於十七世紀與十八世紀這兩百年間的歷史。因為筆者認為在過去的四百年裡，只要先了解了前半段兩百年的歷史，應該就能掌握明確的線索，思考之後兩百年間產生的變化吧？

再一次把目光集中到十七世紀初的世界。乍看之下，會發現這個時期的世界存在著各別的政治權力、國家，以及地區，各自以獨自的節奏刻畫歷史。在歐洲、西亞、東北亞等地區，人們雖然因為移動而產生政治關係、發生軍事衝突，不過就整體而言，每個地區的人依然各自生活在不同的空間，看似與其他地區的人毫無關聯。政治權力的型態或社會特徵看起來也因地而異。實際上，在當時占地球總人口數百分之八十以上的農民，大部分終其一生只知道自己生長的環境和其周邊地區。當時的世界與現代完全不同，通信、交通沒有那麼發達，人員、物品、資訊也不像現代一樣急速並大量流通，討論當時的世界時，真的能像現代這樣把整個地球視為一個整體嗎？

答案得視回答時站在什麼樣的立場而定。地球上無論哪個地方的人和周遭的生態環境都會相互影響，雖然影響的展現方式會依地區與時代而有所不同。如果把影響的過程視為一個整體，並且試著以這樣的角度去掌握、去描述環境與人之間相互作用的歷史，那麼整個世界就必須當成一個整體來看。而直到近代為止，國家在這樣的歷史敘述中都只不過是個配角而已吧？環境問題日益嚴重的現代，也特別需要這樣的歷史研究方法。筆者在不久的將來也想試著挑戰這種類型的歷史敘述。

至於本書所進行的嘗試則是透過把焦點擺在人員與物品的流通，考察世界

「芙蓉手」青花大盤　中央的「VOC」是荷蘭東印度公司的商標，為日本在十七世紀到十八世紀接受荷蘭的訂單所製作。

的過去。因為至少從人員的移動和商品流通的觀點來看，早在十七世紀初，除了南半球部分地區和北極圈以外，大部分的世界確實已經串連在一起。南、北美洲的銀流通到中國、印度，東南亞的香辛料則被運往中國和西亞、歐洲。被當作商品的非洲奴隸也在新大陸勞動。中國的絲綢及陶磁器也從東南亞被運到西亞，甚至被運到歐洲，在歐亞大陸全境都十分受歡迎，印度的棉織品也被運往亞非各地。日本列島和串連世界的商品流通網絡也並非全然無關。當時列島各地產出的大量的銀被運往中國，換成中國的生絲和東南亞的染料、香木再運回日本。無庸贅言，當時商人與船員為了運送這些物品，活動橫跨世界各地。

當然，如果只是關注歐亞大陸，這座大陸的東、西之間早在紀元前就存在著交流活動。十三至十四世紀的蒙古時代，緊密連結歐亞大陸東西兩側的陸上和海上交通也相當地發達。不過直到十六世紀，連同非洲和新大陸在內的全世界，才透過商品流通與人的移動緊密連結，地球像這樣成為一個整體在人類史上還是第一次。當時或許還談不上如此大規模的流通，不過若從現在回顧當時，這個時期的人與物品的流通所促成的地球一體化，正是決定日後世界史發展方向的關鍵因素。

## ◎透過東印度公司所見兩百年的世界史

本書試圖描述十七至十八世紀的世界史，而在其中擔任世界舞台引導者的正是「東印度公司」。這些公司就是在世界海上交通與商品流通一體化的背景下創立。英國東印度公司成立於一六〇一年，荷蘭東印度公司則成立於一六〇二年。其他包括法國、丹麥、瑞典、奧地利等西北歐各國，也在不久之後成立了相同性質的公司。就整體來看，這些公司都成立於十七世紀，到了十八世紀末至十九世紀初，就因為任務結束而解散。東印度公司在世界展開一體化的同時登場，並加速這股潮流，最後隨著世界一體化的完成也失去存在的意義，因而消失在世界的舞台上。

以《興亡的世界史》為題的系列叢書其他著作，主要講述的是王朝、帝國、文明等的興亡。本書在其中可以說是相當特

**荷蘭東印度公司的阿姆斯特丹分部**　現在是阿姆斯特丹大學的校舍。

別的存在，因為本書企圖透過東印度公司的興亡，描述整體世界在十七、十八世紀之間的變化。這是一項極為大膽的嘗試，因為日本近一百年來的歷史研究，都以日本史、東洋史、西洋史這三門學科為基本架構，但如果不打散這樣的架構，把整個「世界」視為研究主體，就無法涵蓋本書所欲探究的領域。

過去的相關研究以歐洲各國的東印度公司為單位進行，或是考察亞洲各國對於東印度公司的因應之策。主要的研究範疇舉例來說包括英國東印度公司進軍印度、荷蘭東印度公司與日本之間的長崎貿易，英國東印度公司對英國經濟產生的影響等等。其中即便只是一個個的小主題，留下的史料與相關研究成果的數量也都十分驚人。如果不把這些研究、史料統合起來，立基於一貫的視角進行考察，將無法描繪這兩百年的世界歷史。

老實說，一個人要挑戰如此巨大的主題可以說是一項無謀之舉。筆者本身在開始寫作後，也因為這項艱困的挑戰感受到數次挫敗。不過總有人得進行這項挑戰，因為目前的歷史研究需要以整體性的概念理解現代世界的建構，而身為一名歷史研究者，應該要正視這個課題。筆者基於這樣的想法，特別要求編輯部變更原有的提案，本書也因此誕生。當然在日文的出版品中幾乎沒有同類型的書籍。雖然必須在有限的頁數裡以極為粗略的方式描述，但如果這樣的敘述方式能夠多少帶給讀者新的氣息，將令筆者感到欣慰。

本書所處理的各地區與主題，都必須參照龐雜的相關研究。特別是日本研究者對於日本史及中國史、印度及歐美研究者對印度史的研究成果，數量可說是數也數不清，全部讀完是不可能的。筆者雖然企圖將主要的研究成果全部讀過，不過受限於時間，也不敢說掌握得十分全面，所以想必會有來自各地區的歷史專家對本書的內容提出批評，比如內容不足、論點不是最新、重要論點有所疏漏等等。對於這些批評筆者都將欣然接受。然而除去這些不完美的部分，本書還是有幾分優點，譬如橫向闡述「世界史」的嘗試，以及把「日本」置於這樣的脈絡當中。本書主要針對日本讀者以日文撰寫而成，這樣的優點或許是理所當然。而筆者的嘗試是否成功，端看讀者最直接的感想了，所以希望有機會能夠得到來自讀者的回饋。

## ◎亞洲與東印度

東印度公司雖然誕生於歐洲，不過其主要活動的舞台卻是在歐洲以外的地區。本書將東印度公司的活動空間稱為「亞洲海域」。「亞洲海域」以地理位置來說，指的是包含印度洋、南中國海、東中國海在內的海域（各海域和其沿岸）。印度洋以印度次大陸為界，又可以分為西側的阿拉伯海、波斯灣、紅海，與東側的孟加拉灣，本書中將前者稱為印度洋西海域，後者稱為印度洋東海域。

「亞洲海域」是一個權宜之稱，因為從現在的地理學來看，烏拉爾山脈以西的歐亞大陸稱為歐洲，以東則稱為亞洲。把歐亞大陸一分為二的稱法，造成了迄今為止的各種誤解、偏見、對立以及反彈，這已經無須多加說明。歐洲中心史觀、東方主義（Orientalism）、進步歐洲與停滯亞洲、大亞洲主義等，這些就現在看來有問題的概念，都是源自於歐洲與亞洲對立的世界觀，也因此必須謹慎地使用這兩個詞彙。在本書裡「歐洲」和「亞洲」都屬於中立的地理用語。亞洲境域遠較於歐洲廣闊，因此會適時地在「亞洲」之前加上表示方位的「東」「西」等字眼，如「東亞」「西亞」，並將依敘述的必要性進行區別。此外，為了展現歐洲只是地理上的名稱，當本書欲把東印度公司誕生的英國、荷蘭、法國等諸國當成一個全體指稱時，會使用「西北歐」一詞。各位讀者也許已經對一再重複的說明感到厭煩，還請見諒。不過還是要再一次提醒，毫無批判性地使用同時夾雜概念與地理性意義的「歐洲」一詞是相當危險的事情。

關於這件事情還有一點需要提醒。雖然說歐亞大陸在地理上區分為「歐洲」和「亞洲」兩大部分，不過人們的生活或是其整體的文化都無法明確地劃分為二。比如包含中國和日本在內的「東亞」、包含印度在內的「南亞」，以及包含波斯在內的「西亞」，都不可以因為同屬「亞洲」，就認為彼此擁有相近但不同於「歐洲」的文化。所謂的「亞洲」，不過是一個把「歐洲」視為整體空間的人們所使用的語彙，用來統稱文化與自己不同的人所居住的東方空間。

東印度公司活動的十七、十八世紀，來自「歐洲」東印度公司的人在「亞洲」全境進行交易活動。基於這樣的背景，也不是不能將「歐洲」與「亞洲」當成對比性的詞彙使用。本書選用「亞洲海域」一詞，就是這個原因。亞洲在東印度公司的時代，可以說首度成為一個整體。然而，這不過是當時的「歐洲」人與生於後世的我們的看法。對於當時的「亞洲」人而言，並不曾想過大家都是亞洲人，與歐洲人屬於不同的群體。比如江戶時代的長崎人，就不曾認為自己與華人及來自於現在的印尼、侍奉出島荷蘭人的侍僕一樣都是亞洲人，只有荷蘭人是不同於大家的歐洲人。

還有另一個容易產生誤會的名詞必須事先說明，那就是「東印度」。在十七世紀初左右，西北歐的人所認知到的世界中，從歐洲乘船往西遭遇到的島嶼、大陸，直到新大陸南端的麥哲倫海峽（Strait of Magellan）為止全都是「西印度」。加勒比海的島嶼群和南北美洲大陸都在這個範圍裡。至於從非洲南端的好望角到麥哲倫海峽沿岸的各地區則全都被視為「東印度」。因此，不光是現在的印度次大陸，包括從阿拉伯半島、波斯，經東南亞到中國的亞洲各地區全都被視為東印度各國，日本當然也包含在東印度裡。對於當時的歐洲人而言，不論是波斯、印度，還是中國、日本，全都屬於東印度的範圍。

所以，「東印度」一詞和「亞洲」一詞有相當程度的重疊性。不過，「亞洲」的地中海沿岸，也就是現今的土耳其、敘利亞一帶，就絕對沒有被視為東印度。中亞也沒有被歸入東印度的範圍。所謂的東印度，不過是乘船通過好望角往東後抵達的空間而已。日本就這層意義而言，也在企圖透過東印度公司探討世界歷史的本書當中，扮演著

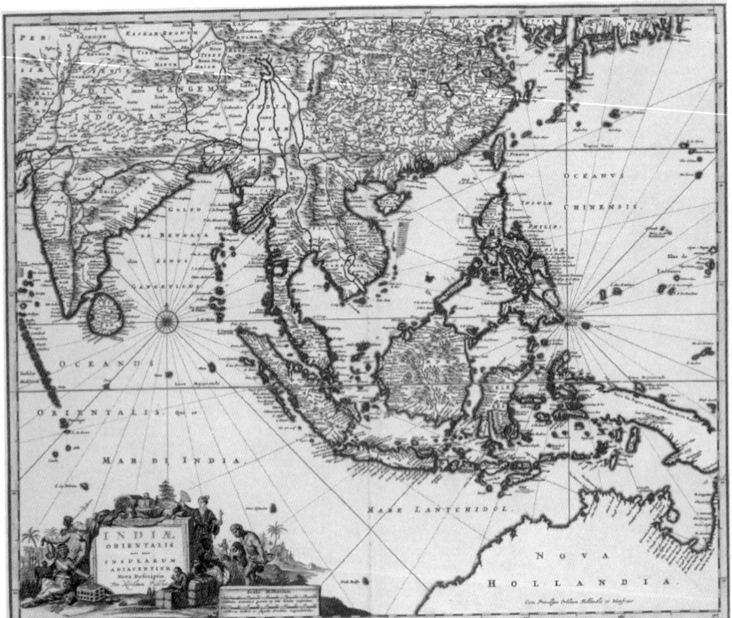


東印度地圖　荷蘭製圖師尼可拉斯（Nicolaas Visscher）所繪製的東印度地圖（1681年）。

重要的角色。世界史與日本史密不可分。另外，本書在描述「東印度」各地之事時，原則上使用現在的地理名稱，所以印度指的就是現在的印度次大陸。

## ◎世界中心的亞洲海域

透過人員和物品的流通促成地球一體化的功臣，正是西班牙與葡萄牙的船員。十五世紀末哥倫布「發現新大陸」之後，西班牙人開始進軍中美洲和南美洲各地，並且從墨西哥橫渡太平洋，在一五七一年時抵達菲律賓的馬尼拉，接著在一五八四年，西班牙商船從馬尼拉抵達日本平戶。另一方面，葡萄牙人在瓦斯科・達伽馬（Vasco da Gama）通過非洲最南端的好望角到達印度後，轉眼間也來到了亞洲各地，並於一五四二年或四三年抵達日本的種子島，之後便以九州各地為主展開貿易活動。這在日本是眾所皆知的歷史。我們不得不承認，就是因為有伊比利半島的西班牙和葡萄牙這兩個國家，以及其商船與船員，地球上的許多區域才能透過物品的流通合為一體。

另外還有一點必須強調的是，亞洲海域在本書中所描述的時代，處於世界商品流通的中心地位。請各位讀者再一次回想十七世紀初世界的商品流通路徑，究竟葡萄牙人和西班牙人為什麼要特意來到亞洲海域呢？因為亞洲海域對葡萄牙人和西班牙人而言就像一座寶山，充滿了香料、棉織品、絲織品、陶磁器等他們想要取得的商品。為了取得這些商品，只依靠歐洲生產的商品和貴金屬是不夠的，因此西班牙人運來新大陸的白銀，葡萄牙人則必須調度日本白銀，他們不是來亞洲海域販售歐洲生產的商品，而是被亞洲的商品吸引過來。正如同現在世界的金融活動以紐約的股匯市為中心一樣，在當時亞洲海域的交易行為，對世界整體的商品流通帶來極大的影響。更極端地說，亞洲海域才是當時世界的中心。

前言說明似乎有點過長了，接下來差不多該為各位讀者介紹亞洲海域。首先登場的是葡萄牙人，為了讓各位讀者能夠清楚了解東印度公司為何會出現、東印度公司進行交易的亞洲海域究竟是一處什麼樣的地方，我們必須再把時間往前回溯一百年，看看葡萄牙人當初出現在亞洲海域時，發生了什麼事情。時序為十五世紀末，地點是亞洲海域的西端，東非沿岸的莫三比克。

第一章

# 葡萄牙的「海上帝國」與亞洲海域

**瓦斯科・達伽馬**　葡萄牙國王派他前往印度尋訪東方的基督宗教王國與香料。

# 達伽馬「發現」印度

## ◎東非人發現葡萄牙人

一四九八年三月初，東非海岸港鎮莫三比克的居民，發現了三艘陌生的船隻與船員，並且為他們詭異的行動大感困惑。這些皮膚白皙的船員多數不諳此地通用的阿拉伯語。根據幾個通曉阿拉伯語的人提出的問題推測，他們似乎缺乏在這片海域經商的知識。現在他們正在請當地居民介紹海上嚮導。商船通常都停靠在岸邊，但這三艘船卻不靠岸，而是停在遠離岸邊的外海。鎮長造訪他們的船隻，獲贈帽子與珊瑚。但是他們並沒有鎮長想要的深紅布匹。

莫三比克位在印度洋西海域交易圈的最南端，許多異國船隻來到此地交易象牙、黃金、奴隸等商品。他們的目的都是經商，無一例外。這座城鎮的居民，已經習慣與異國商人往來。他們非常歡迎異國人的來訪。因為透過交易，雙方都能取得彼此想要的商品。但是他們總覺得搭乘這三艘船隻來訪的異國人，與其他商人不太一樣。這些異國人要的似乎不是單純的商業交易。他們到底是為何而來？當地區民與船員之間，散發出微妙的緊張感。

讀者想必已經知道這三艘船從何而來、又是由誰率領。沒錯，這就是由瓦斯科．達伽馬擔任指揮官的船隊。他奉葡萄牙國王曼紐一世（Manuel I）之命，出海尋找東方信奉基督宗教的國王，並且前往「印度」取得香辛料。他在前一年的一四九七年七月八日從里斯本出發，一月二十二日通過好望角，最後終於抵達此地。達伽馬乘坐的主船名為聖加百列號（San Gabriel），規模約一百噸左右，其餘兩艘船的規模分別為一百噸與五十噸，三艘船的船員人數總計在一百四十八人至一百七十人之間。

這些來自伊比利半島的葡萄牙人，才剛在一四九二年征服格拉納達（Granada），將穆斯林（伊斯蘭教徒）國王放逐到海洋彼端。他們身陷詭異妄想。他們稱呼說阿拉伯語的穆斯林為摩爾人，認定所有摩爾人都是敵人，如果摩爾人發現自己是基督徒，必定會發動攻擊。然而在當時的地中海，信奉伊斯蘭教的阿拉伯人與信奉基督宗教的威尼斯人或熱那亞（義大利語：Genova）之間的商業交易，都在和平中進行，葡萄牙人也不可能不知道這點。但是所謂的復國運動（葡萄牙語：Reconquista）剛結束，換言之隨後路德與喀爾文的宗教改革運動以及與之對抗的反宗教改革運動之火正要引燃。當時在歐洲西半部天主教文化圈，宗教與教派差異造成人與人之間決定性的隔閡，也經常成為足夠導致彼此殺戮的主要原因。

無論如何，抵達莫三比克的葡萄牙人立刻就發現這座小鎮許多居民是說阿拉伯語的穆斯林，當下就視他們為敵人。葡萄牙人把船停在外海，也是為了防止居民看見自己在星期天做禮拜的樣子，識破自己是基督徒。然而為了在陌生海域繼續航行，需要嚮導，也必須確保飲水與糧食。葡萄牙人無可避免地與居民展開交涉，因為一開始就片面視對方為敵人，所以不可能順利進展。語言歧異導致雙方難以互相理解，可能也是交涉不順的原因吧。最後達伽馬終於決定行使武力奪取飲水。於是看守取水處的莫三比克人突然遭到炮擊，葡萄牙人衝破他們的抵抗。有兩名當地人被殺，好幾人被擄做人質。還有兩艘當地船隻與所運載的貨物也遭到搶奪。

隔天葡萄牙人再度得意洋洋地來到取水處，沒有遭遇任何阻攔就取得飲水，他們直接走進市街，在中心開了好幾槍。據加入達伽馬船隊的其中一人在記錄中所寫：「摩爾人都關在屋裡，沒有一人想要外出到海邊來。」此地區尚未開始使用火器，因此人們肯定對火槍與大砲的聲音及威力感到震驚。葡萄牙船隊以暴力籌措到必要物資，兩天後就順風往北離去。他們離去時甚至無視這個水域的慣例，沒有支付港口使用費。

船隊後來依序行經蒙巴薩（Mombasa）、馬林迪（Malindi），並且不斷地重複這種讓當地人不信任的行為。他們殷切探求基督徒與其王國的消息，並且對阿拉伯人穆斯林展現出高到沒必要的敵意。還襲擊阿拉伯人穆斯林的船隻，搶奪船上運載的貨物。此外，指揮官達伽馬與各船的船長，絕對不下船上岸。除非已經與港市交換人質，否則船員們也不輕易上岸。這些行為完全不符常有來自其他地區的商船造訪的東非海岸各都市的慣例，非常不自然而且不可思議。

葡萄牙船隊在馬林迪首度遇到來自印度的四艘商船。商船船員是來自印度西南方喀拉拉海岸的基督徒。葡萄牙人在陌生的土地及海域，一心一意尋找基督徒與他們的王國，探索通往印度之路，這樣的相遇應該會讓他們由衷感到開心。他們在那裡充分取得印度航路以及印度港口的消息、成功雇用嚮導、補給糧食與飲水之後，在四月二十四日揚帆一路往印度前進。

對於這些不知道從哪裡突然出現、不遵循當地已經確立的商業慣例，動不動就依賴武器，最後又像暴風一般倏而離開前

肯亞都市馬林迪的紀念碑　標示出達伽馬船隊的登陸地點。

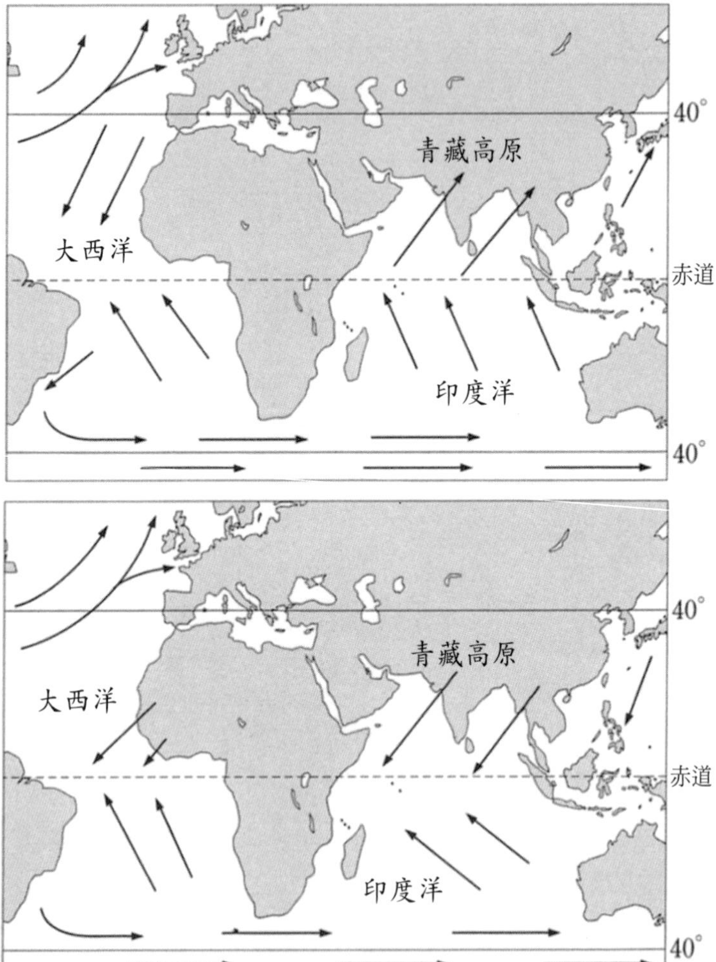


印度洋與大西洋的季風　上圖是夏季季風，下圖是冬季季風。

往印度的葡萄牙人，東非人是如何解釋他們的行動呢？遺憾的是，保留到現代的記錄全部都是從葡萄牙觀點描述，沒有留下東非人的看法。他們的反應或許只有「那些人是怎麼一回事？」的程度吧。但這陣暴風卻不是一時的，隨後就開始定期造訪此地的葡萄牙人，將對之後的東非歷史造成關鍵影響。

## ◎在印度洋海域世界航海

在往下講日後瓦斯科．達伽馬與葡萄牙人的航海前，先簡單介紹一下當時人們在他們的船隻駛進的印度洋一般採用的航海方法。莫三比克所在的南緯十五度以北的海域，一整年間的風向會規律地變化，這種隨著季節改變風向的風稱為季風。北半球的夏季，由於低氣壓位在青藏高原，因此風沿著逆時針方向吹，所以印度洋與中國海大部分的海域吹的是西南風或東南風。相反的到了冬天，青藏高原成為高壓地帶，風就從青藏高原順時針吹出，此時亞洲的海域就多半吹西北風或東北風。

就印度洋來說的話，十月底到隔年三月底左右吹的是東北風，也就是從印度次大陸吹往東非方向的風；從四月初到九月底則反過來吹西南風，也就是從東非吹往印度次大陸方向的風。

帆船巧妙地利用此種季風進行遠航。當地人在吹東北風的十月底至三月底，從印度次大陸往東非方向航行；在吹西南風的四月到九月中葉，則從東非往印度次大陸前進。

但是六月到八月中葉因為夏季西南風太強，風浪太大，不太適合航海。所以在此前後，亦即四月、五月與八月中葉到九月中葉之間，是從東非往印度次大陸航行的最佳時期。想請讀者回想到，伽馬等人從馬林迪航向印度的時候正是四月下旬。

## ◎印度洋海域世界的商品與人們

印度洋海域各地有著只在該地生產的特產。比如高級香辛料肉桂只產在錫蘭島與印度西南部、丁香只產在東南亞的摩鹿加群島、肉豆蔻與肉豆蔻花同樣只產在東南亞的班達群島。胡椒與生薑的主要產地在南印度的馬拉巴爾海岸與東南亞的蘇門答臘島、乳香從阿拉伯半島、馬匹則從阿拉伯半島與波斯出口。黃金與象牙的產地是東非、絲織品與地毯的產地是波斯，棉織品則是印度西北的古吉拉特邦（Gujarat）地方、印度東南的科羅曼德爾海岸（Coromandel Coast），以及印度東北的孟加拉地區特產，染織原料藍草則主要由古吉拉特邦地方所生產。

裝運其他地區特產的貿易船，為取得當地特產品造訪沿岸各地的港市，在市場進行商品交易。交易基本上以物易物，鮮少使用貨幣。在印度洋海域並不存在整個海域通用的共通貨幣。黃金與白銀不被視為貨幣，而被視為商品交易，極少用來作為付款手段。儘管葡萄牙人為了取得歐洲需求量大的香辛料，尤其是胡椒而來到印度洋，但胡椒也不過是在印度洋海域交易的眾多商品之一而已。

另外，本書之後在提到「香料」與「香辛料」時將會有所區別。「香辛料」在現代的日文中指的是「spice」，比如胡椒、丁香、肉桂、豆蔻等，主要用於添加在飲料與食物中調味。現在已經形成一個總稱，專指與「食」有關的調味料。另一方面，香料是法語「épicé」的古老涵義，等同於「來自遠方的異國物產」，因此所指的物品更廣泛，「香辛料」也包含於其中。當時西北歐的人，認為「épicé」是能夠為人體帶來良好影響的「藥材」，比如沉香、白檀、乳香、麝香、龍涎香等，主要當成薰香使用。此外砂糖與茶等飲料、食品也被認為具有藥效，在當時的認知中也屬於「香料」。

活躍於印度洋海域的商人，各自根據血緣、出身地以及宗教等形成共同體，在同伴的協助下從事商業活動。八到九世紀之後，說阿拉伯語的伊斯蘭教徒出入的這片海域，有時也被視為「伊斯蘭海域」，但這是過度簡化當時實際情況的錯誤看法。這片海域確實曾有許多穆斯林商人與船員，但除此之外，也有商人信奉伊斯蘭教以外的宗教，比如一般稱為巴尼亞（Bania）的古吉拉特邦地方印度教系。除此之外的地區也有其他的印度教宗派系、耆那教系（Jainism）、猶太教系、亞美尼亞正教系（Armenian Orthodox）、以及印度的基督徒系等等。這些商人形成各自的共同體，展開活絡的交易。

再者，也不是所有的穆斯林都形成一個團結的群體。事實上，印度洋海域同時存在好幾個不同的穆斯林群體，比如以阿拉伯半島的亞丁為據點的阿拉伯族裔、以波斯灣入口的荷姆茲海峽為根據地的伊朗族裔與阿拉伯族裔、以西北印度的古吉拉特邦各地為據點的遜尼派與什葉派族裔、群居於印度馬拉巴爾海岸的坎努爾郊外與蓬納尼近郊，隸屬於被稱為「瑪皮拉人（Mappilas）」的群體等，這些群體之間經常因為貿易方式與利益等發生衝突。

「伊斯蘭海域」這種說法，會讓人以為穆斯林團結在一起，以自己的方式完全支配印度洋海域的貿易，但事實並非如此。信仰不同宗教、多樣化的民族群體，在共存與競爭當中進行貿易，是這片海域商業活動的特徵。達伽馬率領的葡萄牙人，完全沒有必要隱瞞自己的基督徒身分。他們只要遵循這片海域的基本規則進行貿易，其他商人應該會把他們當成新的競爭對手，毫無問題地接納他們吧。

## ◎印度洋海域世界的港市與王國

當時印度洋海域的主要港市由東至西分別有馬來半島的麻六甲（Malacca）、西南印度的古里（Calicut）、西北印度的坎貝、波斯灣的荷姆茲（Ormuz）、紅海入口的亞丁，以及東非的基爾瓦（Kilwa）等。麻六甲既是印度洋海域世界的港口，同時也是印度洋海域與從南海到東海的亞洲海洋東部海域交界處，中國特產生絲與陶瓷器，以及東南亞各地香料、香辛料類商品在此地匯集。許多商船為了交換這些東方物產與印度、西亞、東非商品造訪這座港口。古里不僅是其腹地收成的胡椒集散地，同時也是商船從麻六甲往坎貝、亞丁與荷姆茲海峽的中繼站。坎貝以其腹地古吉拉特邦產的棉織品而聞名，同時也是航行於印度洋海域商船的一大建造基地。荷姆茲海峽是從波斯灣往地中海，或是從波斯前往中亞的交易據點；亞丁則是經紅海往埃及與地中海方向的交易中繼港。

在這些港市當中，經常可以看到在政治上從其腹地獨立，發展成專營貿易的王國之例。馬來半島的麻六甲與波斯灣的荷姆茲就是典型案例。這些王國的收入，多來自向商人進出口商品所課徵的關稅，如何提供遠道而來的商人有利的交易環境，將影響其榮衰。反之，港市與當地進行的貿易對於把據點設置於內陸的政治權力而言，就不是那麼重要的收入來源。可以認為對這些政治權力來說，與其支出高額的軍事遠征費用征服港市，還不如讓他們自由進行貿易，只要在商品進入內陸王國的領地內時能夠課徵關稅就已經足夠。印度洋海域的世界，當時並不存在企圖對這些多樣化商人群體的貿易活動加以管制、支配的政治權力。

當時瓦斯科・達伽馬的船隊所前往的南印度也一樣，毗奢耶那伽羅王國這個以內陸為據點的強大政治權力，其勢力也未必及於海岸地區。巴特卡爾（Bhatkal）、坎努爾、科欽（Cochin）等馬拉巴爾海岸的港口，也都是獨立或半獨立的小王國，形形色色從事海外貿易的商人在城市裡共存。胡椒與香辛料集散地古里，也是這樣的王國之一。

古里這座小鎮的起源據說可以追溯到十一世

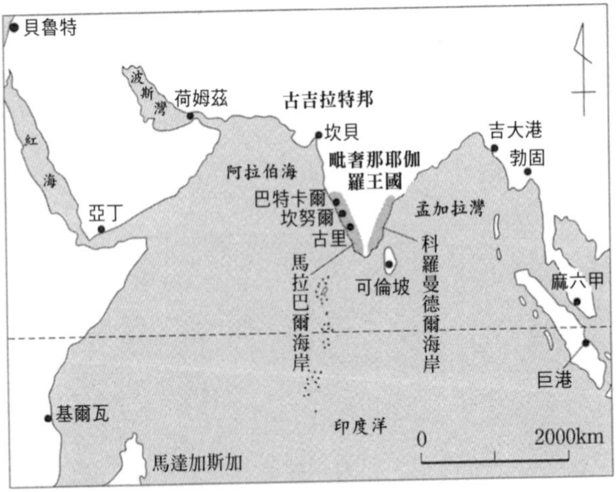


印度洋海域的主要港市（十五世紀後半）

紀。當地流傳著一則逸事，說明了這座小鎮對外來商人而言有多麼地安全，所以在此特別向讀者介紹。

來自東南印度科羅曼德爾海岸的商人，透過在紅海附近的交易獲得了龐大的利益，但在回程的時候，卻因為運載了過多的黃金，而出現沈船的危機。這名商人在不得已之下，在古里將裝有黃金的大寶箱委託給當地的國王保管。這些寶箱對這名商人來說已經是半放棄的財產，但當他再度造訪古里時，國王卻將寶箱原封不動地還到他手上。開心的商人想要將寶箱裡半數的黃金送給國王當作回禮，但國王卻一毛不取，因為國王認為自己「只是達到身為王者應該符合的期待」。於是商人便在這座小鎮建造市集（bazaar）建築，以回報國王的厚意。由此可知國王充分理解到對港市古里而言，獲得「因為國王是公正的所以城鎮很安全」的評價，比寶箱裡的半數黃金更重要。

## ◎瓦斯科．達伽馬抵達古里

從馬林迪航向印度西海岸的瓦斯科．達伽馬的船隊拜順風之賜，三個星期左右就橫越西印度洋，在五月二十日抵達古里並且下錨。隔天二十一日天明之時，來自陸地的小船靠過來盤問。葡萄牙人經過長時間航海，必定想要盡可能早一點上陸，但達伽馬卻慎重以對。因為是危險未知的陸地，便派出為了初登陸而從葡萄牙就讓其乘船的囚犯中的一人，將他送上小船前去打探城鎮的狀況。

囚犯被帶到鎮上的廣場，那裡有兩名來自北非突尼西亞，說著卡斯提亞（西班牙語：Castilla）語及熱那亞語的「摩爾人」。摩爾人是當時歐洲諸多語言文獻中經常出現的單字，指的是說阿拉伯語的伊斯蘭教徒。囚犯在那裡看到地中海世界常見的長相，想必十分吃驚吧。

兩人向囚犯詢問了如下的問題：「天啊，你們是怎麼到這裡來的？」會感到吃驚的，並不是只有來到此地的葡萄牙人。

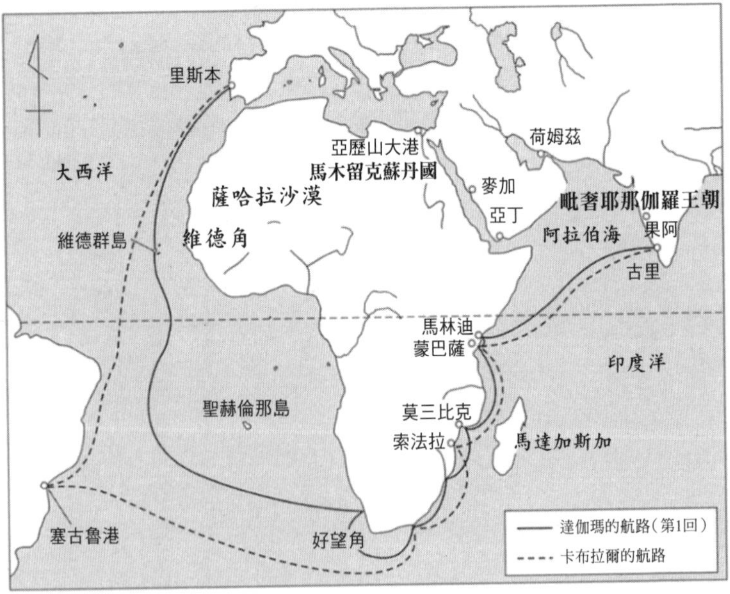


瓦斯科·達伽馬與卡布拉爾的航路

為了回答這個問題，囚犯可能說明了船隊通過好望角來到此地。摩爾人聽了囚犯說明後接著問：「你們是想要找什麼而大老遠跑來這裡的？」囚犯則回答：「我們來這裡是為了尋找基督教徒與香辛料。」

他們之間的對話進行了一陣子，兩人便跟著囚犯回到達伽馬的船上。「幸運、幸運。這裡有很多紅寶石，有很多綠寶石。你們要感謝神帶你們來到這片充滿財富的土地。」船上的人聽到他們說的話，都懷疑自己聽錯了。因為這是他們自葡萄牙出航以來，第一次遇到能夠理解他們語言的人。

達伽馬後來也打聽城鎮的狀況，慎重評估得到的訊息，同時派人告知古里國王，自己是葡萄牙國王派遣的使節，攜有葡萄牙國王交付的信函。五月二十八日，船隊抵達古里一星期後，離開城鎮的國王回到王宮，達伽馬獲准謁見。

## ◎達伽馬在古里

達伽馬為了安全起見，將哥哥保羅留在船上，他自己則終於踏上了陸地。迎接他們一行人的是許多看熱鬧的群眾。葡萄牙人發現群眾多數不是穆斯林，但因為他們不具備印度教的知識，似乎誤以為這些人是基督教徒。一行人也把前往皇宮途中經過的印度教寺院，當成是基督宗教的教堂。

儘管朝臣要求抵達皇宮的達伽馬告知來訪目的，但達伽馬不予理會，並主張自己是葡萄牙國王的大使，要直接與國王會談。古里國王名叫扎莫林，直到夜晚來臨達伽馬都還在對扎莫林極力強調葡萄牙國王是多麼地強大與富裕，自己是奉葡萄牙國王之命來尋找基督教徒國王，而且帶著奉命在找到基督教徒國王時要呈遞的信函，希望返國時能夠帶還禮的大使同行。兩人之間語言互不相通，因此應該有翻譯同席。我們並不知道達伽馬的話轉了兩手或三手之後，國王能夠理解多少。

隔天達伽馬在住宿處準備送給國王的禮物，但來訪的國王僕從與伊斯蘭教徒商人看到擺出來的貨品都笑了出來：布匹、外套一打、帽子六個、珊瑚、水盤六個、砂糖一桶、奶油與蜂蜜兩桶。「這才不是給國王的禮物。就算是來到這座城市的最窮酸的商人，也都會準備比這些更像樣的東西。如果你對國王有所請求，就得獻上黃金。」達伽馬聽到他們這麼說雖然有點不安，還是苦澀地辯解：「我不是商人而是大使。而且這不是葡萄牙國王的禮物，是我個人的禮物。如果是國王送的禮物，當然會遠比這些更豪華。」這番話如實地傳達了在印度洋海域進行的交易有多麼興盛，物產多麼富足，反之當時葡萄牙與周邊各國在物質上又是多麼貧乏。

達伽馬隔天再度獲准謁見國王，國王一副理所當然的樣子問他：「如果你來自那麼富足的王國，為何什麼都沒有帶來？」達伽馬則回答：「這次只是來探路的，所以什麼都沒有帶。下次船再回來的時候就另當別論了。」國王諷刺地問：「你們到底是來探什麼路的？」接著又下令：「總之快點回到船上，把帶來的東西全部卸下，能賣的都賣一賣。」這道命令對國王來說理所當然，因為來到古里的外國人全部都是商人，他們將商品帶到這座城鎮販賣，而王國的收入大部分來自向他們課徵的關稅。國王也想要葡萄牙人大幅戮力經商，以便向他們的貨品課稅。

達伽馬與葡萄牙人，覺得自己受阿拉伯人的穆斯林商人敵視。雖然沒有明確證據，但他們恐怕是多心了，因為他們對阿拉伯人穆斯林懷著不必要的戒心。不過對阿拉伯人的穆斯林商人而言，就算來了三艘葡萄牙人基督教徒的船，也不會立刻就覺得自己的買

古里海岸的達伽馬登陸紀念碑

賣受到威脅吧。伊斯蘭教徒與基督教徒的宗教信仰不同，他們之間應該存在著某種緊張感。但在印度洋海域，宗教信仰不同的人在競爭中共存是再自然不過的事情。阿拉伯人商人不可能特別只把葡萄牙人當成敵人。

但是，就在達伽馬打算回到船上時，葡萄牙人與古里港的負責人及阿拉伯人穆斯林商人之間，因雙方誤解而形成緊張氣氛。達伽馬想要搭乘小船回到停在外海的船上，但古里人卻要求葡萄牙船更靠近岸邊。葡萄牙人懷著某種被害妄想，認為伊斯蘭教徒必定會設下陷阱殺害自己。然而古里人只不過是害怕如果讓達伽馬輕易回到船上，葡萄牙船可能會不按規定支付港口使用費就出港。雙方花了好幾天談判，達伽馬最後同意將貨物從船上卸下，作為不立刻出港的證明，他終於得以回到船上。

## ◎回程的旅途

後來葡萄牙船隊在古里停留了大約三個月的時間。這段期間達伽馬允許各船每次派一名船員上岸，參觀古里城鎮、使用自己帶來的商品進行交易。葡萄牙人使用織物、錫、鎖子甲等自己帶來的貨品，交換胡椒、丁香、肉桂、寶石等等。葡萄牙人同時對於自己的貨品只能低價販賣，以及當地商品的低廉價格感到驚訝，原來古里物價遠低於葡萄牙。

即使長時間停留，達伽馬對阿拉伯人穆斯林商人的警戒也沒有鬆懈。在進行平常交易活動的範圍內，古里應該是座安全的城鎮，正因為如此才有許多異國商人造訪，讓城鎮變得繁榮。但葡萄牙人好像害怕什麼般地不敢解除戒心的樣子，肯定讓當地人對他們心生懷疑。達伽馬相信城鎮中有人蠢蠢欲動，有針對自己的陰謀正在進行。八月二十九日，他們終於從古里揚帆出港。與達伽馬同行的威洛（Álvaro Velho）如此寫道：

「八月廿九日星期三，我們確認可以取得前來尋找的東西，也就是香料與寶石。但另一方面，我們也知道無法在和平友好的氣氛中離開此地。所以提督與船長商量之後決心出發。」

結果葡萄牙人直到最後都無法與當地人順利和解。但是他們強行出發的八月，還是吹西南季風的時期。沒有吹向東非的東北風，他們直到十月五日，都不得不在印度西海岸的外海來來去去，等待風起。即使暫時出到外海，風向也不如人意，橫越西印度洋費時長達三個月。長時間漂浮在海上導致壞血病蔓延，多達三十名船員死亡。三艘葡萄牙船，都分別陷入只剩下七、八名水手的慘狀。從印度的歸途遠比去程更加艱難。

一四九九年一月九日，船隊終於抵達馬林迪。他們結束簡單補給之後，十一日就從當地出發。他們想必希望盡早離開有阿拉伯人穆斯林勢力的土地，回到葡萄牙吧。但是水手人數變得太少，不足以維持三艘船的船隊，最後只好在蒙巴薩附近將船員集中到兩艘船上，將一艘船燒毀拋棄。兩艘船在三月二十日通過好望角進入大西洋，後來的航程相形之下較為順利，七月初其中一艘先抵達，到了八月旗艦聖加百列號終於回到里斯本。但是，聖加百列號上卻沒有瓦斯科·達伽馬的身影。達伽馬與罹患重病的哥哥保羅，一起在大西洋上的停靠港聖地牙哥島換乘別艘船，順道前往亞述群島。保羅在當地死亡，達伽馬將哥哥埋葬之後才返回里斯本。這時距離從里斯本出發已經過了兩年多。

## 葡萄牙的「海上帝國」

### ◎威尼斯人的困境

瓦斯科·達伽馬的船隊回到葡萄牙這件事，不只在葡萄牙，在地中海沿岸各地也造成轟動。曼紐一世早已在達伽馬回國之前，就送信給西班牙的斐迪南國王與伊莎貝拉女王、以及羅馬教宗，並在信中驕傲地宣告葡萄牙人發現了真正的印度。他也大膽地稱自己為「衣索比亞・阿拉伯・波斯・印度征服者與航海及交易支配者」。

歐洲人立刻就理解到葡萄牙人直接抵達印度代表什麼意義。兩艘船帶回來的香辛料與寶石等商品的銷售獲益，就算扣除兩年間航海所支出的總費用，也還有充分的餘額。停留於里斯本的翡冷翠商人在寄回故鄉的信中寫道：「這麼一來，威尼斯人可能得停止黎凡特（東方）貿易（Levant trade），改當漁夫了。」

當時的歐洲對胡椒與香辛料的需求量相當大。但是寒冷的歐洲沒有生產能產製胡椒與香辛料的植物。胡椒只有在印度與東南亞生產，歐洲人消費的胡椒全部仰賴東方進口。在瓦斯科・達伽馬直接抵達印度之前，印度產的胡椒多數在古里集散，從那裡利用船隻送往波斯灣、紅海一帶，接著再經由敘利亞、埃及、地中海送到威尼斯，最後才運往歐洲各地。這些胡椒經過許多商人與運輸業者之手，從海洋送到陸地，再從陸地送到海洋，然後再送到陸地重新裝運，運送距離相當遙遠，不僅途中必須被課徵好幾次關稅，往歐洲的進口途徑也被威尼斯商人壟斷，所以送到消費者手上時，價格已經漲得相當高。

達伽馬的航海成功讓歐洲人知道，只要直接前往印度採購大量胡椒回來，再用略低於威尼斯商人的價格販賣，即使扣掉航海往返的各項費用，還是能夠獲得龐大利益。威尼斯人確實將因此陷入困境。

## ◎卡布拉爾的航海

達伽馬的船隊為葡萄牙帶回了壓倒性大量的東方資訊。譬如胡椒與更高級的香辛料的正確產地、從古里到地中海的香辛料交易實態、達伽馬一行人以為是基督教國家的印度港市王國現狀等等。而印度洋不存在配備大砲的強力艦隊，火槍在沿岸地區也不普及的資訊，最為重要。

曼紐一世立刻下令組織航向印度的新船隊，這次規模比達伽馬出航時更大，總共艤裝了十三艘船。所謂「艤裝」指的是帆船為了長時間出海，所做的所有出發準備。具體而言就是備妥船帆與纜繩等航行必需的裝備，積載大砲、火槍、砲彈等武器，還有糧食與飲水等船員所需物資，以及商品。

由於獲報大砲與火槍在「東印度」能發揮威力，就不會疏於準備裝載到船上的槍砲。卡布拉爾（Pedro Álvares Cabral）率領的這支大船隊，在達伽馬船隊歸來半年多之後，在一五〇〇年三月上旬從里斯本出發。船隻調度與艤裝理應相當費時，但里斯本浸淫在發現印度的激情當中，距離下一次的航海想必也不會隔太久吧。

儘管達成在回程時發現巴西的功績，而且在短短一年四個月間就往返印度，但在一五〇一年六月回到葡萄牙時，卡布拉爾的航行依然被嚴厲地批評為失敗的航行。因為他在抵達印度的去程就喪失七艘船，回程時也放棄一艘，導致帶回的商品數量不足以收回整趟航海支出的費用。還在古里引發武力衝突，導致五十四名葡萄牙人喪命。又炮擊城鎮導致未能在當地設立商館。葡萄牙國王發現航向印度、取得利益未必是件輕鬆的事，不得不猶豫是否該繼續投入王室寶貴的財產派人出海。

## ◎瓦斯科・達伽馬第二次航海

得知國王心生猶豫，達伽馬向國王表示會自行支付船隊資金，希望國王批准他再一次往東方航行。達伽馬靠著第一次航海後所獲的利益與封賞，現在已經成為不折不扣的葡萄牙大富豪。國王沒有理由拒絕他，一五〇二年二月，達伽馬提督率領二十艘船組成的大船隊出發前往印度。上次航海的經驗讓達伽馬堅信一件事，就是只要以武力壓制印度洋，就絕對能夠回收投資的金額，甚至還能獲得更龐大的利益。

這年七月十二日，葡萄牙大船隊來到當時東非最繁榮的港口基爾瓦海濱，齊射大砲；這是如果不服從自己，會不惜行使武力的示威行為。瓦斯科．達伽馬留下一封致船隊其他船隻的船長的親筆簽名信，署名於七月二十日：

「一五〇二年七月十二日，我抵達基爾瓦港，希望與國王見面，締結和平友好的關係。但是國王並不想見我，反而採取無禮的態度。於是我與部下決定對他發動攻擊，我們乘著小船來到他的府邸之前，把船頭駛上海灘。然後我用遠比國王對我展現的無禮方式呼喚國王，而他服從、前來了。我以每年向葡萄牙國王進獻一千五百密斯卡爾（mithqal，重量單位）的黃金為條件，與他締結和平友好的關係。他在本月支付一千五百密斯卡爾給我，成為陛下的臣屬。因此只要他維護和平，你們也必須維護。我命令你們待他們要如同待陛下的臣子般。」

從我們現在所知的外交禮儀看，達伽馬行為脫離常軌。如果現在拜訪其他國家時，突然在人家的港口外海發射大砲，叫人家的國王出來締結和平條約，會發生什麼事呢？這種行為肯定會遭到全世界譴責。而且基爾瓦國王在此之前，從未對葡萄牙人做過任何帶有惡意的行為。對達伽馬來說，這是首次造訪基爾瓦。

即便在當時的印度洋海域，這樣的行動也超乎想像地缺乏常識。如果希望在造訪當地時得到照顧，造訪者對當地領主表達敬意是極為自然的行為。但是裝載多門大砲的達伽馬船隊擁有壓倒性武力，基爾瓦國王只能服從，公理不敵強權。

達伽馬的暴力在此後依然持續。在九月抵達印度西海岸坎努爾的達伽馬船隊並沒有入港，而是在那裡伏擊從紅海方向駛往古里的船隻。先前卡布拉爾的航海，導致古里與葡萄牙人的關係決定性地惡化。達伽馬將航向敵國古里的船隻，全部視為掠奪對象。九月二十九日他們在捕獲一艘船、被一艘船逃掉後，一艘大船出現在地平線上。這艘船上載著剛結束麥加朝聖的男子，人數有一說是兩百四十名，也有一說是三百八十名，以及許多婦女與孩童。

葡萄牙船隊發射大砲迫使這艘船停下來，朝聖者中的富商表示願意交付贖金，希望放過他們。但是達伽馬不答應，他在徹底掠奪船隻之後就放火燒船，不顧還留在船上的乘客。據說達伽馬即使看到哭叫著求救的婦女與孩童也毫不動容，這種行為比支付一定金額贖金就會釋放人質的海盜更邪惡。但是對於十字軍精神根深蒂固的達伽馬與葡萄牙人而言，就算把整艘載滿伊斯蘭教徒的船都摧毀也無所謂。這時搶奪的財寶總額為三萬克魯札多，相當於葡萄牙王室年收入十分之一。

達伽馬船隊後來抵達古里，他們不理會試圖冷靜交涉的古里國王，要求國王賠償卡布拉爾來到這裡時所遭受的人、物損失，並將阿拉伯人穆斯林趕出這座城鎮。國王不答應這些要求，他們於是逐一捕獲經過的穆斯林小船，並處決先前俘虜的穆斯林，掛在桅杆上。人數據說有三十四人。他們也突然朝著聚集在港邊察看狀況的群眾開砲。砲擊持續了兩天，總共發射了四百發砲彈。建造在海岸附近的房屋與建築物被完全破壞。達伽馬在開砲攻擊這座四年前懷著憧憬與期待抵達的古里港時，是帶著什麼樣的心情呢？或者他想起了當初因為沒帶像樣的禮物時所受的屈辱，而在洩恨也說不定。

十一月三日，達伽馬留下五艘船封鎖古里港，暫時往科欽前進。達伽馬在古里的行動立刻傳遍印度西海岸各地。各地強烈反彈，因此當達伽馬的船隊再度抵達古里外海時，遭到包含三十四艘大船在內的大小船隻猛烈攻擊。但葡萄牙船的大砲具有壓倒性威力。而且被稱為「克拉克大帆船（Nau）」的葡萄牙帆船見長於往各個方向高速移動。後來達伽馬的僚船也從反方向出現，古里方的攻擊最後以失敗收場。

達伽馬從與古里政治關係未必良好的科欽及坎努爾大量採購胡椒與高級香辛料，又掠奪好幾艘船隻，於一五〇三年三月踏上歸途。如此一來駭人的破壞、掠奪與暴行暫時結束，但葡萄牙人並未完全退出印度洋。有五艘船沒有返回葡萄牙，留在印度洋守護設在科欽做據點的商館與葡萄牙的權益。

這一年十月二十四日，達伽馬船隊中十四艘船滿載著貨物回到里斯本。帶回的香辛料數量多達一五〇〇噸，售出後所得利潤龐大。達伽馬遵守與葡萄牙王的約定，自掏腰包支付一切航海相關費用，並且獲得龐大的財富與名聲。

日本在提到瓦斯科·達伽馬時，經常肯定地以「勇敢的冒險者」或「印度航線開拓者」稱之，然而他的真實樣貌卻是如此。他確實可能是勇敢的航海家，但各位讀者也不能忘記，他的財富大半是靠著無視當地慣例與情況的暴力商業交易、掠奪航行在印度洋上的船隻，以及殺害許多無辜的人累積得來。達伽馬同時也是異文化共存的印度洋海域的秩序破壞者。葡萄牙國王與其下屬在一五〇三年之後，便開始鑽研達伽馬所研發，以武力壓制印度洋海域的方法，並加以發展。

葡萄牙的克拉克大帆船

# 葡萄牙海上帝國的成立

## ◎嘗試壟斷香辛料貿易

印度洋海域的主要港口在一五〇三年到一五一五年的這短短十年多期間，接連遭受到葡萄牙船隊攻擊並且接受其支配。比如：東非的索法拉（一五〇五年）與莫三比克（一五〇八年）、波斯灣的荷姆茲（一五一五年）、印度西海岸的果阿（一五一〇年）以及馬來半島的麻六甲（一五一一年）等。這些港口多半淪陷於第二代總督阿方索·德·阿爾布克爾克（Afonso de Albuquerque）之手。印度洋西海域的主要港市當中，葡萄牙沒有成功征服的只有位於紅海入口阿拉伯半島上的亞丁，與西北印度古吉拉特邦地區的港口迪烏而已。葡萄牙在接受他們支配的港口留下葡萄牙人駐守，建設堅固的要塞。如此一來，葡萄牙船在印度洋西部海域的主要航路上就能旁若無人似的自由往來。可以說葡萄牙海上帝國的根基建立於阿爾布克爾克的時代。

一五〇一年到一〇年之間，從葡萄牙往印度洋出航並平安抵達當地的船隻數量，包括卡布拉爾與達伽馬船隊在內，總共是一百三十五艘，接下來十年間則為八十七艘。至於從印度洋航向葡萄牙的船隻，最初十年有八十八艘出航，七十三艘返回。下一個十年數量則分別為六十艘與五十九艘。應該可以得知當時常有相當數量的船隻在印度洋海域各地活動。

葡萄牙人征服港口，成為這片海域的「主人」，試圖透過武力支配並且管理在當地進行的貿易活動。這意味著他們徹底改變了這片海域至今的規則，海洋不再是任何人都可以自由航行，港口也不再是任何人都能自由使用。與地中海及北海等歐洲周邊的海域不同，在此之前印度洋沒有人試圖支配海洋以及利用海洋進行的交通及貿易。但是葡萄牙人出現後短短十餘年，印度洋海域秩序就被迫大幅改變。

葡萄牙人之所以會從事如此行為，是因為他們試圖壟斷胡椒與香辛料貿易。胡椒與香辛料原本都利用從印度西部海岸出發，途經紅海、波斯灣的航線，從西亞運到歐洲。葡萄牙人卻封鎖這條航路，不允許商品往西運送。取而代之的是，他們利用經過好望角的航路將胡椒與香辛料帶回，透過

| | 亞歷山大港（單位：噸） | | 貝魯特（單位：噸） | |
|---|---|---|---|---|
| | 1496～98年 | 1501～06年 | 1496～98年 | 1501～06年 |
| 胡椒 | 480~630 | 135 | 90~24 | 10 |
| 其他香辛料 | 580~730 | 200 | 150~180 | 35 |
| 合計 | 1060~1200 | 335 | 270~420 | 45 |

黎凡特（地中海東部海域）的香辛料貿易變化（年平均）

壟斷式的販賣牟取巨額暴利。

他們的行為乍看之下是一項無謀之舉，但胡椒與香辛料的裝運港、船隊經過的中途港、以及商品卸貨的最終目的地港口在某種程度上都已經決定好了，所以葡萄牙船隊只要配合季風方向，在這些港口附近檢查出入港口的船隻即可。封鎖這條航路至少在當初發揮了相當大的效力。

不過，印度洋沿岸各地的王侯與商人，也不可能對突然出現的葡萄牙人的放肆舉止袖手旁觀。直接面臨關稅收入劇減的埃及馬木留克王朝蘇丹與後來取而代之的鄂圖曼帝國蘇丹、以及古里國王等人也曾組成船隊，對葡萄牙船隊發動攻擊。他們有時雖然取得部分勝利，但整體來看，直到荷蘭人與英國人等歐洲各國人出現在印度洋海域之前，葡萄牙人對這片海域的武力支配都未曾動搖。

但是葡萄牙人欲透過武力壟斷的只有以胡椒為中心的香辛料貿易，絕非在印度洋海域上的所有貿易，因為這件事完全不可能辦到。印度洋海域的貿易，依然是由其他種類繁多的商品占大部分，並由各式各樣的商人集團在彼此競爭中進行。

## ◎「Estado da Índia」——葡屬印度

到了一五一五年左右，印度洋海域許多港市已落入葡萄牙人統治之下。這些港市原本只是散布在廣大印度洋沿岸的點，但葡萄牙人將這些點串連成線，並且傾全力維持。這些串成一線的「葡萄牙鎖鏈」的勢力範圍，在葡萄牙語中稱為「Estado da Índia」（葡屬印度），意思是印度國家、或是印度領地。葡萄牙人重視的是這條鎖鏈的內側，也就是海洋。葡屬印度就是一座不折不扣的「海上帝國」。

為了方便與一百年後出現的東印度公司進行特徵比較，在此事先針對葡萄牙本國與印度領地的關係、東方貿易的方法、印度領地的維持與經營等問題進行整理。從葡萄牙建立「海上帝國」，到十七世紀初東印度公司的船隻出現在印度洋為止的這一百年間，不僅葡萄牙國王與印度總督的政策隨時代而改變，也可從統治印度洋沿岸各地的當地政治權力的狀態看見變化。希望讀者可以了解到，這裡的整理頂多只是一張極為簡略的草圖，最主要的目的是方便與接下來東印度公司時代進行比較。

理論上，透過海上交通往「東印度」的發展，全部都是葡萄牙王室的獨資事業，只有葡萄牙國王有權力從葡萄牙派船前往印度洋。但是十六世紀初的葡萄牙只不過是西南歐洲的小國，人口只比一百萬略多一些。就王室財政規模來看，這種小國的國王不可能持續把大量的人員與船隻送往印度洋。比方說，一五〇五年在阿爾梅達指揮下前往印度洋的大船隊由二十二艘船組成，挹注於其艤裝的資金，就高達二十五萬克魯札多，相當於葡萄牙王室年收入的四分之三。如果持續對這項單一事業如此高額出資，王室財務肯定會崩潰。

是故派船前往東印度名義上雖是王室獨資事業，實際上卻牽涉到許多人與團體。前面提到的阿爾梅達船隊，半數以上費用其實是由日耳曼或義大利商人團體出資。即使是王室船隻，大貴族或商人只要能支付一定金額，也能獲得權利派該船前往東方。此外，一五一五年之後，王室也在相當於今日比利時安特衛普的地區設置商館，販賣從東印度帶回來的胡椒與香辛料等商品。王室以這間商館販賣商品的所得為擔保，向法蘭德斯的金融業者貸款建造船隻、調度派船前往東方的資金。王室雖然獨占派遣船隻的權限，實際上並非所有派遣費用都由王室負擔。

建造與艤裝東行船隻、準備商品、確保船員、葡萄牙與東方各地間的通信、販賣東方商品的業務等，均由里斯本的印度館（Casa da India）、王室財產監督院與安特衛普的商館（至一五四九年止）分工合作來進行。三者都是隸屬於國王的機構，但在當時的葡萄牙，國家財產與王室財產並沒有明確的區別，使得三者之間的關係錯綜複雜。再加上不同船隻的實際出資者與貨物所有者又有些微差異，因此這些機關業務內容更是糾纏不清。

印度領地的統治者是葡萄牙國王，至於在當地代表王權、負責民政與軍政的，則是由國王任命、派駐當地的「總督」。一五一五年之後，總督開始在果阿駐留。葡萄牙本國與果阿之間的通信，最短也需要十個月，因此印度領地實質上由總督與設於總督之下的評議會負責。評議會由果阿的大主教、果阿行政負責人（甲必丹，葡萄牙語：Capitão）、二至三名有力世家貴族以及王室財產管理人等組成。設於印度各領地的要塞數量多達五十個，以這些要塞為據點的商館，由葡萄牙派駐當地的負責人「甲必丹」駐守。甲必丹聽從總督

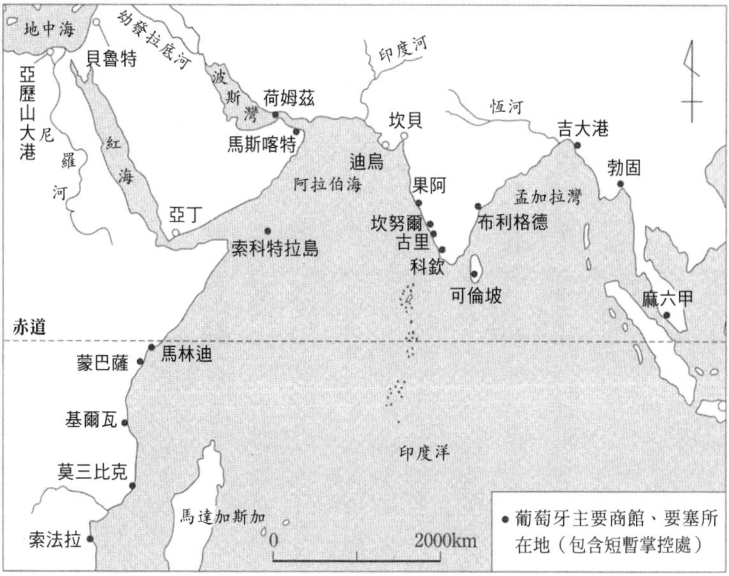

葡萄牙的「海上帝國」（一五二〇年左右）

指示，管轄責任區域內的民政與軍務。

## ◎葡萄牙人在「海上帝國」下的貿易

葡萄牙將印度洋海域納入其「海上帝國」，在這裡進行的航海與貿易，大致可以分成四種方式。第一是通過印度西海岸與葡萄牙之間的好望角的貿易。採用這種方法的船隻，為葡萄牙王室或與王室簽訂契約的人所有。這是自瓦斯科·達伽馬以來，葡萄牙人當初希望的貿易型態。自一五〇〇年至一六三五年間，平均每年有五艘半的船隻從葡萄牙抵達印度，三艘半返抵葡萄牙。初期船隻數量較多，隨著時代推進而逐漸減少。

在當地作業用的補充人手與購買物品時用來支付的貨幣由這些船從葡萄牙運往當地，船上還裝運大量的銅當商品。回程船隻，則裝運由王室壟斷，以胡椒為主的香辛料與象牙、黃金等高級商品，以及葡屬印度官員、商人與船員準備用來進行個人貿易的各式東方物產等。王室壟斷香辛料貿易，並且對個人貿易用的商品課稅。

第二是王室與取得王室許可者的船隻，在特定的年分，與特定區域之間進行的壟斷式航海與貿易。其貿易的對象具體而言包括中國與日本等東方各地區、暹羅、孟加拉、東南印度的科羅曼德爾海岸等。這種航海型態隨著時代演變，逐漸成為王室賞賜給官員及貴族的權利。譬如麻六甲的甲必丹，就擁有在十七個不同地域航海的權利。而這種因職務獲得的特權，也常被售予個人。換句話說，航海表面上雖然是只屬於葡萄牙國王的事業，但在印度領地的葡萄牙人，以個人身分用一定代價購買這種航海權利，因此實質上進行的是個人貿易。他們具體前往的地方請參考下表。從下表可以知道，一五八〇年左右，從果阿經麻六甲抵達長崎的航海，產生了壓倒性的利益。

以上兩者是合法的貿易型態。第三種則是原本是不應該存在的，葡萄牙人私下的個人貿易。瓦斯科．達伽馬「發現」印度航線還不到二十年，就已經有許多葡萄牙人基於各種不同目的造訪印度洋海域。擔任官員、神職人員、士兵等公職者，原本他們負有應該

| 路徑 | 利潤（單位：克魯札多） | 轉讓價格（單位：克魯札多） |
|---|---|---|
| 果阿～長崎 | 35000 | 20000 |
| 果阿～摩鹿加群島 | 9500 | |
| 麻六甲～澳門 | 10000 | 5500 |
| 科羅曼德爾海岸～麻六甲 | 6000 | |
| 麻六甲～巽他 | 10000 | 5500 |
| 麻六甲～婆羅洲 | 5500 | |
| 澳門～巽他 | 6500 | |

東亞區域內的貿易權利（一五八〇年左右）

為國王效力的義務，然而卻有許多官員、士兵與船員等人士，即使卸除職務仍不返回葡萄牙，繼續留在當地。一五一六年，在亞洲各地展開活動的葡萄牙人，包含他們與原本就為了進行個人買賣而前往當地的貿易商人在內，共有四千人左右。

未擔任公職的葡萄牙人，厭惡被限制在果阿與麻六甲等葡萄牙據點，過著受政府規範的生活，於是懷著一舉致富的夢想，自由奔向印度洋海域各地。換句話說，印度洋沿岸各地，從相當早期開始，就住著大致分成兩類的葡萄牙人。一種是居住在構成「葡萄牙鎖鏈」的要塞與據點，「隸屬於政府的」葡萄牙人；另一種則是在未直接納入鎖鏈的地點獨自營生，「不受政府管轄的」葡萄牙人。

後者的葡萄牙人中，除了海盜之外，多半以共同持有或與當地商人合作來持有船隻、或是以買下船隻的部分貨艙的方式，進行連結亞洲各港市的貿易。他們將東南亞香辛料運往印度各地，交換運送印度各地棉織品到東南亞；或是將波斯的馬與絲織品運往印度，再將印度的棉織品、染料、穀物運到波斯等，貿易型態相當多樣。

不用說，葡萄牙人並不是在亞洲各地域之間展開這種貿易的始祖。他們出現在印度洋時，各地商人與船員，早已相當盛行這種貿易。來自外部的葡萄牙人，發現這種貿易的高收益，因此加入了在這裡進行的「商業遊戲」。

這類私人貿易多數沒有得到果阿總督的許可，原本應該屬於違法的行為，因此有時也會出現禁止這類交易的命令。但實際上，只靠「隸屬於政府」的數量有限的葡萄牙人員與船隻，不可能取締這些非法貿易。而且理應站在取締方的官員們，也經常出手從事這種私人貿易。

## ◎「海上帝國」與「陸上帝國」的邏輯

葡萄牙人在十六世紀初成為加入印度洋海域貿易活動的新成員，最後產生以上三種新貿易型態。但是這三種型態的貿易，在整個印度洋海域的貿易業務中占不了多少比例。因為當地商人的貿易量壓倒性的大。葡萄牙人雖然未直接涉入當地商人的貿易活動，但也試著透過將他們的所有活動納入管轄的獨特方式取得收入。這種方式就是透過通行證（cartaz）進行貿易管理。

他們要求所有在葡萄牙管理的海域，也就是「葡萄牙鎖鏈」中進行貿易的船隻，都必須攜帶通行證，葡萄牙文稱為「cartaz」。通行證由果阿總督或各要塞的甲必丹等立場適當人士發行，上面記載船長姓名、船隻大小、船員明細等必要事項。沒有通行證的船隻若遭葡萄牙人捕獲，所有貨物都將被沒收，船員生命安全也無法獲得保障。相反的，持有通行證雖然能夠保障船隻航海安全，但來回都一定要在葡萄牙要塞靠港，並且也有根據裝運的商品納稅的義務。取得通行證的手續費相當便宜，只需要數盧比左右，但只要持有通行證就必須納稅給葡萄牙人，正是這個制度的基礎。

直到葡萄牙人的身影出現在印度洋之前，這片海域都沒有類似通行證的制度存在。對於透過海上交通運送的貨品所課徵的稅金，都只需繳交給裝貨出海與卸貨販賣的港市。但是自十六世紀之後，在印度洋進行貿易的商人，除了繳稅給這兩個港市之外，也必需繳稅給支配這片海域的葡萄牙人。至於取得通行證落實程度如何，我們並不知道正確數字。但從英國東印度公司即便到了十八世紀，也依然運用這個制度來看，通行證絕對是一個能夠管理當地商人的活動，並藉以取得收入的有力手段。

前所未見的新帝國，就靠著通行證制度，在印度洋海域中誕生。在此之前的帝國是「陸上帝國」，支配的領域是廣大的陸地，並且將來自農耕地的稅收當成主要收入。但是在葡萄牙人的印度領地中，幾乎沒有陸地領土。即便有，其大部分區域也只是人居住的城鎮，沒有從事農業活動。「葡萄牙鎖鏈」的內側是海洋。葡萄牙人的印度領地，是支配這片海上的交通與貿易，以來自海上的稅收作為主要收入的「海上帝國」。

稍微熟悉歷史的讀者，或許知道在十六世紀前半，誕生於北印度的蒙兀兒帝國的歷史吧？葡屬印度的全盛期，與這個帝國在第三代皇帝阿克巴統治下，勢力逐漸增強的時期幾乎重疊。這兩股同樣以印度次大陸為據點的勢力，為什麼未曾互相交戰呢？為什麼擁有龐大軍隊的蒙兀兒帝國，未曾試圖征服葡萄牙支配下的沿岸小港市呢？我在過去曾抱持著這樣的疑問。但是現在對於這些問題似乎有了答案。那就是蒙兀兒帝國是「陸上帝國」，葡屬印度是「海上帝國」，兩者的「守備範圍」不同，彼此利益也互不衝突。

我認為，如果蒙兀兒帝國統治下的印度各地商人，因為受到葡萄牙人壓力，在海上貿易吃盡苦頭，皇帝就應該對他們伸出援手。但是這個意見是以近代或東亞式國家與政治掌權者的樣貌作為前提。根據一位名叫皮爾遜（Michael Naylor Pearson）的學者研究，在西北印度的古吉拉特邦王國中，國王與居住在其領域內的人或團體之間沒有強大的政治關係，也對商人進行的事業漠不關心，所以未曾考慮花費鉅款動用軍隊保護他們。這是對當時印度洋沿岸的政治權力來說，能夠在某種程度上普遍化的原則。只要商人繳納規定額度的稅金，蒙兀兒皇帝就不會在乎他們從事的商業行為、以及他者對他們造成的影響。當地王權的這種特徵，也是本書主題之一，之後會再反覆提到。

## ◎葡萄牙人更往東進

葡萄牙人抵達印度洋海域之初，主要活動範圍集中在印度洋西部海域。這是因為他們認為為了壟斷歐洲的胡椒交易，必須將途經紅海與波斯灣的通商航線納入其支配。但是除了胡椒之外的多數高級香辛料、沉香與白檀等香木類，以及中國產的絲織品與陶瓷器等極富魅力的商品，幾乎都從東南亞方面運到歐洲。因此葡萄牙人的關心越過印度最南端科摩林角（Cape Comarin），轉向更東方，只是時間問題。

當時東南亞的國際商業交易中心，是馬來半島的麻六甲。根據葡萄牙人托梅．皮萊資（葡萄牙語：Tomé Pires）的描述，來自整個亞洲的許多商人全部來到這座城市，包括西亞的開羅、麥加、亞丁的摩爾人、波斯人、土耳其人、亞美尼亞人等；南亞的古吉拉特邦人、馬拉巴爾人、孟加拉人等；東南亞的柬埔寨人、占婆人、摩鹿加人、班達人等；東亞的中國人、琉球人等，港市使用的語言多達八十四種。麻六甲是亞洲海域西半部的印度洋與東半部的南海與東海物產交匯的場所，同時也是等待季風的港口，擁有絕佳的地理條件。

一五一一年，阿爾布克爾克的船隊運用砲擊展開激烈的戰鬥，最後征服了這個大型貿易中心，將原本統治城鎮的王族逐出此地，並且下令殺害這個城鎮所有的阿拉伯人穆斯林商人。對已經習慣在各種民族與信仰共存的土地上生活的阿拉伯人穆斯林而言，想必難以理解為什麼只有自己必須被殺吧。但是對當時的葡萄牙人來說，阿拉伯人穆斯林是與基督教徒敵對的可怕異教徒，從企圖壟斷香辛料貿易的立場來看，也必須加以抹殺。

古吉拉特邦的穆斯林商人已經認知到葡萄牙人在印度洋西海域的暴力行為，自此之後他們就放棄在麻六甲的交易，將商業據點轉移到東南亞其他港口。因此麻六甲無法再繼續維持像從前那樣匯集所有一切的繁榮經濟。但是葡萄牙人獲得印度東海岸泰米爾籍商人與船員的幫助，以麻六甲為基地造訪孟加拉灣沿岸各地，依序在東南印度的普利加特（Pulicat）、孟加拉的吉大港（現為孟加拉）、緬甸的勃固（Pegu）等地建設據點。不久之後，他們也得以抵達位於更東方、生產丁香與肉豆蔻等高級香辛料的班達諸島與摩鹿加諸島。

通過馬來半島更往東行，將會看到一片不同於印度洋的廣大全新海域——南海。從這片海域往北將能經過東海，抵達中國沿岸、琉球諸島、朝鮮半島與日本列島。本書統稱這片位在歐亞大陸東方的海域為「東亞海域」。拿下麻六甲，確保補給據點的葡萄牙人，接下來就像尋求丁香等高級香辛料時一樣，為尋求絲織品與陶瓷器等高品質中國產品，搭船往這片海域出發。他們航海的經過，與描述葡萄牙的「海上帝國」時，不可不提到的耶穌會所扮演的角色，將在第三章詳述。

## 「海上帝國」的極限

### ◎壟斷香辛料貿易的夢想

十六世紀初，葡萄牙人在印度洋海域涉足貿易活動的時期，最重視前述四種貿易方法中的第一種——葡萄牙與印度洋之間的貿易。既然派出商船的是王室，這也是理所當然的事情。但是，壟斷胡椒與香辛料在歐洲的販賣原本看似成功，不久之後卻發現創造不了多大的利益。因為其他商人接連找出在印度洋海域避開葡萄牙人管制，將商品運到埃及或西亞的方法。這些品質良好的商品經由威尼斯流入歐洲，未曾間斷。威尼斯人不需要當漁夫也足以生存下去。

事實上，構成印度領地的「鎖鏈」有一處極大的破綻，那就是葡萄牙人未能拿下紅海的入口亞丁。葡萄牙船在紅海入口附近沒有補給基地，所以很難隨時在那裡監視。當地商人運送香辛料的船隻，輕易就能避開葡萄牙人耳目。而且實際上只要西亞也有需要，就無法全數拒絕在香辛料紅海或波斯灣港口卸貨上岸。比方說，荷姆茲負責財務的官員，很難拒絕運送胡椒的船隻通關，眼睜睜地看著徵收關稅的機會溜走吧？至於上岸的商品會被運到何處，就不是葡萄牙人關心的事了。

建設並維持形成「葡萄牙鎖鏈」的眾多要塞與據點需要鉅額資金，也是令葡萄牙王室頭痛的問題。對於幾乎沒有陸地領土的「海上帝國」而言，取得建材極為困難。在某些地點的建設，甚至需要特地從歐洲運來建材。發放糧食、薪水給屯駐於要塞與據點的人員，補充武器彈藥都需要費用。「鎖鏈」圈住的範圍擴張得太大，賣掉胡椒與香辛料利益，大多因為這些開銷花掉。因此到了十六世紀中期，胡椒與香辛料無論經由葡萄牙還是經由威尼斯進到歐洲，價格都沒有太大的差異。儘管許多葡萄牙人付出努力，壟斷香辛料貿易的野心依然像這樣以夢想收場。

## ◎往私人貿易、在地化傾斜

想要踏上遙遠而且沒有任何資訊的未知土地，需要相當的覺悟。更不用說在距今將近四百年前，離開出生的故鄉葡萄牙，前往遙遠東方異境的，可能是些什麼樣的人了吧。抵達印度前，必須忍受半年以上的危險航行。而且葡萄牙人在氣候不同、水土不服的「東印度」，致死率相當高。很難想像普通人會斗膽前去這樣的地方。當時西歐並不存在觀光旅行的概念，除了商務旅行與工匠鍛鍊技術之旅以外，頂多就只有朝聖之旅的程度。四處旅行移動的人數有限。除了宣示絕對效忠國王的極少數貴族與官員之外，其餘遠赴東方的人，多半是在葡萄牙找不到正當工作的無賴、關在牢裡的罪人，以及想要一舉致富的冒險商人。罪人就當成死不足惜的士兵使用。

好不容易幸運地在東印度存活下來，對當地也有了一定程度了解的人，大多會開始從事私人貿易。這些人原本就是冒險者或粗人，是只會考慮自己利益的人的集合體。他們在印度的東、西海岸、泰國與緬甸沿岸，以及以澳門與長崎為首的東亞海域各地建立據點，和熟悉當地商業習慣的當地商人，一起戮力經商。這個傾向隨著時間經過愈來愈明顯。對他們來說，葡屬印度與自己無關，也沒有很重要。

來到東印度的葡萄牙人幾乎都是男性，極少有女性，所以他們多半與當地女性結婚，生下孩子。這些生下來的孩子就是所謂的「歐亞混血兒」。這些孩子雖然受官方承認為葡萄牙人，但已經很難要求這些留在當地又不斷跟當地女性結婚的人們的後代子孫，要對葡萄牙國王有忠誠心了。

所以為了維持葡屬印度的健全，必須經常從本國投入大量新的人才。但無論對王室財政而言、還是對本國人口組成而言，這都絕非易事。儘管如此，也很難強迫那些留在當地的人，一直當個「受官方認定」的葡萄牙人。葡屬印度的內部隨著時間經過愈來愈空洞化，而在亞洲海域，葡萄牙人在近乎不受管制的狀態下個別進行貿易活動的情況逐漸增加。

## ◎荷蘭的威脅

葡萄牙的「海上帝國」，就這樣隨著時間經過而變質，逐漸失去當初的熱絡與活力。更嚴重的是，包含本國與印度領土在內的整體經營，缺乏整合性。畢竟自一五八一年以後，就由西班牙國王菲力普二世兼任本國葡萄牙國王的大位這一點，也有影響吧。這位國王除了應付歐洲王室之間的戰爭與新教徒的戰爭，也必須考慮美洲大陸的經營，相當忙碌。所以無法專注在「東印度」的經營上也是理所當然。不過只要沒有出現其他威脅葡萄牙人權威的競爭者，至少他們在印度洋海域的立場就能維持安穩。

然而，威脅很快就出現了，就是荷蘭人。現在荷蘭所在的低地地區（尼德蘭），當時由西班牙的哈布斯堡王朝統治。受到十六世紀前半發生的宗教改革運動影響，許多荷蘭人成為喀爾文派新教徒。一五六八年，他們為了反抗強迫他們信奉天主教的西班牙國王菲力普二世而發動叛亂。此後西班牙與荷蘭之間的戰爭狀態一直持續到一六四八年，歐洲各國正式承認荷蘭的獨立為止。由西班牙國王繼承王位的葡萄牙，也從那時開始成為荷蘭的敵人。

十六世紀西北歐的經濟中心，比利時安特衛普的商人中也有很多新教徒。他們被西班牙國王強迫改信天主教，許多人移居到反抗西班牙國王的荷蘭，尤其是阿姆斯特丹。因此這座小鎮自一五八五年起的三十多年間，人口增加了七萬五千人之多，到了一六二二年已經成長為有十萬五千人居住的都市。增加的人口多數是來自安特衛普的富裕商人、金融業者、手工業者，所以阿姆斯特丹的經濟力也急速增長。

由於位處不適合發展農業的低濕地帶，許多荷蘭人很早就出海從事漁業或海運業。這些海運業者中，也有人前往葡萄牙的里斯本採購胡椒與香辛料等東印度貨品，並將其送往波羅的海沿岸各地。但是，自從荷蘭與哈布斯堡王朝進入戰爭狀態後，他們就被禁止在伊比利半島的港口靠岸。當高度航海技術與密集資本結合在一起時，會發生什麼事情已經很清楚了吧。荷蘭人開始考慮自己前往東印度了。

第二章

# 東印度公司的誕生

湯瑪士・史密斯　英國東印度公司（EIC）的第一任總裁。

# 東印度公司的成立

## ◎荷蘭人航向東方

荷蘭人在一五九〇年代考慮直接前往東印度，他們之所以會這麼做，除了上一章最後提到的理由之外，還有其他幾個原因。首先是英國的私掠船問題。「私掠船」會在海上襲擊其他船隻，搶奪該船乘載的貨物，與海盜船沒什麼兩樣，唯一的差別就是，私掠船的掠奪行為，獲得該船所屬國家的國王與政府許可。當時歐洲無論哪個國家都禁止海盜行為，所以如果抓到海盜，絕對會將其處以絞刑。但是如果船隻所屬國家的國王與其他國家敵對，國王就會允許該國的船員襲擊其他國家的船，這就是私掠船。所以也可以說私掠船就像是海軍的民間援軍。普通的船員可能突然變身為海盜，兩者只有一線之隔。

另外，本書裡雖然寫著英國，但正確來說應該寫成英格蘭。英格蘭、蘇格蘭與愛爾蘭在當時分別屬於不同的國家。當時的英格蘭王國無論在領土、政治體制，甚至是人民對國家的歸屬感，都與現在的大不列顛及北愛爾蘭聯合王國不同，使用「英國」這個詞彙來指稱兩者，其實是很大的問題。這麼做容易會讓人誤以為英國這個國家，從以前到現在都未曾改變。但是本書的敘述以簡明為重，在讀者都理解這類問題的前提下，依然使用「英國」這個跨時代的詞彙，描述大不列顛島最主要的政治權利與其領土。

英國是新教國，當時正與信奉天主教的西班牙、葡萄牙陷入戰爭狀態。請讀者回想起世界史教科書中提到的「英國海軍擊破西班牙的無敵艦隊」，這場海戰就是在一五八八年發生的事情。英國的私掠船因此經常襲擊大西洋上乘載胡椒的葡萄牙船，導致歐洲的胡椒價格在一五九二年之後飆漲。

此外，圍繞著北歐洲胡椒販賣據點的爭端也開始發生。運回里斯本的胡椒多半由與皇室簽約的商人販賣，當時簽下這份契約的只有天主教系的義大利人與西班牙商人、以及南德的富格（Fugger）家族與威爾瑟（Welser）家族。荷蘭商人無法自己販賣胡椒，於是漢堡逐漸成為北歐有力的胡椒販賣據點。這對於經濟成長顯著的荷蘭商人而言，是一件難以忍受的事情。

許許多多看似偶發的要素像這樣累積起來，終將導向一起決定性的事件。只要缺少任何一項要素，這起決定性的事件或許就不會發生。比方說，如果西班牙與葡萄牙王室沒有結合的話，又會如何呢？亞洲海域日後的歷史，也許就會與我們現在所知的大不相同。

無論如何，這場事件發生了。一五九五年四月，由四艘船組成的船隊，配備一百門以上的大砲，乘載十萬荷蘭盾以上的銀幣與許多貨品，從阿姆斯特丹出發，準備通過好望角前往東印度。

歐洲的船員在這個時候已經熟知前往東方的航路。因為葡萄牙船有許多非葡萄牙人搭乘，資訊很快地就透過他們散布到葡萄牙以外的地方。此外，當時的人們也根據葡萄牙人的資訊繪製了各種地圖。但即便如此，四艘荷蘭船在航海途中還是遭遇許多出乎意料的困難，花了十五個月才抵達爪哇島西部的港口萬丹（Banten）。他們經歷的航程與一個世紀前的瓦斯科·達伽馬類似，途中失去許多船員、拋棄一艘船，其餘的三艘終於在一五九七年八月回到荷蘭。這趟往返印尼的航程，花了兩年四個月的時間。船員的人數也從最初的兩百四十人減少到八十七人，將近三分之二的船員在航海途中喪命。這雖然是一趟狼狽的航程，但三艘船返回的事實依然重要。他們雖然沒有留下明確的收支，但據說把帶回的商品賣掉之後，出資的人並沒有損失。

這絕對不是一場趟能夠高舉雙手大喊成功的航海，卻實際證明了即使不經過葡萄牙人之手，也能直接與東方進行貿易。荷蘭人因此激動不已，以阿姆斯特丹為首的許多北海沿岸城鎮的商人與金融業者爭相合資，將船艤裝送往東方。船隊數量在一六〇二年增加到十五隊，船隻數量也增加到六十五艘。一五九一年到一六一〇年間，前往東方的葡萄牙船總數也不過四十六艘。葡萄牙人無力阻擋他國船隻與人員前往東印度，已經是顯而易見的事實。雅各布・范內克指揮的四艘船隊，在一五九九年七月回到阿姆斯特丹，帶回了堆積如山的東方貨品，品項豐富到令人眼花。這次航海大獲成功，甚至還有人評論為：「自從荷蘭建國以來，未曾有過堆積如此大量財富的船」。據說其獲利率達到百分之百三百九十九。東印度貿易一舉成為熱潮。

## ◎英國東印度公司的成立

荷蘭人的一連串行動，當然立刻傳到其他國家人們的耳中。想必也有很多人盤算著「既然荷蘭人做得到，那我們也可以」。然而實際上，想要把商船送到東印度，必須克服許多困難。首先不管是建造也好、購買也好、租借也好，總之得先弄來幾艘耐得住遠洋航行的堅固船隻，而且還得將其艤裝起來。為了安全起見，航向東印度的船隊，至少必須三艘或四艘船一起行動。接著也必須準備大量的白銀，以便交換東方的商品。此外，還必須要雇用船長與大批船員、水手、醫師等船組員，並且準備他們的薪水。這些準備當然需要龐大的資金，而且船隻往返東印度的時間最短也要一年半左右，投資的資金在這段期間也無法回收。如果船隻平安歸來，想必有很高的機率可以回收投資的資金，也能獲得利潤。但如果船沒有回來，損失就無法避免。

由此可知，與東印度之間的貿易並非任何人都能輕易參與，即使以葡萄牙王室那樣的財力，也難以單獨維持。腳踏實地的商人和金融業者，多半只會投資較為安全，而且短期就能回收資本的歐洲境內貿易，不會插手長期套住資金的高風險東印度貿易。至於十六世紀末接連組織起來的荷蘭船隊，則是擁有充裕資金的商人與金融業者，由於對高獲利有所期待，因此以阿姆斯特丹等城市為單位共同出資的事業。到了十六世紀末的階段，對東方貿易有意願，而且也有財力實行的，最後只剩下荷蘭的幾個城市與英國倫敦的人們而已。

英國人在此之前，都試圖透過經由地中海與莫斯科的陸路取得東印度的商品，而非繞過好望角的航路。他們還為此設立「黎凡特公司」，專門處理與地中海東岸地區之間的貿易。國王也認可這間公司壟斷此地的貿易，不讓其他英國人插手的做法。但是黎凡特公司中的有力人士，得知荷蘭人經由好望角與東印度進行貿易取得驚人的成功，就認為再這樣下去，他們在東方貿易的領域將失去競爭力，於是決定自己也直接展開東印度貿易。

他們展開新事業時，參考了黎凡特公司原本的做法。公司在形式上依然存在，但只在每次航海時募集該次的資金，航海結束後便根據出資率，將本金與利潤還給出資者以結清款項，下次航海時再重新募集資金。當時尚未出現像股份有限公司那樣，以販賣股票的方式對廣泛的大眾募資，並將這筆資金當成公司固定資本的經營模式。

在第一次航海時提供資金的二百一十五位股東與公司的二十五位董事中，分別有三分之一與二分之一是黎凡特公司的關係人。東印度公司成立後的第一位總裁湯瑪士．史密斯，也是黎凡特公司的總裁。此外東印度公司的投資者當中，也包含莫斯科公司（嘗試經由俄羅斯與波斯及印度進行貿易的公司）與維吉尼亞殖民協會的股東。湯瑪士．史密斯也是維吉尼亞殖民協會的負責人。由此可知，對英國人的海外發展感興趣，並且願意投資其行動的資產家，人數可以說還相當有限。即便如此，募集到的資金也有六萬八千三百七十三英鎊。當時如石匠、木匠這類的技職人員，工作一天的所得是七便士（一英鎊等於兩百四十便士），即使他們幾乎每天工作沒有休息，一年也只能賺到十英鎊左右，這麼一想就能知道這筆金額有多麼龐大。

這些企圖展開東印度貿易的人，首先建立了公司組織作為企業母體，並且為了確實獲得成功、取得壟斷東印度貿易的許可，向當時的女王伊莉莎白一世提出請求。宮廷有力人士的關說奏效了，女王在一六〇〇年十二月三十一日授予該公司特許狀。當時英國使用的是儒略歷，如果將時間換算成我們使用的公曆，特許狀授予的時間應該是一六〇一年一月一〇日。

於是，對日後的英國及亞洲海域、甚至是世界歷史的發展都帶來重大影響的公司正式誕生。這間公司就是東印度公司（East India Company），我們經常也會取其第一字母，簡稱其為「EIC」。

一六〇一年三月，英國東印度公司由四艘船組成的船隊，首度航向東印度。這是一支武裝船隊，船上的人數多達五百人以上，並且配備了一百一十門大砲。船隊的目的地，是葡萄牙人與當地人之間的對立顯而易見、未能將其海域納入支配下的香辛料產地東南亞。船隊首先抵達蘇門答臘島的亞齊，接受當地統治者的禮遇。接著造訪爪哇島西部的萬丹，當地人也允許英國人留下數名人員，處理下次船隻靠港之前的商品訂購與採買。他們在麻六甲海峽襲擊並且掠奪乘載香辛料的葡萄牙船，四艘船最後在一六〇三年九月平安返回英國。他們發現戒慎恐懼的首航取得成功，也獲得了充分利潤後，便在一六〇四年將第二次航海付諸實行，公司的經營逐漸步上軌道，最初十年的獲利率據說是百分之一百五十五。

## ◎英國東印度公司的性質

伊莉莎白一世的特許狀，充分展現出當初東印度公司的性質，因此在此針對其內容進行說明。首先敕許狀的名義人是「與東印度進行交易的倫敦商人代表與公會」。雖然我們一般稱這間公司為「英國東印度公司」，但至少在最初階段，這並非正式名稱。此外，「英國東印度公司」這個名稱，很容易讓人以為這間公司是英國國王或政府成立的國營公司，但這個認知也是錯誤的。成立這間公司的是倫敦的商人，只不過取得女王的認可而已。當時的英國女王與政府，還沒有自己成立這類貿易公司的意願。國王與政府有時候甚至會為了自己的利益，採取對東印度公司不利的政策。譬如一六三七年，查爾斯一世就為了換取高額回報，把東印度公司在東印度沒有設置商館處的特許交易權給了其他公司。

其次，也有人認為英國東印度公司設立的目的，是為了征服並殖民亞洲的各個地區，這個說法也是一種誤解。對於已經知道日後歷史發展的現代人而言，會有這樣的想法也是無可厚非，但至少當初無論是成立公司的人，還是認可公司的女王，都沒有利用武力取得領土的想法。他們頂多只會在有利於交易的情況下，考慮購買土地。畢竟藉由買賣亞洲豐富物產的貿易謀取利益，才是公司最重要的終極目標。

公司的創辦者獲准在十五年期間壟斷與東印度之間的貿易。英國國王禁止其他英國人成立公司參與這樣的貿易。現在的價值觀是自由貿易至上，甚至還制定了「反壟斷法」，如果政府只給某一間公司像這樣的特權，想必會遭受猛烈的批評。然而當時橫行的貿易體系與現在完全相反，不僅東印度公司的原型黎凡特公司是如此，葡萄牙王室的最初目標也是壟斷香辛料貿易。「壟斷」對於在當時的歐洲從事商業活動的人而言，是理應實現的目標。

## ◎荷蘭東印度公司的成立

荷蘭與英國不同，英國能夠提供資本的商人與金融業者只存在於倫敦，但荷蘭已經有許多與東方進行貿易的公司將據點設在北海沿岸各地的都市。這些公司彼此之間的競爭也很激烈。受到季風的限制，許多船隊幾乎都在相同的時期抵達東方，他們爭相採購相同的貨品，使得當地的進貨價格上揚。這些船隊也在相同的時期將大量相同的商品帶回歐洲，導致銷售價格滑落，陷入惡性循環。提供各公司資金的各都市有力人士，當然希望想辦法停止這種惡性競爭，以取得穩定的利益。

最後荷蘭省以及共和國的政府居中介入，持續展開困難而嚴峻的交涉，試圖將各地的貿易公司統整為一。但其他公司對於阿姆斯特丹公司的戒心卻特別強烈，因為他們擁有突出的財力，其他公司擔心如果整併在一起，所有的一切都會由阿姆斯特丹說了算。但最後他們還是妥協了。據點分別設在阿姆斯特丹、台夫特、荷恩、鹿特丹、恩克華生與澤蘭米德爾堡的六間公司合併，並且再募集更多資本形成一個新組織。這個在一六〇二年三月誕生的新組織名為，「聯合東印度公司（荷蘭語：Vereenigde Oostindische Compagnie）」，也就是俗稱的荷蘭東印度公司，一般取其字首，稱為「VOC」。

這間公司也取得了荷蘭共和國政府授予的特許狀，就和英國東印度公司一樣。我們從共有四十六項條文的特許狀可以知道，荷蘭通過好望角與東印度之間的貿易，在特許狀發行之後的二十一年間，均由這間公司壟斷。這間公司也同樣以「壟斷」與東印度之間的貿易為目標，與英國的公司並無二致。此外這間公司也獲准以荷蘭國會之名，在東印度建設要塞、任命總督、雇用士兵、與當地統治者締結條約等，擁有許多權利。

這樣的權利授予無視亞洲海域當地居民的存在、權利與意願，完全是荷蘭人單方面的行為。然而耐人尋味的是，東印度公司雖然隸屬於荷蘭這個國家，卻不需要一一取得政府許可，就能在海外建設要塞、任命總督、雇用士兵。這樣的存在甚至稱得上是準國家了。若是在現代，無論將總公司設在美利堅合眾國的微軟是多麼龐大的公司，都沒有權利擅自在外國建設要塞與雇用士兵。但是東印度公司卻有這樣的權利。因為當時和現代不同，政治與軍事的權限並沒有集中在國家與統治國家的政府手上。

東印度公司雖然取得政府的特許狀，但終究只是民營公司，不是荷蘭政府成立的國營企業。這點只要仔細觀察特許狀到期、需要重新延長時，公司與政府的表現就能明白。公司請求政府繼續給予壟斷的許可，而政府也要求公司的回饋，於是公司只好支付一百五十萬荷蘭盾給政府。此外，一六六五年第二次英荷戰爭爆發之際，軍艦不足的政府，也以更新特許狀作為交換，要求公司提供二十艘船艦。公司的船雖然也配備大砲，但依然不屬於荷蘭海軍。荷蘭這個國家與荷蘭東印度公司並非一體。雖然有點囉嗦，但這點必須事先強調。

不過荷蘭東印度公司與英國東印度公司相比，公部門的色彩稍微強烈一點。荷蘭政府在公司成立的交涉當中扮演協調者的角色，各都市的政界有力人士，也都投資了以都市為單位所設置的公司分部。除此之外，公司的幹部也必須宣誓效忠荷蘭議會，返回的船隊也有向政府報告的義務。

這裡再指出另一個重點，那就是這間公司募集的資本必須放置十年，而非只為了一次的航海，這點與英國東印度公司不同，荷蘭東印度公司不會在每次航海之後都將資金還給出資者。至於這段期間募集到的資本該如何運用，則由公司自行決定。這樣的經營方式更接近現代的股份有限公司，這也只有在當時擁有豐富資金的荷蘭才能實現。

荷蘭東印度公司當初募集到的資金為六百四十二萬四千五百八十八荷蘭盾。阿姆斯特丹的出資者有一千一百四十三人，澤蘭（米德爾堡）的出資者則有兩百六十四人。英國東印度公司第一次航海的資本若換算成荷蘭盾，約為五十三萬。荷蘭公司的啟動資金是英國的二十一倍以上。造成這個差距的原因，不只是因為當時的荷蘭與英國的商業資本規模不同，英國出資者的猶豫或許也是原因之一。荷蘭已經有過好幾次前往東印度的航海實績，對於與東印度之間的貿易幾乎沒有任何抗拒，但英國卻視該趟航海為初次嘗試的「冒險」。荷蘭東印度公司將這筆鉅額的資金分配給六個分部，由分部自行使用。

荷蘭東印度公司第一次航海的船隊由十二艘船組成，在一六〇三年十二月十八日從荷蘭出航。船隊的總指揮不只從事貿易活動，也奉命攻擊設在莫三比克與果阿等亞洲海域的葡萄牙人據點。荷蘭東印度公司與英國東印度公司不同，他們一開始就明確地把葡萄牙人當成競爭對手，超越葡萄牙人也是其目標之一。

| 分部名稱 | 資金的分配金額（單位：荷蘭盾） | 比例（%） |
| --- | --- | --- |
| 阿姆斯特丹 | 3674915 | 57.2 |
| 澤蘭 | 1300405 | 20.2 |
| 台夫特 | 469400 | 7.3 |
| 鹿特丹 | 173000 | 2.7 |
| 荷恩 | 266868 | 4.2 |
| 恩克華生 | 540000 | 8.4 |

荷蘭東印度公司六個分部分配到的資金

## 東印度公司進軍印度洋海域

### ◎葡萄牙人與摩鹿加群島

歐洲人無論如何都想取得的丁香、肉豆蔻皮、肉豆蔻等高級香辛料，產地位於現在印尼東部的摩鹿加群島與班達群島。前面已經提過，葡萄牙人在十六世紀初攻下麻六甲之後就來到此地。當時這個地區丁香產量特別多的特爾納特島與蒂多雷島，分別由不同的信仰伊斯蘭教的國王（蘇丹）統治，分成兩股持續對抗的勢力。葡萄牙人在抵達之初，受到想要利用葡萄牙武力的特爾納特島蘇丹歡迎，成功在這座島上建造要塞。但也因為葡萄牙人與隨後經太平洋來到此地的西班牙人持續對立，丁香的生產與販賣依然由國王把持。葡萄牙人只不過是一個向國王採購商品的商人集團罷了。

這兩座島的蘇丹都利用其特產丁香，與葡萄牙人交換他們帶來的印度產棉布與武器、彈藥，企圖藉此強化自己的經濟力與軍事力。於是他們在政治上、經濟上的影響力，不只影響了摩鹿加群島，也逐漸擴展到周邊的班達群島與新幾內亞西部。摩鹿加群島的王權巧妙地利用葡萄牙人的到來，擴張自己的權力。香辛料的產地，並沒有輕易地被歐洲勢力征服，成為他們的殖民地。

到了十六世紀後半，葡萄牙人與特爾納特島的蘇丹因為丁香貿易主導權，對立變得更嚴重了。雙方的衝突帶來眾多死傷，殺害蘇丹的葡萄牙人，最後被趕出這座島嶼，只好轉往蒂多雷島建造要塞。他們雖然得以繼續進行丁香交易，但東南亞海域和印度洋西海域不同，他們無法在這裡發行支配海上交易的通行證。想要穩定支配航海難關眾多的東南亞海域，需要有相當數量的船隻常駐於此。但葡萄牙王室以及果阿總督的財政，並沒有那麼充裕。

## ◎亞洲消息在歐洲的累積

自從葡萄牙人出現在亞洲海域之後已經過了一個世紀，亞洲海域的相關消息就在這段期間以文字、書籍或地圖的形式累積起來。林思霍登（Linschoten）在一五九五

高級香辛料產地

年出版的《東印度旅程導覽（Itinerario,voyage ofte Schipvaert……）》就是其一。所以荷蘭人與英國人在實際前往當地之前，就已經充分了解關於東方的基本資訊，譬如前往東方該走哪條航路、哪裡有葡萄牙的要塞、去哪裡才能以便宜的價格安全取得香辛料、這些香辛料分別產自哪裡等等。

透過文字、書籍與地圖累積有關外國的資訊，是這段時期歐洲各國知識分子所展現出來的一大特徵。以某種語言記述的資訊，很快就被翻譯成其他語言出版。取得凸版印刷術的意義在這段時期有具多麼重大的意義已不言而喻。

這個傾向即使到了十七世紀也依然沒有改變，英國東印度公司在第一次航海的船隊返回後不久，就在一六〇三年出版了以《廣泛介紹東印度之旅的實情》為題的三十四頁手冊。書中記載了「這個怎麼賣？」、「要去哪裡？」、「好」、「不好」等的基本表達方式，以及數字、船、胡椒等五十二個交易所需的馬來語單字、與五十五個孟語（緬甸南部的語言）單字。一六一四年也出版了名為《英語及馬來語會話》一書，但這本書是從荷蘭文的出版品翻譯而來。這段時期的西北歐人，對於新事物展現出旺盛的求知慾，並且也抱持著將這些新事物分享給更多人的態度。

這或許是因為他們接觸了原本不知道的世界，而且這個世界富足又充滿魅力。無論如何，因為累積了如此豐富的資訊，西北歐人在前往亞洲之前，都會先做好一定的準備。但相較之下，亞洲除了日本等極少數的地區之外，各地幾乎沒有留下關於外國人，尤其是西北歐人的資訊。當然，即使在亞洲海域，應該也會透過人與人之間的口耳相傳，分享新來到這個地區的西北歐人的相關資訊吧。但如果擁有資訊的人死亡，資訊也會佚失。資訊的流傳範圍有限，也無法知道正確性有多高。而且內容還會隨著時間經過而改變。就這樣過了一百年之後，雙方累積的資訊量多寡將產生相當程度的差距。而這個資訊量的差異，總有一天將招致嚴重的後果，這點一無論是過去還是現在都沒有改變。

## ◎荷蘭東印度公司進軍亞洲各地

荷蘭東印度公司不只進軍東南亞海域，也試著壟斷摩鹿加群島與班達群島產的高級香辛料貿易。他們也和葡萄牙人一樣，企圖透過壟斷控制香辛料在歐洲市場的價格。公司在一六〇五年，已經奪下葡萄牙人在班達群島與摩鹿加群島中間的安汶島上建造的堡壘，並且接近特爾納特島的蘇丹，承諾將提供他軍事支援，藉此與在蒂多雷島擁有據點的葡萄牙人及西班牙人相抗衡。

為了壟斷香辛料貿易，來自荷蘭母國的船隻，與來自摩鹿加群島及班達群島，乘載香辛料的船隻，需要一個能夠碰頭的地點，而這個地點同時也必須是船員與水手的安全休息地、兵員屯駐地、採買的商品卸貨與保管的場所。換句話說，他們需要能夠進行「會合貿易」的地點。當初發揮這個作用的是爪哇島西部的萬丹，但由於這裡是萬丹王國的都城，荷蘭人也不一定能夠隨心所欲地行動。

荷蘭東印度公司因此慎重尋找其他地點，最後在一六一九年，將據點設在萬丹王國內的港口雅加達。這是他們與萬丹王國及與之聯手的英國東印度公司軍隊交戰之後，靠武力強取豪奪而來的據點。他們將這座建造了新要塞的城市，命名為巴達維亞，其名稱源自於自羅馬帝國時代就住在現在荷蘭一帶的巴達維族。一六二〇年一月巴達維亞的人口數記錄為八百七十三名，其中七十一名是日本人，大約每十二至十三人當中就有一人，日本人比例相當可觀。荷蘭東印度公司在這個時候已經於日本的平戶設置商館，這些渡海來此的日本人，多半是受雇於東印度公司的傭兵。

荷蘭東印度公司把根據地設在巴達維亞後，他們對香料諸島的經營比葡萄牙人更殘暴。一六二〇年，發生了班達諸島的居民拒絕將香辛料出貨給荷蘭人的事件。荷蘭人將比自己稍晚出現在東南亞海域的英國人視為競爭對手，並且認為居民的行為受到英國人的煽動，於是派遣軍隊討伐。荷蘭東印度公司的軍隊，接連占領各個島嶼。英國的據點倫島（Run），有將近八百名島民遭到俘虜，被送往巴達維亞當奴隸。其餘的居民一表現出反抗的態度，被擄為人質的四十七名主導者就遭虐殺。據說人質連一點抗議的餘地也沒有就被處決了，只有一人用荷蘭語喃喃地說著：「老闆，你們一點憐憫心也沒有啊。」見證處決的無名荷蘭人寫下這樣的記錄：「事件就這樣落幕了。只有上帝才知道誰是正確的。處刑結束之後所有人都心煩意亂，帶著受不了這種工作的心情，回到各自的崗位上。」企圖逃到別座島嶼的居民也被捕，所有的成人都被屠殺。東印度公司將奴隸送到這座已經沒有居民的島上，開始利用他們生產肉豆蔻。這就是永積昭教授所寫下的倫島事件始末。

其他島嶼也發生了同樣的事件。比如在倫島事

VOC 的據點・巴達維亞的市場　一六五〇年左右。

件的隔年，一六二一年，巴達維亞總督簡·皮特斯佐恩·科恩（Jan Pieterszoon Coen）親自率領兩千名士兵（其中包含八十七名日本兵），登上生產肉豆蔻的班達島，不分青紅皂白就從上陸之處開始屠殺居民。一千五百名島民不是被屠殺，就是被帶回爪哇島當奴隸，島上居民消失殆盡。科恩將新的奴隸送到島上，並將農園租給歐洲出身者，展開肉豆蔻的生產。

當時東南亞的人口稀少，戰爭的目的是為了俘虜人力，殺人的狀況極少。就這層意義而言，荷蘭人的戰略看在當地人眼中極為異常吧。科恩也成為「班達的殺戮者」，他的名字至今依然留在東南亞人的記憶中。

簡·科恩　巴達維亞的總督，別名班達的殺戮者。

## ◎壟斷高級香辛料貿易

荷蘭東印度公司就像這樣，經常使用武力直接掌控高級香辛料的生產，以壟斷其貿易為目標。荷蘭人也對蘇拉威西島的望加錫施加壓力，要求他們趕走為了採購丁香而聚集到這裡的葡萄牙人、西班牙人、英國人等其他歐洲商人。荷蘭方面主張，歐洲人當中，只有荷蘭人有權利購買丁香。但望加錫的國王卻不答應他們的要求，認為「神創造大地分賜眾人，而海屬於萬人所有，任何事物都不可妨礙他人的航行」。

望加錫在一六六九年，終於因為激戰而屈服。而荷蘭人也早在一六四一年，就征服了葡萄牙人的重要據點麻六甲。他們決定種植丁香的島嶼及場所，並且刻意將其他地方的樹木砍倒。荷蘭人儘管在各地遭到抵抗，其勢力依然逐漸在東南亞海域擴張，到了十七世紀末，荷蘭幾乎成功將歐洲各國商人從高級香辛料的直接交易中排除。

然而有一點必須注意的是，荷蘭人排除的是以歐洲為貿易對象的歐洲其他各國船隻，但來自中國的商人、當地的馬來商人、與葡萄牙王室沒有直接關係的在地化葡萄牙裔商人的香辛料貿易依然持續。量雖然不多，但其他歐洲各國的人在沒有落入荷蘭東印度公司支配的港口，依然買得到丁香與肉豆蔻。

荷蘭東印度公司在東南亞海域擴大勢力的同時，也在亞洲海域的其他地區陸續建造商館。十七世紀上半，他們已經在印度洋西海域阿拉伯半島的摩卡、波斯灣的阿巴斯港（貢布倫）、西北印度古吉拉特邦地方的蘇拉特設置商館。到了十七世紀中葉，他們也占領了葡萄牙人在印度西南海岸的重要據點科欽，並且趕走肉桂產地錫蘭島上的葡萄牙人。除此之外，科羅曼德爾海岸的默蘇利珀德姆（Masulipatnam）、普利加特（Pulicat）、泰國的阿育陀耶府等地也都有荷蘭商館的蹤跡。

他們還在中國海沿岸的日本平戶、長崎甚至台灣都建造了商館。其始末留待下一章再詳述。荷蘭東印度公司就這樣，幾乎將整個亞洲海域都納入其事業版圖。日本提到荷蘭東印度公司的活動，經常只討論東南亞與日本，但這絕對沒有反映出當時真正的狀況。至少在十七世紀到十八世紀初，荷蘭東印度公司在幾乎整個亞洲海域的存在與活動，都遠遠勝過於歐洲其他國家類似的公司。

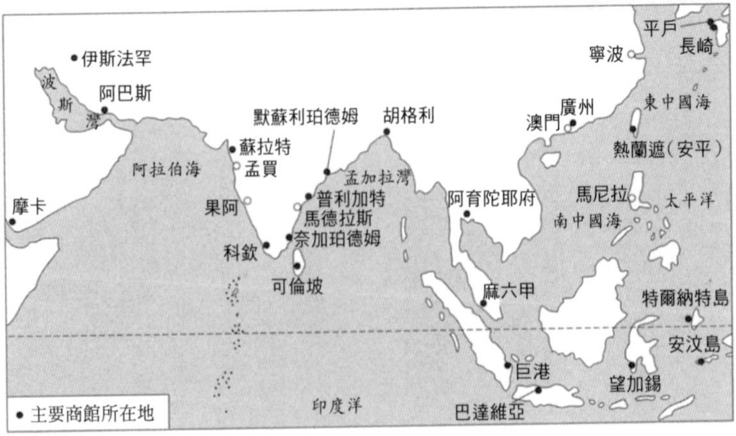

荷蘭東印度公司的主要商館所在地（十七～十八世紀）

## ◎英國東印度公司在亞洲各地的發展

英國東印度公司原本也和荷蘭東印度公司一樣，以直接在東南亞的產地採購香辛料為目標。但是船隻量、人員量與資金量的差異太過龐大，難以與競爭對手荷蘭東印度公司匹敵。英國雖然也在一六一三年於日本的平戶設置商館，但僅僅十年就因為無法維持而關閉。派到產地的船隻則經常遭荷蘭船扣押，香辛料的交易也時常無法順利完成。一六二三年，荷蘭人以英國人欲占領安汶島的荷蘭東印度公司要塞為由，攻擊設在這座島的英國東印度公司商館，並將商館長以下的十名商館員與九名日本人傭兵、一名葡萄牙人加以處決。英國東印度公司因為這次的事件，放棄冒險前往高級香辛料產地，只在東南亞一邊避開荷蘭東印度公司的攻擊，一邊勉強地在萬丹與蘇門答臘島採購胡椒、以及在望加錫採購香辛料。

另一方面，英國東印度公司也把目光轉向生產棉織物的印度次大陸。儘管遭遇葡萄牙人的抵抗，英國東印度公司依然在一六〇八年首度將船送往西北印度的蘇拉特港。他們在「陸上帝國」支配的印度洋西海域沿岸的貿易活動比在東南亞順利，首先蒙兀兒帝國的皇帝賈漢吉爾就允許他們以有利的條件進行貿易。

印度次大陸的東南方，也就是科羅曼德爾海岸地區，是出口到東南亞的上等棉織物產地，重視香辛料貿易的東印度公司也不會錯過。英國東印度公司取得當地支配者許可，早在一六一一年就在默蘇利珀德姆設置商館，而一六三九年又受到馬德拉斯（即現在的清奈）領主邀請，在當地設置新的據點。這位地方領主租給招聘而來的英國東印度公司一定面積的土地，允許他們在這片土地建築要塞。此外，他不僅免除英國東印度公司在馬德拉斯進行貿易的關稅，甚至把英國東印度公司以外的商人進行貿易時繳交的關稅分一半給他們。這對英國東印度公司而言，是求之不得的優渥條件。他們與用武力奪取果阿的葡萄牙人、或奪取巴達維亞的荷蘭東印度公司不同，他們是接受領主邀請，和平地在亞洲大陸建立橋頭堡。

事實上，在英國東印度公司的波斯貿易中，也能看到破例分得半數關稅收益的優渥條件。在此簡單說明其始末。英國東印度公司為了在產生絲的波斯進行貿易，於是派遣使節求見當時統治該地區的薩法維帝國皇帝阿巴斯一世（在位一五八七－一六二九年）。皇帝允許公司在波斯的港口進行貿易，條件是他們必須幫助薩法維帝國軍征服荷姆茲島的葡萄牙人要

阿巴斯一世　薩法維帝國的第五代皇帝。

塞。薩法維帝國以幾乎沒有樹木生長的伊朗高原為據點，無法建造軍船，所以皇帝攻不下距離波斯本土只有八公里，漂浮在其外海的荷姆茲島。

削弱葡萄牙人在亞洲海域的影響力，原本就是英國東印度公司的目標，於是他們順水推舟地應允了這個條件，在一六二二年將三艘船送到波斯灣。搭乘英國東印度公司的船登上荷姆茲島的薩法維帝國士兵，在從海上砲擊要塞的英國船掩護下，順利攻下要塞，制伏葡萄牙人。阿巴斯將荷姆茲島的港市機能轉移到伊朗本土側的渡口貢布倫，並將這座新的城市命名為「阿巴斯」。阿巴斯一世為了回報英國東印度公司的貢獻，免除公司在波斯港口交易的關稅，並以英國東印度公司派兩艘船常駐阿巴斯港確保安全為條件，將這座港口半數的關稅收入益分給公司。

波斯不像馬德拉斯那樣無條件地給予英國東印度公司優渥的待遇。事實上，日後英國東印度公司為了獲得半數的關稅收入利益，每年都必須重複進行耗神的交涉。不過即使如此，皇帝還是允許公司在波斯全域自由買賣，也免除貿易活動的關稅。隔年荷蘭東印度公司也取得在帝國內自由貿易的許可。這對西北歐的東印度公司而言是很大的特權。

## ◎印度洋海域的王權與貿易

歐洲諸國不只是東印度公司，早從葡萄牙人的時代開始，就時常在印度與波斯等印度洋西海域，以極為有利的條件進行貿易，就連與蒙兀兒帝國的貿易也是如此。這樣的狀況與下一章介紹的東亞海域完全相反。印度與波斯等「陸上帝國」的支配者，為什麼要給予歐洲的公司如此優渥的條件呢？

總之，例如像是陸上帝國相對較不關心關稅收入、身為王者的寬容與慷慨、熱情接待遠方來客的風俗、英國人與荷蘭人在海上活用武力、不把英國與荷蘭的公司當成一介商人，而是當成「國家」代表的形式進行交涉等等，這些都是可能的理由。但筆者認為這些理由都不是關鍵。

除了上述這些可能的理由之外，我們也必須同時注意到，當時印度與波斯的支配者，完全沒有展現出優待「本國」商人的態度。如果在他們身上多少可以看到這樣的態度，語言、宗教、習慣都不一樣的歐洲人就不可能獲得這種例外的特權。而且他們還是一百年來，在亞洲海域橫行無忌的葡萄牙人的同類。如果把陸上帝國的支配者，與授權本國臣民成立公司，壟斷與東印度之間的貿易、並以私掠船襲擊他國商船的英國國王相比較，或許更能理解其中差異。這使我們不得不認為，當時西北歐的國王與其治下人民的關係，也就是「國家」的意義，與印度及波斯不同。

無論如何，當時亞洲的「陸上帝國」支配者，完全不覺得給予西北歐的人少許特權，是一件會危及自己的政權與領土的事情。他們或許只把西北歐人當成為數眾多的商人集團之一吧。

荷蘭與英國的東印度公司就這樣突破葡萄牙「海上帝國」的鎖鏈，貿易活動的範圍幾乎遍及整個亞洲海域。但這並不代表「海上帝國」就此消失，只不過是荷蘭與英國的東印度公司，取代葡萄牙入主「海上帝國」罷了。

# 東印度公司的結構

## ◎荷蘭東印度公司的組織與營運

英國、荷蘭以及後來成立的法國東印度公司雖然都名為東印度公司，但公司的組織與營運方式都展現出相當大的差異，分別有各自的特徵。而這三間不同的公司，對於日後的歷史也具有重大的意義。關於法國東印度公司之後會再集中描述，這裡先就十七世紀中葉後，經營進入穩定時期的荷蘭與東印度公司的組織與營運方法，進行統整性的介紹。

荷蘭東印度公司由分別位在六個都市的公司共同組成，因此組織相當複雜。我們提到一間公司的時候，首先都會想到其總公司的存在，但荷蘭東印度公司並沒有總公司，有的只有在聯合公司成立之前，設於各公司據點所在都市的六個分部，荷蘭語稱分部為「Kamer（房間）」。每個分部擁有各自的造船廠，能夠各自艤裝船隻送往東印度。話雖如此，若是各分部都擅自派船出海，就稱

阿姆斯特丹的 VOC 造船廠

不上是聯合公司了。公司的整體經營，由六十位代表組成的董事會負責，代表來自各個分部，阿姆斯特丹二十人、澤蘭十二人、其他四個分部各七人，董事的職位從一開始就屬於終身制。

在東印度公司成立之前，以都市為單位進行航海的時代，擬定航海計畫並出資者必須背負無限的責任，但自從東印度公司成立之後，就改成負有限的責任了。不過大型分部的董事至少得出資六千荷蘭盾，萬一公司出現虧損，就必須以這筆出資金彌補。不過，特許狀中也明確記載，他們不須背負以公司名義對第三者欠下的債務。這樣的有限責任制沿用至今，為現代的股份有限公司所採用。此外，董事的收入原本隨著每次航海的利益額而改變，一六四七年引進給薪制之後，就變成固定金額。

另一方面，投資公司事業的一般股東，平均股利為百分之二十左右，最低也有百分之十，但是他們對於公司的經營方針不具備任何的影響力。這點與接下來要介紹的英國東印度公司大不相同。此外公司也沒有發行股票，只有在公司的帳簿中記載出資者與出資額度。不過可望穩定配得高股利的東印度公司股票相當受歡迎，據說交易額達到百分之四百以上。

實質的經營方針由董事中選出十七名執行董事開會決定。這些稱為「十七紳士」的執行董事所召開的董事會，每年舉行二至三次。十七人當中，包含八名阿姆斯特丹代表、四名米德爾堡（澤蘭）代表，以及其他四個分部的代表各一名，最後一名代表，則從阿姆斯特丹之外的五個分部中輪流選出代表擔任。這是為了避免阿姆斯特丹代表在會議中占了過半數的比例。十七紳士的開會地點，前六年在阿姆斯特丹，之後兩年則在米德爾堡。

十七紳士的董事會之下設置有財務、監察、財產管理、艤裝、通訊等委員會，由來自分部的董事負責實務。各通訊業務對東印度公司特別重要，其秘書處設在海牙。十七紳士的主要工作，包括決定各分部派往東印度的船隻數量與員工、船員、水手的人數；運往東印度的商品種類與數量；向東印度訂購的商品種類與數量；拍賣來自東印度的商品；決定出資者的股利等等。

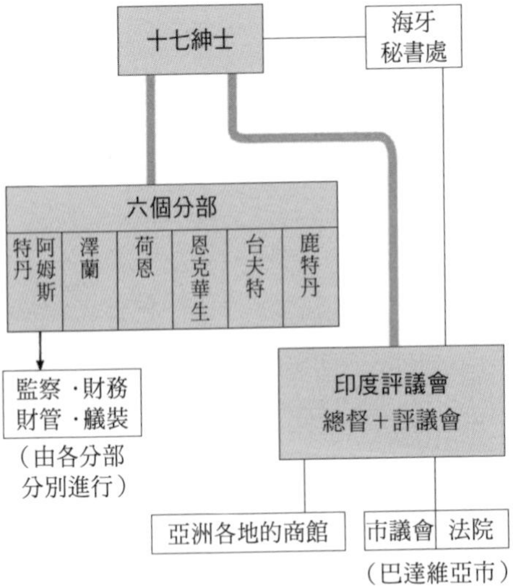


荷蘭東印度公司的組織

十七紳士的所有指令與訂單，首先會送到巴達維亞的印度評議會。由總督主持、六名成員組成的評議會，除了負責統籌設於亞洲各地的商館與要塞之外，也得透過與十七紳士之間的溝通，參與公司的貿易業務與整體營運。財務會計、貨品管理以及與母國之間的通信等直接關係到買賣的業務不用說，由於公司在東南亞擁有以巴達維亞為首的幾個直接支配地區，所以這些地區的行政、法務、軍務相關工作也屬於評議會的管轄範圍。

評議會有義務每年一次，定期向母國的十七紳士董事會報告，但由於信件往返至少需要一年半的時間，因此日常業務的判斷幾乎都由巴達維亞的總督進行。此外，來自各商館與要塞的報告也會暫時匯集到巴達維亞，當地能夠處理的問題就立刻處理。

之後也會提到，亞洲各地域間的貿易在荷蘭東印度公司的活動中占了極大的比重。這類貿易基本上由巴達維亞的總督與評議會負責。十八世紀的第一位總督范里貝克（van Riebeeck）的下列這段話，展現出母國的十七紳士與巴達維亞的印度評議會之間的關係：「祖國的紳士在那裡做出他們認為最好的決策，但是我們在這裡基於我們自己的良知下判斷。」巴達維亞的印度評議會是極為重要的存在，其功能與其說是當地的辦事處，還不如說是亞洲總部。

## ◎英國東印度公司的組織與營運

英國東印度公司與在亞洲擁有強大中心據點，但在母國沒有總公司的荷蘭東印度公司完全相反，他們在母國的公司有穩定且明確的總公司機能，但在亞洲卻沒有相當於巴達維亞的中心據點。

英國東印度公司的體制，在十七世紀中葉取得克倫威爾的特許狀（一六五七年），以及查爾斯二世批准前者的特許狀（一六六一年）後終於穩固。這兩份特許狀首先允許公司永續保有資本，英國東印度公司甚至可以說在這個時間點才成為合股公司吧；其次也認可該公司在東印度的司法權、貨幣鑄造權、保護貿易活動的軍事權，以及查辦違法貿易船的權利。其他英國人貿易船的違法活動，對於試圖透過壟斷貿易以確保利益的東印度公司而言造成嚴重的威脅，在取得特許狀之後，他們終於可以親自取締這些團體。

倫敦總公司換了好幾次地方，最後落腳於利德賀大道的克雷文大廈。這棟建築物不久之後就被稱為「東印度館」。除此之外，公司在泰晤士河下游的布萊克威爾擁有造船廠、商品用倉庫，以及退役水手醫院。

日常的公司經營，由二十四名董事（包含一名總裁與一名副總裁）所構成的董事會負責，董事在每年四月召開的股東大會中選出。股東擁有價值五百英鎊的股票，即有權投下一票，每再加五百英鎊就再增加一票。由此可知英國東印度公司的股東不同於荷蘭東印度公司，可透過間接方式參與公司經營。

董事會至少每週召開一次，討論船隻的派遣計畫、貨物乘載計畫、帶回的商品販賣計畫、對亞洲各地商館的指示與人事問題等等。董事會之下設主計官、監察員、書記、事務律師、出納員等各種高級職員，這些職員隸屬於由董事分別執掌的委員會，在委員會的管理下工作。

另一方面，在十七世紀前半的階段，設在爪哇島萬丹與西北印度蘇拉特的商館，在亞洲的商館中占了最重要的地位。但是這兩座城市都由當地的支配者統治，因此商館的防衛能力將成為問題，不僅如此，公司的活動也因當地支配者的意願而受到一定程度的限制，所以後來馬德拉斯、孟買，以及十七世紀末開始崛起的加爾各答的重要性逐漸增加。英國人在這幾個地點除了設置商館之外，也建築要塞、屯駐士兵，他們的行動幾乎不受當地支配者的牽制。而且直到十七世紀末為止，這三座都市都由各自的總督駐守，分工管理各地商館。譬如波斯商館屬於孟買總督的管區，亞齊商館則為在馬德拉斯的管區內。

評議會在總督的主持之下召開，除了負責貿易業務之外，也負責規劃東印度公司的船隻與士兵進行的軍事行動的戰略、指揮軍事行動，處理有關管轄下臣民的領事業務與審判，以及與當地的政治支配者進行外交協商等等。三個總督管區也和荷蘭東印度公司的巴達維亞一樣，對倫敦總公司保持一定程度的獨立性，但權力不像巴達維亞那麼集中。

# 第三章

# 東亞海域秩序與日本

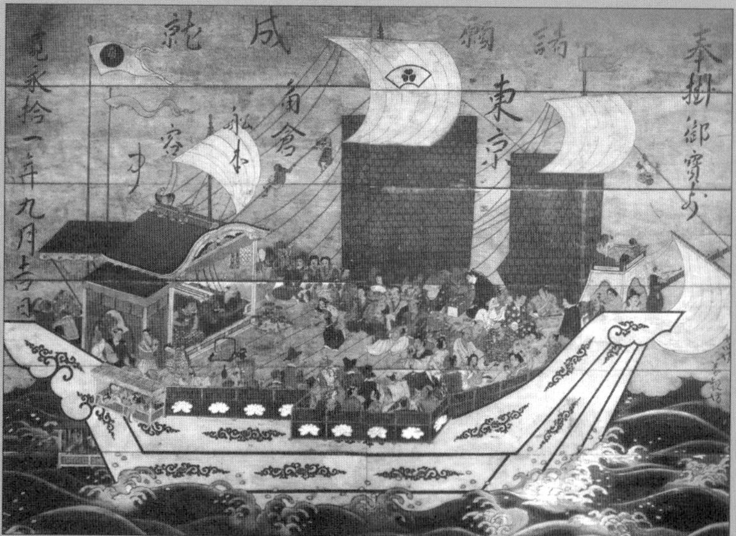


朱印船　為從政府得到海外貿易特許的船隻，活躍於呂宋與安南之間。

# 明帝國與東亞海域的國際秩序

## ◎東亞海域王權與國際貿易

各位是否曾聽過「倭寇」一詞呢？倭寇是在十三世紀到十六世紀間，侵擾位於東海到南海一帶的朝鮮與中國沿岸地區的海盜集團總稱。一般大致區分成前期倭寇（十四世紀時期為主）與後期倭寇（十六世紀時期為主），前期始於一三五〇年寇掠朝鮮半島慶尚道的倭寇。「海盜」的主力是居住在日本九州及其周邊島嶼的居民——「倭人」。這些居住在邊陲地區，遠離政治中心的人們，就是村井章介所說的「邊緣人」（「marginal man」，遊走在各地區，國家間的人）。邊緣人的寇掠方式相當地激烈，使得位處朝鮮半島的高麗及其後繼政權的李氏朝鮮，與接替元朝統治中國的明帝國，頻繁地向日本的足利政權要求鎮壓。一三八六年，明帝國因日本對倭寇問題置之不理，因而中斷與日本之間的國交往來。

結果朝鮮巧妙的懷柔政策奏效，十五世紀初倭寇問題暫時幾乎解除。明帝國也在同一個時期正式承認與足利政權的國家貿易關係。不過到了十六世紀，中國沿岸地區再度出現海盜的寇掠行為，也就是所謂的後期倭寇。詳細的情況之後會再說明，簡單來說，就是明帝國在剛成立不久後就施行「海禁」政策，禁止領內的民間商人出海貿易。也就是禁止華商與外國商人進行私人貿易，同時也禁止華商前往海外進行貿易。這項緊縮的貿易統制政策，使得遭受經濟損失的中國沿海居民和與之勾結的東海沿岸各地區的人們，成了後期倭寇的主力。這些人背著明帝國官員的耳目從事走私貿易，也經常在各沿岸地區及海上從事海盜行為。

中國史與東亞史的研究者一直以來都認為，這個時期明帝國同時深受後期倭寇，與來自北方蒙古遊牧民族的軍事入侵所苦（「北虜南倭」），導致一五五〇年代的明政權面臨相當嚴重的危機。這是東亞史研究者幾乎一致的見解，因此應該不會有錯。然而對於綜觀印度洋海域的政治權力與國際貿易關係的研究者來說，有點無法認同這樣的說法。因為這是根據陸上政權理所當然應該同時支配周邊海域這個未明言的前提，所衍生出來的看法。

印度洋海域的葡萄牙人明顯就是「海盜」。葡萄牙人於十六世紀在印度洋西海域沿岸猖狂跋扈時，薩法維帝國與蒙兀兒帝國也正在崛起。當時這兩個帝國大概也「苦於」葡萄牙人的海盜行為吧？不過關於這個地區的歷史研究者並未抱持這樣的看法。的確，如果是古里或荷姆茲這些發展成以貿易為主的沿岸港市，葡萄牙人的海盜行為，想必會對身為該地區小型政權的經濟層面帶來嚴重打擊。不只這些小型政權，在薩法維帝國、蒙兀兒帝國領內擁有據點的商人，應該也有不少人在經濟上遭受影響。但是重要的「陸上帝國」本身，卻沒有因為葡萄牙人和之後荷蘭人、英國人的海盜行為，陷入政治經濟與社會狀況的嚴重危機。此外，如同下一章將會介紹的，在這兩個帝國內設置據點的印度裔、伊朗裔以及亞美尼亞裔人，在這個時代反而比之前展開更頻繁的海外活動，前往新天地的他們，無論在政治、經濟方面都積極活躍著。

無論是當地商人還是葡萄牙人，只要能夠把豐富的商品運到帝國之內，印度洋西海域的「陸上帝國」基本上都十分歡迎。雖然在史料上經常可以看到皇帝或是國王本身也擁有稱為「國王之船」的商船，以「商人」名義從事個人的海上貿易活動，不過一般而言，這片海域的政權並不打算全面管理整體的海上貿易。由此可知，這片海域裡並未普遍適用「無法規範海上貿易，一旦出現海盜寇掠沿岸地區就會使陸上政權陷入危機」的想法。

然而東亞史的脈絡卻理所當然地認為陸上政權（國家）應該規範、管理海上貿易。一旦該政權的貿易統制或是海盜討伐不順遂，就會導致失政或衰微。至少在本書所討論的十七至十八世紀時期的東亞，陸地與海洋直接相關。這顯示出統治印度洋海域與東亞海域的政權，在性格上有著明顯的差異。葡萄牙人與緊接著出現的歐洲各國東印度公司所統治的印度洋海域是「經濟之海」，從這裡更進一步往東挺進，就是陸上政權企圖管理、支配的「政治之海」。

本章主要說明十七世紀之後東亞海域的情況，不過為了充分理解當時的情形，就必須認識在這片海域裡以明帝國為主的單一國際體制，以下先把話題回溯到十四世紀。

## ◎明帝國與朝貢貿易

一三六八年把元朝皇室驅逐至蒙古高原後明帝國成立，除了前七年以外，其餘時期只採取建立在明帝國獨特的廣域秩序觀之上的對外貿易型態，這個型態稱為「朝貢」。其秩序觀的內涵是，文化的中心「中華」（明帝國）與文化層次較低的夷狄（周邊各國）之間，雖然沒有實質的直接支配關係，卻存在著上下或是君臣關係。無庸贅言，位於廣域秩序中心的明帝國是「上」或是「君」，周邊各國則是「下」或是「臣」。而身為臣下的周邊各國之間也存在著上下關係，比如朝鮮的李朝或日本列島的室町政權是地位相當於皇子的親王，琉球與安南則是相當於皇孫的郡王。

周邊各國遵循這個秩序，臣屬於明帝國，同時被期許能夠慕帝國之德，定期派遣使節前往明帝國進獻貢物，這個行為就被稱為「朝貢」。明帝國希望藉著「朝貢」實現其秩序觀的理想型態——各國使節帶著進貢品拜謁皇帝，皇帝則依循儀禮款待使節，並且給與他們價值超越進貢品的回禮，讓他們帶回自己的國家。然而這樣的關係只是理想，事實上並沒有運作得那麼順利。不過明帝國卻十分地執著這個理念。

時常有商人跟隨著朝貢使節一同前往中國，商人可以把運來的商品在帝國的首都或港市與當地商人進行交易。明帝國的第一任皇帝——洪武帝，在三十一年的統治期間曾經對外派遣三十五次使節，促使各國前來朝貢。想必大家都知道，鄭和在十五世紀初奉永樂帝之命，率領大批船隊前往東南亞到印度洋海域一帶。不過，此舉同時也是為了招諭東南亞和印度洋海域的各國成為明帝國的臣屬，向明帝國朝貢。因為中國儘管地大物博，卻缺乏不少熱帶地方的產品，這時就只能仰賴貿易彌補。明帝國企圖透過大規模的朝貢貿易，取得國內所需的物資。

在明帝國成立以前，支配中國的宋、元兩個王朝也都曾經施行朝貢貿易制度。不過除了朝貢貿易以外，當時的民間華人與異國商人之間也展開了繁盛的貿易活動。不僅華人前往海外，外國商人也會造訪中國。鎌倉時代有像謝國明這樣的華人海商居住在博多進行日中貿易，宋元時期有如蒲庚壽這樣來自西亞的穆斯林居住於福建的泉州，就是這種情況的案例。當時呈現朝貢的公貿易與民間貿易並存的景象。

然而明帝國只承認朝貢貿易這項對外貿易活動，嚴格禁止民間商人從事海外貿易行為，施行「寸板不許下海」，嚴格的「海禁」政策。明帝國只允許前往中國的外國使節與隨行的商人團所進行的官方貿易，而華商也只有在與帝國使節同行的情況下才能前往海外。明帝國企圖管理、支配海洋，獨占海外貿易。

在通訊、交通手段發達，擁有強大軍事力的國家存在的現代，「海禁」也許還行得通，不過在當時，想要完全封鎖中國大陸東部及東南部漫長的海岸線，禁止人們出海，幾乎可說是不可能實現的命令。實際上，正如同日後所見，打破禁令從事海外貿易的人絡繹不絕。儘管如此，到一五六七年放寬海禁為止，明帝國的海禁政策持續了將近兩百年。明帝國前後的中華帝國王朝，都不曾施行如此嚴格的海外禁令，這也使得明帝國海禁政策顯得更為特殊。究竟明帝國為什麼要持續實施如此強硬的海禁政策呢？

對於這個問題，筆者也還沒有得到可以完全接受的答案。其中有一個說法是，元末的混亂導致東亞國際秩序瓦解，因此明帝國打算重建以其為中心東亞的國際秩序。這應該是最合理的解釋了，不過為什麼連華商出海貿易都要禁止呢？此外不光是明代，任何時代都需要所謂的「國際秩序」。那麼為什麼明帝國前後時代的帝國——宋、元、清，都沒有採取像明帝國一樣嚴格的海禁政策呢？

針對這些疑問，有論點指出，這是因為明帝國有鑑於元帝國以白銀為主的經濟政策有所極限，所以企圖排除白銀，建立不仰賴貨幣經濟的交易制度。如果明帝國意識到「一國整體經濟」，並且連比海岸線更綿長的跨國境陸路民間交易都禁止的話，那麼這確實是個合理的說法。不過，這兩點尚未完全被證實。另外也有研究者指出，明帝國作為繼承自「異民族」王朝——元的「漢人」王朝，企圖透過實行嚴格的海禁政策強調自己與元朝的區隔。不過，考慮到透過「民族」區分人類集團是屬於近代的概念，所以這個說法並不充分。在當時人們的意識中，是否有集團區隔性的意識，還必須再深入探討。由此可知，明帝國施行海禁政策的原因仍存在著許多的疑問，需要探討的內容堆積如山。

然而有趣的是，不少周邊各國都應明帝國的要求前往朝貢。第一代洪武帝三十年的治世期間，前往朝貢的國家總共有十六國，朝貢次數總計高達兩百八十次。主要的朝貢國有日本、高麗、琉球、安南（越南北部）、占城（越南中南部）、真臘（越南南部、柬埔寨）、暹羅（泰國），爪哇等。此外鄭和下西洋時，汶萊、麻六甲、蘇祿等國的國王甚至為了朝貢而親自造訪明帝國的宮廷，據說當時朝貢國的數量總計多達四十國以上。

各國派遣使節前往明帝國雖然各有原因，不過可以確定的是，這些朝貢國家遵從了明帝國的朝貢規定後，便獲允進行貿易。光從這一點就可以想見，這些朝貢國家對中國產品的需求很高，以及與中國貿易十分有利可圖。明帝國構想的理念秩序企圖把海外各國納入其中，而這個理念秩序在東亞海域也具有一定的影響力。

造訪明帝國港城的各國使節，實際上有一部分可能是貿易商人。不過，只要這些人所屬的「國家」明確，而且這個「國家」臣屬於明朝，就可以在中國進行貿易。朝貢制度背後的原則就是「國」與「人」必須一致。只要接受明帝國的國際秩序，那麼「日本人」就受日本政府、「琉球人」就受琉球政府、「暹羅人」就受暹羅政府的管理。這點與同時代的印度洋海域有著相當大的差異。印度洋海域的商人，未必需要從屬於某個國家或政治權力，只要隸屬於商人網絡的群體，就能夠自由地進行貿易活動。

## ◎走私貿易與石見白銀

中國沿岸總是存在著無視或抵抗明帝國理念秩序的集團，但只要中國對東南亞的各種香料、染料等商品有需求，而這樣的貿易又能帶來極大的利益，那麼即使帝國政府禁止海外貿易，從事民間走私貿易的人必然還是會絡繹不絕。位在福建省漳州東南方的月港，就因為成了這些人從事海外貿易的據點，從十五世紀後半開始急速發展。前往東南亞的大型商船無視海禁令從月港出航。除此之外，據說也有原本應該站在取締立場的官僚家族參與了走私貿易。而另一方面，從事走私貿易的商人也為了因應取締而進行武裝。

十六世紀以後，從事走私貿易的商人們開始往浙江外海舟山群島的雙嶼聚集。這裡與月港相比有兩個優點，其一為更接近絲織品的產地，其二是位在外國產品的最大消費地——江南。而雙嶼作為與日本進行走私貿易的據點，也擁有絕佳的地理位置。當時由於日本的室町政權衰微，使得明帝國與日本之間的官方朝貢貿易——勘合貿易並未發揮有效的機能。明帝國自從日本船指定的入港處——寧波，在一五二三年發生了堺商人的合作者細川氏，與博多商人有關係的大內氏這兩個使節團發生暴力事件後，便限制勘合貿易只能每十年進行一次，這也使得走私貿易的比重越來越大。

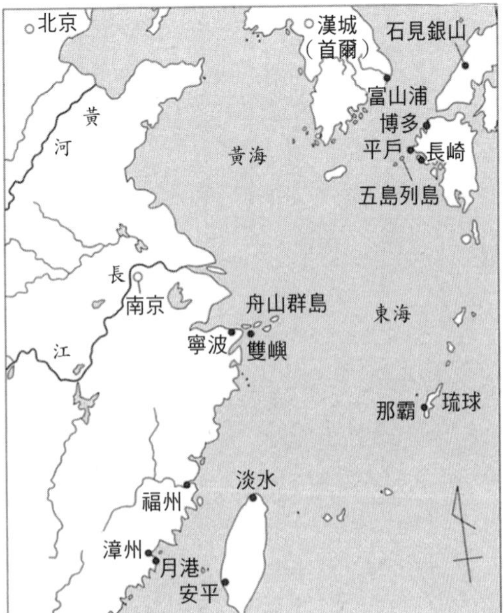

東亞海域的交易地

十五世紀末以前的主要日中貿易型態，是由日本船帶著硫磺、鋼、鎧甲、刀劍等日本商品，以及透過琉球取得的東南亞蘇木等商品，前往中國換購當地產的生絲、陶磁器、銅錢等商品。日中貿易無論是在貿易量，還是在重要性上，都遠不及中國與東南亞之間的貿易。日本人想要取得許多的中國產品，但是相較之下中國對於日本產品的需求卻沒有這麼大。不過，這樣的情況在一五三〇年代以後發生了極大的轉變，因為日本開始出產明帝國無論如何都想要取得的產品了。

這項產品就是白銀。明帝國為了守護領土免於蒙古遊牧民族的入侵，在帝國的北邊築起長城，並且派遣大批軍隊駐防。明政府為了調度軍需物資，要求人民必須以白銀繳稅。當時明帝國國內的白銀產量嚴重不足，但日本因為發現了石見銀山，再加上從朝鮮傳入了灰吹法的精煉技術，因此正值生產量飛躍般提升（一五三〇年代）的時期。這也是一個「歷史巧合」的絕佳例子。日中之間的貿易因為日本白銀的出現而一下子成為熱潮。在這之前微不足道的對日貿易，突然重要性大增，走私貿易商人經手的大量白銀，宛如狂流傾瀉般地傳入明帝國。漂流到種子島的葡萄牙人船隻的船主——華人海商王直，也是當時以雙嶼為據點的走私貿易商人之一。

# 葡萄牙人的出現與耶穌會

## ◎葡萄牙人進軍東亞海域

葡萄牙人首次踏上中國的土地是在一五一二年占領麻六甲之後。當時有一位名為亞爾巴連司（Álvarez）的葡萄牙商人，搭乘華人的中式帆船抵達位於華南的港鎮廣州。亞爾巴連司不過是一介民間貿易商人，無法在廣州進行朝貢貿易，所以只能在珠江河口的屯門島及附近進行走私貿易。由於華商帶往東南亞的絲織品和陶磁器，是葡萄牙人無論如何都想取得的商品，所以亞爾巴連司馬上就了解到，如果把東南亞的香辛料、香料運往中國，將能夠獲得龐大的利益。換句話說，只要葡萄牙人擁有位於東南亞的據點，自然就會對中國貿易保持關切。

由於各國與華商之間的貿易，必須遵從施行海禁政策的明帝國的「朝貢」貿易，以官方形式而且有組織性地進行，所以如果想與華商做生意，首先必須派遣使節前往明帝國的宮廷。因此，托梅．皮萊資（Tomé Pires）在一五一七年以使節的身分來到廣州，要求與明帝國締結正式的國交關係。托梅．皮萊資同時也是《東方志（Suma Oriental）》一書的作者，這是第一本以歐洲語言記錄比麻六甲更東邊海域的地理學及民俗學資訊的書籍，他的名字也因此廣為人知。托梅．皮萊資經過了千方百計的交涉，終於在一五二〇年有機會謁見人在南京的明皇帝——正德帝，之後甚至與皇帝一起前往北京。然而正德帝在不久之後就過世了。隨著宮廷內政治勢力的變化，加上逃亡的麻六甲王所派遣的使節來到中國控訴葡萄牙人在麻六甲的惡行惡狀，皮萊資一行人於是在廣州被捕下獄，財產也遭到沒收。

雪上加霜的是，一五一九年來到廣州的葡萄牙船船長西曼．德安德烈（Simão de André），企圖在東亞海域沿用在印度洋海域的武力貿易，於是開始在屯門島建築要塞，並且把沿岸居民當作奴隸般使喚，同時還掠奪許多進入廣州灣的船隻。這樣的作風，在到麻六甲為止的整片印度洋海域都適用。但葡萄牙人似乎還沒意識到，有個巨大的陸上帝國也支配著這片東亞海域。一連串的事件加深了明帝國政府對葡萄牙人的不信任感，因此明帝國在一五二一年下令葡萄牙人撤離，並且出兵攻擊屯門島。葡萄牙船企圖複製他們在印度洋海域的勝利模式，透過激烈的砲擊擊退明帝國的軍隊，但最後卻因為彈盡糧絕而不得不撤離。明帝國的軍隊，並不像古里或是麻六甲國王的軍隊那樣勢弱。

葡萄牙人之後好幾次試圖在廣州灣展開貿易，但是都沒有成功。在不斷的暴力行為之下，明帝國允許葡萄牙人進行官方朝貢貿易的可能性消失。因此往後葡萄牙人不時犯禁令，在浙江、福建到廣東的沿岸地區進行海上走私貿易。這些葡萄牙人大多是「民間的」葡萄牙人，他們為了追求貿易利益而無視法紀，來到歐亞東方的這片海域興風作浪。這些葡萄牙人與以月港或雙嶼為據點，從事走私貿易的華人勾結，把中國產品帶回麻六甲銷售藉此獲得莫大的利益。

一五四二年或四三年漂流到九州南端種子島的葡萄牙人，應該也是這些葡萄牙人的同夥。無論如何，在日本史上為人熟知的「鐵砲傳來」事件，意味著不斷往東推進的葡萄牙人，終於將勢力範圍延伸到歐亞東端的日本列島。

## ◎取得澳門

雖然不少明帝國的官員、權勢者以某種形式參與走私貿易，不過其中也有在實施海禁令後，積極取締沿岸各地繁盛走私貿易的清廉之士，比如浙江巡撫都御史朱紈就是代表性的人物。一五四八年，朱紈率領大批船隊奇襲舟山群島的雙嶼港，討伐華人和葡萄牙人走私貿易商人。雙嶼港的許多建築物被燒毀，雙嶼也因此成為一座廢墟。朱紈為了持續追擊逃散的走私貿易商人，展開更大規模的軍事作戰行動，但這反而把走私貿易商人逼上梁山。他們使用武力對抗明軍，掠奪明帝國沿岸各地。一般認為，這段時期是後期倭寇最猖狂的時期。潔癖又富有強烈正義感的官僚朱紈，遭到許多獲利於走私貿易權勢者的攻訐，以倭寇動亂擴散為由遭到究責而失勢，最後自殺身亡。

另一方面，走私貿易商人的首領王直，把貿易據點從日本的五島列島轉移到平戶後，更加活化了走私貿易活動。五島列島與平戶，住著許多如松浦黨一樣活躍於東海的海民，因此王直來到這裡應該是如魚得水。朱紈展開掃蕩作戰後不久的一五五〇年代，與王直合作的葡萄牙人第一次抵達平戶。由於明帝國與足利政權之間擁有朝貢關係，所以日本想必也只獲准官方的勘合貿易吧？但因為當時正值日本的戰國時代，九州的大名並沒有取締走私貿易的概念，所以王直與葡萄牙人被當成帶來海外商品的海商，受到平戶領主松浦隆信的熱烈歡迎。

大約在十六世紀中左右，葡萄牙的「海上帝國」權勢者——果阿總督和麻六甲的長官，也充分認知到東亞海域上的國際秩序與貿易所帶來的龐大利益。其中日明貿易所獲得的巨額利益最吸引人。所謂的日明貿易，指的是從日本取得白銀，再利用日本白銀換購中國的生絲、陶磁器，將這些商品帶回日本以高價出售的貿易活動，所以他們希望親自參與這項貿易也是理所當然的事情。為此他們必須在中國沿岸設立據點以取得中國商品並補給物資，而這無論如何都必須得到明帝國的同意。

一五五二年，以皇家艦隊司令官的身分來到廣州灣的萊諾蘇沙（Lionel de Sousa），收服了廣州灣一帶跋扈的葡萄牙海盜和走私貿易商人，藉此賣了一個恩情給明帝國。而他這麼做也同時表明了重視秩序的「海上帝國」葡萄牙，與民間葡萄牙人的立場不同。接著在一五五三年，萊諾蘇沙以為了曬乾因船隻觸礁弄濕的物品為由，賄賂負責的官役要求上岸，最後順利地登上了位在廣州灣入口處的澳門半島，並且就此順勢留了下來。半島前端有一座祭祀媽祖的廟宇，這座被稱為「媽閣廟」的廟宇是船員的信仰中心，因此葡萄牙人就稱這座半島為澳門（Macau）。一五五七年，葡萄牙人滯留在島上成了既定事實的四年後，明帝國的負責官廳終於暫且允許他們在此定居。於是葡萄牙人開始陸續在半島的沿岸和前端建造房屋、城塞，慢慢地把澳門改造成葡萄牙人在東亞海域上的據點。

一五七三年，明帝國正式同意葡萄牙人定居於澳門。但必須留意的是，葡萄牙人每年得支付五百兩的地租。換句話說，明帝國決不是把澳門割讓給葡萄牙人，只不過是同意葡萄牙人在此定居而已。這與葡萄牙人在印度洋海域的據點完全不同。澳門的經濟開始發展，許多華人因而在此居住，不過這些華人遵循的不是葡萄牙的法令，而是明帝國的法令。澳門半島上也設置了明帝國的分支官廳。而為了避免葡萄牙人擅自進入中國本土，在連接本土與半島的沙洲上也設置關卡。澳門要到香港因鴉片戰爭而割讓給英國後，十九世紀後半的一八八七年，才成為葡萄牙主權下的殖民地。

取得澳門之後，葡萄牙人更容易從事日本與中國之間的貿易活動。從一五五〇年代後半開始，澳門的葡萄牙人總督——甲必丹末（Capitão-mór）的船隻幾乎每年前往九州的港口，此外也有許多民間的葡萄牙商船從澳門出航。現代日本一般把日本與葡萄牙人之間的貿易活動統稱為「南蠻貿易」，所以常有人誤以為這是日本與歐洲之間的貿易往來，不過這是錯誤的認知，因為當時沒有任何一艘商船直接從里斯本開往日本。葡萄牙人運往日本的主要商品是中國產的生絲，其他也幾乎都是中國和東南亞產的商品。許多民間的葡萄牙商人也受雇於華商或接受融資，換句話說葡萄牙人從事貿易活動時並非只靠自己，也藉助了其他各國商人的力量。

高瀨弘一郎分析了共計九十七件葡萄牙國王發出的日本相關敕令，以及寄給果阿總督的書信。其研究成果顯示，其中的七十二件是有關天主教在日本傳教的內容。由此可知，澳門與日本的貿易幾乎沒有更進一步發展的可能，因此身處於葡萄牙本國的國王對於與日本之間的貿易沒有太大的興趣。當時的葡萄牙人以一個走私貿易業者集團的身分，在「各民族雜居」的東亞海域展開貿易活動。

## ◎耶穌會與聖方濟・沙勿略

儘管無法說明得太詳細，不過如果談到葡萄牙人的勢力延伸到東方一事，就不可不提到天主教。而天主教的問題，對於思考十七世紀以後的東亞海域狀況而言，是非常重要的一件事。因此在以下將進行簡要的說明。

據說瓦斯科・達伽馬（Vasco da Gama）展開航海活動的目的之一，是為了尋找東方的天主教徒國王。伽馬的船上，有兩名聖三位一體會的修士。葡萄牙人身為天主教徒，免不了需要在船上進行禮拜，而萬一船上有人身亡，塗油等儀式也必須由神職者進行。因此即使在這之後，也必定能在前往東印度的葡萄牙船上，看到天主教神職人員的身影。這些天主教的神職人員，不只負責天主教徒的葡萄牙人在日常生活中的各種必要儀式，同時也積極嘗試教化當地人。方濟各會（Ordine francescano）、道明會（Ordo Dominicanorum）等修士陸續踏上印度的土地，傳播天主的教義。而早在十五世紀，羅馬教宗就把具有傳教保護人權利的敕書頒給葡萄牙國王，獎勵傳教士前往從非洲到印度的新發現地區傳播天主教。傳教士遵循這道敕書的旨意，從葡萄牙往東印度出發。利用敕書的「傳教保護人」是一個很重要的概念，因此以下稍作說明。

一般而言，如果想要建設及經營教會或修道院，必須擁有一定的土地與收入。在當時歐洲的天主教文化圈裡，提供土地、建設與維持教會、照顧神職人員生活的人，就會被視為教會的「保護人」。而如果把同樣的概念延伸到新取得的海外領土，這樣的人就是「傳教保護人」。在東印度這塊新取得的領土上，葡萄牙的國王便是「傳教保護人」。國王為神職人員準備好傳教所需的各項必要條件，而神職人員便在葡萄牙國王的庇護之下從事傳教事業。一五三四年，葡萄牙國王基於這樣的背景，在占領地果阿成立教區，把果阿當成葡萄牙在東印度傳播天主教的據點。因此，東印度的天主教傳教事業與葡萄牙取得領土，兩者不可分別而論。

同一年，天主教為了對抗自十幾年前起就在歐洲展開的基督教改革運動，在巴黎創設了耶穌會。會員必須絕對地服從羅馬教宗，並且遵守嚴格的戒律。耶穌會重視海外戰鬥式傳教的態度，馬上成為葡萄牙國王關注的焦點。葡萄牙國王表明將耶穌會的成員送到印度的意願，而耶穌會會長依納爵．羅耀拉（Ignacio de Loyola）為了回應葡萄牙國王的請求，令聖方濟．沙勿略（Saint Francis Xavier）與兩名同志搭乘葡萄牙船前往印度。沙勿略謹記羅耀拉之言：「吾之意圖在於完全征服異教之地。」沙勿略在歷經了艱辛的航程後，於一五四二年五月六日抵達果阿。

沙勿略先後在南印度、麻六甲以及摩鹿加群島等東南亞各地，進行了三年的傳教活動，然而效果不如預期，每天都一籌莫展。在麻六甲與日本天主教徒彌次郎的相遇，成為改變沙勿略苦悶境遇的契機。沙勿略聽了彌次郎所提供的消息，認為有機會在日本這片新天地進行傳教事業，因此在彌次郎的協助之下，於一五四九年從麻六甲前往日本。這距離葡萄牙人第一次漂抵種子島，不過是六年後的事。其中更值得留意的是，當時已經出現了像彌次郎這樣前往果阿的日本天主教徒。這時正值明帝國的官員朱紈對走私貿易商人展開掃蕩作戰之後不久，澳門也還沒落入葡萄牙人手中。沙勿略所搭乘的中式帆船在無法停靠中國沿岸港口的情況下，直接往日本列島前進，並且在八月抵達鹿兒島。

## ◎耶穌會的日本傳教與貿易

沙勿略在日本停留了兩年三個月，期間從鹿兒島前往平戶、山口，經過堺之後抵達京都，接著在返回山口之後又前往豐後（大分）。沙勿略在這段旅程中停留的地方除了山口、京都以外，其他都是貿易港口。再者，山口是掌握日中勘合貿易大內氏的城下町，京都則是名義上管理海外貿易的天皇與室町政權的所在地。因此，從沙勿略造訪的地點就可知道，其行動與葡萄牙商船的貿易活動有著密切的關係。沙勿略出發前往日本之前，麻六甲的長官準備了三十桶嚴選的胡椒（五千七百公斤），作為沙勿略一行人的出航費、停留兩年期間的旅費，以及建設教會的經費。因此，如果不在日本把這些對日本人而言不太有用的胡椒，換成生活必需品的話，沙勿略一行人就無法生活。沙勿略本人熱情激昂的傳教意志另當別論，他們一行人在造訪的日本，或許會被視為半吊子的商人吧？沙勿略不會說日語，因此由彌次郎等弟子們代為傳播天主教的教義，但當時想必只有極少數的人，認為他們口中的教義與海外貿易毫無關連吧！

沙勿略也在書信中提到許多與貿易相關的情報。譬如：「堺是一個非常大的港口，許多商人與富人在此聚集。和日本其他地方比起來，這裡有許多的白銀和金子，［所以］如果能在堺成立葡萄牙的商館就好了」、「如果閣下信賴我，把送來［這裡］的商品交給我管理，我敢斷言一定能增加百倍」等等。由此可知，日本耶穌會的傳教活動和葡萄牙人的貿易活動，從一開始就擁有斬也斬不斷的關係。繼沙勿略之後陸續前往日本，在西日本各地建立神學院、教會等傳教組織的耶穌會傳教士當中，不少人並未從葡萄牙國王之處獲得充足的金援，因此他們透過從事日中生絲貿易、在日本人的對中貿易中進行斡旋與仲介，藉此獲取利益，以作為教團的活動資金。

對於身處戰國之世的九州各地大名而言，與葡萄牙進行人貿易能夠取得高額利益，進而獲得高級的中國產品，以及新傳入的火槍所需的鉛與硝石，所以是一項十分吸引人的買賣。九州各地大名也充分了解到，葡萄牙船來到日本時必定伴隨著天主教的傳教士，因此如果同意傳教士停留並且在所轄領地內傳教，就有可能吸引葡萄牙商船停靠並展開貿易活動。這樣的背景，正是九州各地大名爭相信仰天主教的原因之一。

吉利支丹大名大村純忠，在一五八〇年把長崎捐獻給耶穌會就是最極端的抉擇。大村純忠改信天主教雖然不全然是為了貿易利益，但無論如何，為了尋求穩定傳教據點的耶穌會，與希望葡萄牙船定期地前往長崎的純忠，擁有一致的利害關係，這與在東南印度的馬德拉斯（Madras）所發生的情況相同（給與歐洲人方便）。

## ◎耶穌會的傳教與領地取得

耶穌會的傳教活動不光是貿易，也與軍事活動密切相關。雖然耶穌會在日本的宣教活動較亞洲其他地區順利，而且擁有不錯的成果，但在過程中還是得面對不少的抵抗與迫害。當時改信天主教的大名、領主，是耶穌會士最有力的後盾。葡萄牙國王與羅馬教宗在財政、軍事上的援助都談不上充分，在這樣的情況下，只有這些改信天主教的大名與領主，能夠保護遭反對者攻擊的耶穌會士。這些大名與領主不僅是耶穌會士的重要同志，同時也是保護者，所以當他們身陷困境時，耶穌會士也會積極提供軍事上的支援。比如，耶穌會士提供食糧、金錢、鉛以及硝石給有馬晴信、提供火繩槍給因戰爭陷入危機的大村純忠等都是有名的事蹟。

從耶穌會士與改信天主教的大名、領主之間的關係，就能了解到耶穌會士在取得長崎之後，立刻將長崎要塞化是多麼理所當然的事情。守護要塞需要士兵和武器，因此耶穌會在一五八五年，經由馬尼拉向國王菲利普二世（西班牙、葡萄牙兩國國王），傳達將士兵、彈藥、大砲、食糧以及金錢送至長崎的要求。如果回想起在前面提到的，葡萄牙國王在東印度擁有傳教保護權，那麼來自歐洲的人，總有一天必定會將獲得耶穌會捐獻的長崎，當成葡萄牙國王的領地。

如同上述，耶穌會於十六世紀後半在日本列島上的傳教活動，與基於貿易活動及取得領土的理念所展開的軍事行動化為一體，具有複雜的性質，不是純粹的宗教活動。根據一五七九年以耶穌會遠東視察員的身分來到日本的范禮安（Alessandro Valignano）的報告可知，當時日本的支配者在某種程度也正確地理解到耶穌會傳教活動背後所隱藏的目的：

「日本的領主們似乎懷疑我們是否企圖在日本從事不法行為，甚至強烈地懷疑如果允許自己的領國天主教化，我們可能會為了支持我們在日本活動的葡萄牙國王陛下，而與天主教徒一起發動叛亂。」

有一說指出，到了西班牙的修道會員前往日本，開始與耶穌會競相傳教之後的十六世紀末，日本的天主教徒人數達到三十七萬人，甚至還有高達五十萬人的說法。這個數字占當時日本總人口的百分之三至四。

對於為政者而言，情況已經達到無法輕忽的階段了。

## 日本的「鎖國」政策與荷蘭東印度公司

### ◎統一政權的誕生

展開本節的說明以前，請容許筆者先說說自己的個人經驗。幾年前，日本中世史的學者村井章介曾率領日本史研究團隊，前往西九州北松浦半島，與東松浦半島的中世城館、港灣設施等各地遺跡進行田野調查，而筆者也隨隊前往。當時巡覽了松園氏、志佐氏、波多氏、山代氏等許多中世西九州地方豪族的城館遺跡，接著又造訪豐臣秀吉花不到一年的時間建造而成的朝鮮之役基地——名護屋城址。習慣了地方豪族城館的規模之後，看到這座徹底展現出秀吉強大權力的城郭更是震撼。我們才剛探訪中世地方豪族的城館，因此更深刻地感受到由宛如重生般的秀吉所形成的統一政權，擁有多麼強大的力量。

「為什麼會出現名護屋城所象徵的這般強大的權力呢？」筆者當時產生了這個單純的疑問。秀吉統一了日本列島，匯聚了全日本大名的財力，建造如此大規模的城池也是理所當然吧？不過，當時秀吉建造的不只名護屋城，還陸續建造了京都的聚樂第、伏見城，以及大坂城等豪華絢爛的建築。相形之下，鎌倉、室町時期的政治權力者所建造的多數寺院建築，就顯得規模較小（也沒那麼氣派），完全無法相提並論。而且秀吉當時還投入巨額資金發動朝鮮之役，由此可知，秀吉的權力一定擁有了超乎想像的龐大經濟奧援。雖然沒有明確的證據，不過秀吉的經濟力與石見銀山產出的白銀、十六世紀活躍的海外貿易活動想必不無關係。十六世紀後半，葡萄牙人和耶穌會正式與日本列島往來，日本列島的政治、經濟、社會也在這個時期產生了巨大的變化。

隨著統一政權的誕生，戰國時代以來的動亂也迅速地邁向終結。一五八二年，織田信長在本能寺之變喪命，豐臣秀吉接著殲滅明智光秀、柴田勝家等信長的舊臣，並且使德川家康臣服。秀吉在壓制紀州、四國之後，一五八七年成功地征伐九州的島津氏。他在信長死後的短短五年內統一了日本列島的西半部，接著在一五九〇年殲滅了小田原的北條氏後，也平定了東日本。除了北海道之外，日本列島的主要地區都在秀吉的權力之下統一。范禮安在一五八〇年的報告中寫道「（本州）有五十三個王國」，但不過短短十年左右，日本列島就已經統一成一個王國了。

不久之後，秀吉發動了前後長達八年的朝鮮之役，這場戰役對於以明帝國為中心的東亞理念國際秩序而言，是一場重大的挑戰。日軍與援助朝鮮的明帝國軍隊直接為敵。這意味著秀吉統一的日本，拋棄了透過朝貢與明帝國建立的君臣關係，企圖脫離明帝國所設定的國際秩序。

朝鮮之役在秀吉死後（一五九八年）劃下句點。統一政權的王座，在經過關原之戰後轉移到德川家康手中。家康企圖透過在戰後締結和平關係的朝鮮，以及被島津氏征服的琉球，改善與明帝國之間關係，但結果並不順利。直到一六四四年明帝國滅亡為止，兩者之間的外交關係始終疏離。德川政權與繼明帝國之後成立的清帝國，也沒有締結正式的外交關係。

如果東亞海域的陸上政治權力也像印度洋海域一樣，未曾認真地思考支配海洋，各「國」之間也未建立一個廣域秩序場域的話，中日兩國之間的關係就沒有什麼大問題。然而至少從明帝國時期以來，東亞海域透過朝貢關係形成了以中華為頂點的理念式廣域秩序，而且這樣的秩序持續到清帝國時期。德川政權一旦脫離了這個廣域秩序，就必須在這個秩序之外，建立一個使自己的政權正當化的理論，打造以自我中心的新秩序，並且依循這個秩序從事海外貿易。所以自此之後，日本就一邊留心中國，一邊朝向獨自的道路邁進。

## ◎朱印船貿易的意義

從朱印船貿易到鎖國、禁止天主教等政策，都如實地展現出日本獨自的道路，以下將依序說明。

日本想要取得中國的絲織品，而明帝國想要日本的白銀，所以始於十六世紀前半的日明貿易熱潮，直到十六世紀後半乃至十七世紀都依然持續。不過兩國之間的勘合貿易，在一五五一年大內氏滅亡後便中斷了，即便一五六七年明帝國的海禁政策鬆綁，明帝國官方仍舊不允許華人海商前往日本，也不同意日本人商人來訪中國。因此兩國之間的貿易，只能仰賴走私貿易商人和以澳門為據點的葡萄牙人進行中介。除此之外，由於華人海商獲允前往東南亞各地進行貿易，所以只要日本商人也前往東南亞，就能夠在東南亞直接與華人海商交易，這就是所謂的「會合貿易」。所以從十六世紀末左右開始，前往東南亞的日本商船數量便急速增加了。

德川家康成為統一政權之主後，便決定頒發朱印狀給前往海外的船隻，期望東南亞各國能夠保障持有朱印狀的船隻的安全與貿易活動，並且下令這些船隻，也就是所謂的朱印船必須從長崎出航。無庸贅言，這是德川政權為了管理日本與東南亞之間，已經發展到一定程度的民間貿易活動所採取的方法。只要是以日本為據點的商人，無論「國籍」為何都能取得朱印狀。因此領有朱印狀的除了日本的商人、大名、武士之外，還有華人與歐洲商人。這或許是德川政權希望在管理貿易的同時，也以穩定的商品輸入為優先所得到的結果吧！

朱印船制度始於一六〇四年，至一六三五年廢止。在這三十二年間，共有多達三百五十六艘的船次前往東南亞各地。其中朱印船最常前往的目的地是交趾（越南南部），共有七十一艘，其次是暹羅（泰國）的五十六艘，以及呂宋（菲律賓）的五十四艘等。於是在東南亞各地的港市與政權的所在地，開始出現在日本走投無路的浪人、天主教徒、貿易商人以及受雇於當地人或外國人的日本人。他們居住的地方形成了日本人居住區，也就是所謂的日本人町。呂宋在移民最多的時候共有三千名、暹羅共有一千五百名日本人移居。如此大量的海外移民在日本列島的歷史中，可以說是例外現象。不過就如同下一章所提到的，當時的亞洲海域有許多移民，隨著活躍的貿易活動在各地來來去去。這個時期的日本人也出海貿易，因此可以說是當時亞洲海域的移民現象之一。但是需要留意的是，雖然有許多來自東亞海域的人移居海外，但東亞海域卻不接受移民。

接著再把目光拉回日明之間的勘合貿易。必須注意的是，發行勘合的主體是位處廣域秩序中心的明帝國，而朱印船制度中的朱印狀，則是基於德川政權的意志所發行。脫離明帝國理念秩序的德川政權，以自我意志管理貿易活動，因此必須建立以自我為中心的廣域秩序。東亞海域的海上貿易與從事海上貿易者，理所當然由陸上政權管理，因此身處其中的日本沒有其他選擇。

當然，不只出航的船隻，日本對於來航的船隻也予以規範與管理。一六一六年，歐洲船的停靠港僅限於平戶和長崎，一六三五年華人的船隻也只能停靠在長崎港。這些海外貿易管理政策最後導致的結果就是「鎖國」。而「鎖國」政策共有三個主軸，一是禁止日本人與日本船前往海外，二是來航的外國船僅限於荷蘭船與唐船，三是外國船只能停靠在長崎。萬無一失地管理海上貿易，才是能讓德川政權被認為是具有權威的政權的方法。

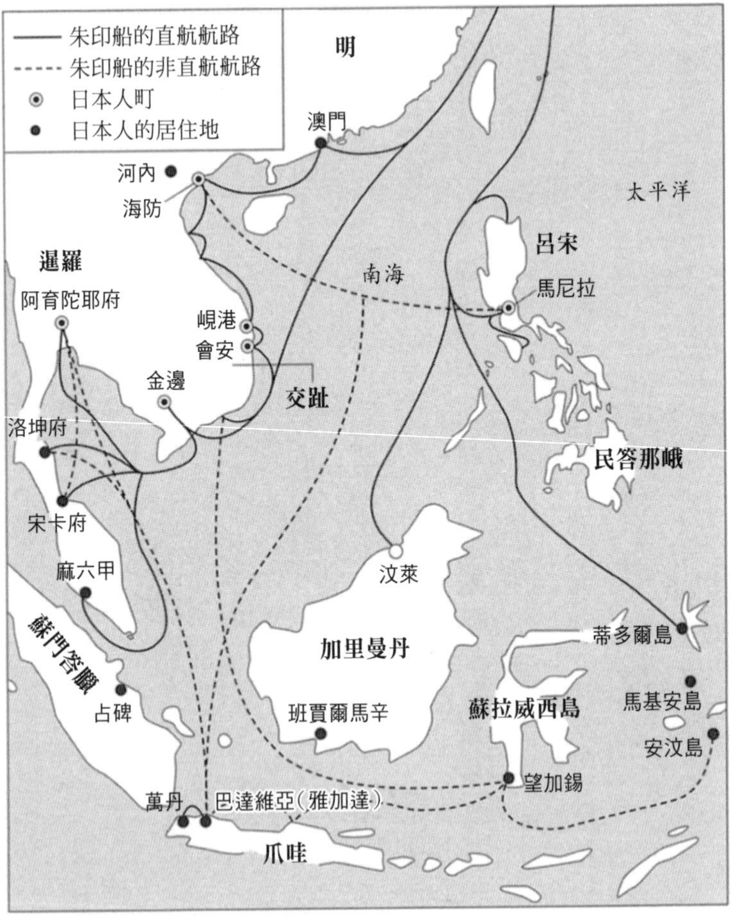


朱印船航路與東南亞日本人町　根據岩生成一『続南洋日本町の研究』繪製而成。

## ◎禁止天主教

耶穌會根據歐洲天主教文化圈的協定，與葡萄牙國王的傳教保護權表裡互為一體，但是其在日本的傳教活動，卻存在著難以解決的根本性矛盾。那就是只要日本沒有成為葡萄牙的領地，日本人的改信事業就不算完成。舉個具體的例子，比如當日本信仰天主教的教徒人數增加，就有必要在日本設置主教一職。而根據傳教保護權，選出主教並推薦給羅馬教宗的是葡萄牙國王，準備主教教堂所需的土地、建設教堂的也是葡萄牙國王。當地居民的意願與要求，在這過程中毫無介入的餘地。但另一方面，現實問題卻是，即便葡萄牙國王對日本的天主教傳教事業抱持高度的關心，也因為兩國距離遙遠，難以派遣大軍征服日本的土地。

耶穌會士們在日本從事傳教活動時，內心想必也抱持著同樣的矛盾。雖然不知道日本的統一政權對於這項矛盾本質究竟有多少概念，但絕對從與葡萄牙國王企圖奪取領土的耶穌會傳教活動中，嗅出某種危險的氣息。一五八七年豐臣秀吉從耶穌會手中收回長崎，將其設為直轄領地，同時也發布最早的傳教士驅逐令。而導致這一連串動作的直接理由，正是耶穌會的副管區長卡斯帕．科埃里羅（Gaspar Coelho）在停留博多期間，以武裝船提督之姿出現在秀吉眼前，企圖對秀吉施壓。秀吉的行為出乎科埃里羅的意料，這想必是因為秀吉確實捕捉到天主教的傳教活動帶給他的模糊危機感，使他懷抱著某種確信，採取了強硬的政策。

除此之外，當時還存在著日本為政者認為天主教是危險宗教的幾點原因。譬如：世俗權力優於宗教權力的「王法為本」的基本態度；天主教的教義與當時基於「神國」思想建立的日本社會秩序完全不相容的問題；高達總人口數百分之三至四的日本天主教徒，做出狂熱與反社會秩序的舉動；在荷蘭人與英國人的提醒下，為政者得知天主教的傳教與葡萄牙及西班牙的領土擴張野心之間的關聯性等等。此外，也有研究指出，天主教徒以外的一般民眾，大多信奉可以稱為「日本宗」的共通宗教信仰，天主教的信仰與他們所重視的「天道」不相容，因此一般人多數支持為政者的禁教方針。在這些種種因素之下，統一政權最後走上驅逐傳教士、禁止天主教之路。而且也因為試圖從東南亞搭乘朱印船潛入日本的傳教士絡繹不絕，最後連朱印船制度都廢止了。當然，德川政權能夠廢止朱印船，也是因為當時存在著其他輸入海外商品的替代途徑，但也能由此看出，德川政權是鐵了心要禁止天主教。

不過有趣的是，禁止天主教的不只日本的政權。儘管禁教的因素各有不同，不過繼明帝國之後的清帝國、朝鮮，甚至越南也都採取了同樣的政策。禁止天主教是十七至十八世紀東亞海域周邊各國的共通行動。因為支撐這個地區政權的理念與社會秩序，與天主教的教義以及把傳教當成前提的世界觀之間，存在著無法相容的深刻差異。因此對東亞海域的政權而言，天主教傳教士的存在，意味著重大的威脅。

相較之下，儘管同一時期耶穌會和其他修道會也在印度洋海域從事傳教活動，當地卻沒有採取禁止天主教的政策。在蒙兀兒帝國和薩法維帝國的領地內從事傳教活動的傳教士人數，超過在東亞海域的人數。這些傳教士基本上行動自由，沒有受到各地政權過多的規範。甚至還有薩法維帝國的國王，在宮廷裡與耶穌會的傳教士和穆斯林學者討論哪個信仰較出色的記錄。不過，最後由於傳教士無法使許多人改信天主教，並且總是被視為醫生或巫醫，因此到了十八世紀中，耶穌會和方濟嘉布遣會（Ordo Fratrum Minorum Capuccinorum）等修道會，以沒有機會說服人們改信天主教為由，自行從波斯撤離。天主教並未對印度洋海域周邊各國的體制造成重大威脅，從這一點就可以看出印度洋海域與東亞海域之間有著極大的差異。

## ◎荷蘭東印度公司與出島

荷蘭東印度公司進軍東亞海域的情況，與進軍東南亞不相同。最大的差異就在於，他們最擅長的，以武力威脅當地政權的手法在東亞海域並不管用。至少在中國和日本，公司表面上都以穩重善良的商人面貌從事貿易活動。荷蘭東印度公司在一六〇四年之後數度造訪廣州，要求與明帝國展開官方的貿易活動，但是明帝國卻以與荷蘭之間不具朝貢關係為由拒絕。荷蘭東印度公司為了取得中國的商品，只好與華商進行走私貿易以及在東南亞進行的會合貿易，或是掠奪葡萄牙與西班牙的商船。不過荷蘭終究還是需要在東亞海域建立據點。荷蘭東印度公司於是在一六二二年，派遣由十二艘船組成的大船隊攻擊葡萄牙人的據點澳門，結果在損失了三百人之後遭到擊退。荷蘭最後在一六二四年，於台灣西南部沿岸（今台南市）建築要塞，並且命名為熱蘭遮城（Fort Zeelandia），以此作為對中國貿易的據點。

一六〇九年，兩艘荷蘭東印度公司的船隻駛進日本平戶港，並且在德川家康的准許之下於此設置商館。不過這個商館一開始的機能與其說是貿易，反倒更像是軍事基地。因為這個時候的荷蘭東印度公司正與葡萄牙人、西班牙人，以及英國東印度公司爭奪高級香辛料產地摩鹿加群島的權益，所以荷蘭東印度公司從平戶把糧食、武器、木材、石材以及日本傭兵運往東南亞。除此之外，平戶也位於攻擊連結澳門與長崎貿易航路的葡萄牙船的最佳位置。

一六二〇年代，荷蘭東印度公司在台灣設置商館，確立了以日本白銀換購中國生絲中繼貿易體制之後，平戶的荷蘭商館終於開始發揮原有的貿易機能。到了一六三〇年代，荷蘭東印度公司的商船除了台灣以外，也前往巴達維亞、暹羅、交趾、柬埔寨、東京（越南東北部）等地進行貿易，將各地大量的特產品帶往日本。

對德川政權而言，與荷蘭人進行貿易的最大好處在於，荷蘭商船並不會帶來天主教的傳教士。因為德川政權雖然想繼續透過與葡萄牙人的交易，獲取來自中國與東南亞的商品，卻又擔心天主教的傳教。陷入兩難狀況的德川政權，當然非常樂意擴大與荷蘭人之間的貿易。

還有另一項不可忽視的重要因素，那就是荷蘭人坦率地接受德川政權的命令與要求。舉例來說，荷蘭遵守不輸出武器和日本傭兵的禁令。即使發生了荷蘭東印度公司的台灣商館，企圖對日本的朱印船徵收關稅的「大員事件（一六二八年）」荷蘭最後也把事件的負責人——台灣商館長帶往平戶交給日本。一六三三年以後，平戶商館長甚至前往江戶拜謁幕府將軍，表達獲准在日本從事貿易的謝意。此外，發生天草島原之亂時，荷蘭也受德川政權之託，把船開往島原半島的原城近海，向原城發射數發大砲。

一六三七年荷蘭東印度公司的整體利益總額中，平戶商館所占的貿易利益竟然高達七成以上。既然擁有如此高額的貿易利益，即便需要忍耐些許的屈辱，也得努力維持與日本的貿易關係。比如一六四〇年，德川政權以刻有與天主教相關的西曆建造年分為由，命公司拆除剛在前一年建設完成的石造倉庫，商館長立即聽命行事；一六四一年荷蘭也毫無反抗地遵從把商館從平戶搬遷到長崎的命令。德川政府要求荷蘭人只能居住在長崎的人工小島「出島」，基本上禁止離開島上出外，但即使如此，荷蘭東印度公司也完全沒有抵抗。

荷蘭人在亞洲其他地區表現出來的經常是高壓與傲慢的態度，但在日本卻展現出令人難以置信的低姿態。幾乎在同一時期，荷蘭東印度公司企圖在東南亞以激烈的暴力手法獨占香辛料的貿易，其落差實在令人震驚。這是因為公司的最大目的就是透過貿易獲取利益，為了達成這個目的，在各地分別採取最有效的經營方法。

在「政治之海」的東亞海域，葡萄牙人和荷蘭人等歐洲人無法利用武力展開隨心所欲的行動。因為他們的軍事力和經濟力都還不夠強大。代表性的例子就是，荷蘭東印度公司一六六二年，遭到東亞海域的軍事勢力——鄭成功軍隊擊敗，只好關閉好不容易設立的台灣商館並離開台灣。相較於印度洋海域，西北歐的東印度公司在東亞海域的影響力相當有限。因此，這些東印度公司只能在表面上遵從這片海域的秩序，然後盡力從中獲取最大的利益。

# 第四章 移動活躍的時代

荷蘭東印度公司的帆船

# 亞洲人的移動

## ◎華人的世紀

東印度公司開展貿易事業的十七至十八世紀期間，亞洲有許多人離開自己的出身地，橫渡海洋進行遠距離的移動，移居到新的土地上生活。這些移居者有各種不同的類型，譬如：追求商業利益的貿易商人、在移居地握有政治權力者、參與經營礦山等事業者、在都市從事商工業活動者、靠武勇當上傭兵者、在農場或礦山的勞工，以及侍奉於宮廷的詩人和文人等等。

如果把歐亞大陸視為一個整體的區域來看，擁有優異的航海技術、對貿易活動抱持著高度關心的歐洲人搭乘東印度公司的船隻前往亞洲的行為，也可以被視為是歐亞大陸上活躍的人員移動與交流的一種型態、甚至是變異。人員的移動進一步地引發新的移動，為歐亞各地的社會創造出新的局勢。本章將針對上述的人員移動與運載人們的船隻進行綜合說明。

首先是華人的移民，早在十五世紀左右，東南亞各地的港城就已經有許多華商往來，之後隨著時代的變遷，華商前往東南亞的人數或有增減，不過基本上從中國前往東南亞的商人活動，直到十八世紀為止都沒有太大的變化。然而十七世紀以後出現兩個新的現象，一是除了華商的活動以外，還出現了由移民組成的政治勢力，二是來自中國南部各地的華人勞工，開始移居到台灣和東南亞。十八世紀在東南亞史的脈絡中，被稱為「華人的世紀」，因為在這一百年間，華人在東南亞的政治、經濟領域相當活躍。

從中國南方新來到東南亞的華人，與當地的政權聯手合作，企圖發展出有利於自身貿易活動的局勢。在這樣的合作關係之中，也出現了在當地握有政治權力的權勢者，比如出身廣東的莫氏，在暹羅灣東岸的河仙市社建立了莫氏政權，以及來自福建的吳氏，則在馬來半島的港城宋卡府（Songkhla）建立了吳氏政權。雖然兩者都被當地政權授予總督之職，但實際上卻是掌控貿易港的獨立政治勢力。

不光是華人，這個時期的東南亞和南亞，也常常可以看到外國商人與當地政權合作，在中央或地方擔任要職的例子。其中最為人所知的，應該就屬十七世紀後半阿育陀耶王朝拿籟王（King Narai the Great）宮廷裡的伊朗人和法國人，以及阿育陀耶王朝國政的最高負責人——來自希臘的華爾康（Constantine Phaulkon）了。法國傳教士對於華爾康的富裕生活，做出了如下的描述：「暹羅國王完全沒有給予華爾康任何薪資，但是華爾康能夠隨興地使用許多金子。華爾康擁有五、六艘船，這些船往來中國或日本，使華爾康的倉庫滿盈。」從之後將介紹的南亞伊朗人的例子中，也可以清楚了解到，當時的東南亞或南亞對民族的概念幾乎沒有「內」、「外」之分，至少在政權階級是如此。再者，如同第五、六章也將提到的，這個時期的東南亞或南亞，與開始明確區分外國人與日本人的日本，形成了強烈的對比。

華人從十七世紀前半開始移居台灣，並且在台灣島上展開前所未有的稻米耕作。而在一六八〇年代中期，福建、廣東沿海地區的人，也開始前往東南亞進行貿易，展開海外移民活動。當時在馬來半島、加里曼丹島、廖內群島（Kepulauan Riau）等地，盛行胡椒、阿仙藥（gambir）等商品作物的種植，以及金礦、錫礦的開採，因此貿易船、移民運送船將大量的華人勞工運來此地。而早已在當地與政治勢力擁有穩固合作關係的富裕華商，也經常扮演當地與移民勞工出身地之間的仲介角色。在這樣的發展背景下，東南亞各地形成了以成年男性為主的華人社會，這些成年華人男性利用運來所需物資的中國船，建構出新的貿易網絡。

除此之外，當時也能看到歐洲人與華人之間的合作關係。比方說，荷蘭東印度公司於一六六二年失去台灣的商館之後，便不再派遣商船前往中國，而是開始向前往巴達維亞的中國船購買中國商品。一六九〇年到一七四〇年為止的五十年間，是中國船在巴達維亞的貿易最繁盛的時期。這段期間，中國船不止買賣中國商品，同時也把許多移民送往巴達維亞。早在一六二〇年代，巴達維亞城的建設剛完成後不久，華商、工匠以及勞工就開始移居此地。

一六八〇年的移居人數達到約三千人。此時城鎮附近，開始出現許多種植商品作物甘蔗，並生產砂糖的農場，這些農場有不少都由華人經營，並且由華工支撐其營運。砂糖雖然是荷蘭東印度公司運往日本和西亞的重要商品，其生產卻與華人移民密切相關。據說一七四〇年發生於巴達維亞的華人屠殺事件中，遭到殺害的華人多達一萬名。荷蘭東印度公司在亞洲海域的活動，促使了新一批華人移民移居爪哇島。

## ◎伊朗、印度的移民

至於西方，來自伊朗高原的伊朗人也開始前往印度次大陸各地，而且有不少政治家在當地的宮廷受到重用，譬如存在於十六世紀到十七世紀間德干高原的阿迪勒沙（Adil Shah）王朝與庫特朴沙（Qutb Shah）王朝，以及在北印度成立之後，勢力逐漸往南方擴張的蒙兀兒帝國。這是因為在蒙兀兒帝國和印度的穆斯林政權宮廷裡，波斯語和波斯式的禮儀與教養受到重視。雖然人數比例依時期不同而有所差異，不過整體而言，蒙兀兒帝國的宮廷裡約有百分之二十五至三十的官吏，是來自伊朗高原的移民及其子孫，其中還有許多知名的詩人和文人。

許多伊朗人不僅參與政治，同時也以企業家或商人的身分從事相關活動。比如米爾・姆罕滿朵・薩德・阿爾迪斯達尼（Mir Muhammad Sa'id Aldistani）。他來自伊斯法罕近郊，在十七世紀前期受雇於馬商，前往庫特朴沙王朝，後來在印度東南海岸默蘇利珀德姆（Mausulipatnam）成為地方首長，並且因從事貿易活動與經營鑽石礦山而獲得龐大的利益，最後成為王朝的宰相（Mir Jumla）。米爾雖然在不久之後，因為遭到新國王的疏遠而轉往北方的蒙兀兒帝國發展，不過在蒙兀兒宮廷也擁有極大的影響力。

伊朗人同時也前往泰國的阿育陀耶王朝發展，並且在當地形成有力的外國人社群。他們當中也有人在當時的阿育陀耶王朝的宮廷裡，扮演了重要的政治角色。阿育陀耶王朝中伊朗人的國際商業活動，在十七世紀後半最為繁盛，有力的伊朗商人所擁有的商船，也時常前往日本長崎進行貿易。因此，長崎也在一六七二年，設立了專門負責擔任波斯語翻譯的摩爾通事一職，以備阿育陀耶王朝商船來航之需。

另一方面，也有許多來自印度各地的人移居到新的土地。印度西北部古吉拉特邦和旁遮普地方的人在伊朗高原設據點，前往薩法維帝國從事販賣棉織品、靛藍等商品的商業活動，此外也有不少人從事金融業或是外幣兌換業。到了十七世紀後半，約有超過一萬名來自印度的人，居住在薩法維帝國的首都伊斯法罕。至於面向波斯灣，曾經是印度貿易窗口的阿巴斯港，據說也約有三分之一的居民來自印度各地。人們在伊朗高原與印度次大陸之間的頻繁往來，至少持續到經濟活動繁盛的十八世紀前半。

## ◎亞美尼亞商人與英國東印度公司

「現在沒有什麼貿易活動和亞美尼亞人無關。亞美尼亞人不只前往歐洲，甚至遠赴亞洲各地，如印度、東京灣、爪哇、菲律賓等，他們幾乎到過除了中國和日本以外的所有東方地區。」（塔維涅〔Tavernier〕，一六七六年）

「亞美尼亞人是世界上最有能力的商人。」（尚・夏丹〔Jean Chardin〕，一六九二年）

這兩名法國旅行者所著作的遊記，是西北歐在十七到十八世紀時取得東方資訊的主要來源，就如同他們不約而同在遊記中描述的內容一樣，亞美尼亞商人一邊與歐洲人合作，一邊擴展自身的貿易活動。

亞美尼亞商人原本以高加索地區的阿拉斯河流域為根據地，從面向地中海的鄂圖曼帝國領地伊斯坦堡、伊茲密爾、阿勒坡等港口城市，往義大利的威尼斯、利佛諾發展。他們早在一五六〇年代，就分別於東方的北印度阿格拉，與西方的荷蘭阿姆斯特丹擁有據點，在當地從事絲織品、寶石、工藝品等商品的國際貿易活動。

十七世紀初，薩法維帝國的阿巴斯一世，強制把阿拉斯河流域有力的亞美尼亞商人們遷移到新建設的首都伊斯法罕郊外，並且給予許多特權使其從事波斯特產的絲織品貿易。這些亞美尼亞商人們居住的地方名為新焦勒法，這個名稱源自於他們原本居住的高加索城鎮——焦勒法（Jolfa）。貿易網絡廣及歐亞東西兩端的亞美尼亞商人，改以新焦勒法為據點之後，貿易活動變得更加地活絡。十七世紀亞美尼亞商人以國際貿易商人與金融業者之姿大放異彩。他們行商時所造訪的地點，甚至遠及位於歐亞內陸的加德滿都與拉薩等地。

亞美尼亞商人最初在亞洲海域從事貿易活動時，與歐洲各國的東印度公司相互競爭。但他們後來逐漸強化與英國東印度公司之間的合作關係，居住在倫敦的亞美尼亞人社群代表，甚至在一六八八年與東印度公司訂立協定。當時為雙方牽線，積極促成協定的是尚・夏丹。他是法國的胡格諾教徒（Huguenot，新教徒，喀爾文〔Protestant Calvin〕教派），曾兩次前往波斯及印度從事商業之旅，返國後在倫敦居住，並且從事東方貿易。尚・夏丹不僅是一名旅行遊記的作者，同時也是珠寶商，與亞美尼亞商人之間有著密切的關係。

根據協定，亞美尼亞商人在歐洲各地區之間運送商品時，只能使用英國東印度公司的船隻，但英國東印度公司允許他們在其亞洲海域的所有據點（當時的據點具體而言是馬德拉斯與孟買）居住並從事貿易，同時也建設亞美尼亞的教堂並准許他們舉行信仰儀式。自此之後，亞美尼亞商人的貿易活動就與英國東印度公司緊密相連。爾後當英國東印度公司和英國的勢力拓展到廣州、貝南、新加坡、香港等地時，也能看見亞美尼亞商人的身影。

## ◎王權與國際商業

華人、伊朗裔、印度裔、亞美尼亞裔的人，就如同上述，在亞洲海域的各個地區擴大活動。他們雖然因為出身地或血緣關係聚集在一起，但卻沒有形成一個團結的整體，也不具備像中國「國民」、伊朗「國民」、印度「國民」、亞美尼亞「國民」這種近代意義上的強烈連帶意識。雖然有人認為，亞美尼亞人逐漸地朝著這個方向發展，但也沒有出現像歐洲東印度公司那樣強大而穩固的團結公司組織。他們透過個人、家人，以及整個家族的努力，在新的土地上紮根、開展新事業、取得生活所需的糧食，維持生計。

如同前面所提到的，當時印度洋海域的王權與政治權力，都積極接受來自領地外的外來者，並且無論在政治上還是經濟上，都給這些外來者許多機會。從經濟層面來看，只要能把豐富的商品運來領地，帶給王朝宮廷富裕的經濟，無論從事貿易活動的主體是誰、出身何地，都不是太大的問題。這或許也可稱為一種自由貿易。這是與「貿易管制」截然不同的概念，所謂的「貿易管制」就是區隔「內」、「外」的對外政策，譬如歐洲各國的王權允許本國單一商社獨占東印度貿易，或是日本德川政權禁止本國商人出海，並限制外國商人的貿易量。王權與政治權力在面對國際商業活動時，所採取的這兩種截然不同的態度，對於日後世界史發展的思考可說是相當耐人尋味。

雖然現階段的研究可以指出，在亞洲海域上存在著對海上貿易活動抱持這兩種迥異態度的王權，但卻很難說明為什麼會產生這樣的差異。總而言之筆者要再一次強調，歐洲的東印度公司把勢力拓展到從東南亞到西亞這片廣闊地區時，沒有遭受到過多的抵抗，其貿易事業之所以能夠成功地開展，與此地區王權開放而且同意「自由貿易」的態度有極大的關係。

還有一點要再重申的是，至少到十八世紀中葉為止，看待歐洲東印度公司在亞洲海域的活動時，都不應該陷入歐洲人與亞洲人分屬兩個陣營，彼此互相敵對的二元對立框架中。從華人與亞美尼亞裔人的例子也能夠清楚看見，歐洲各國東印度公司的活動，與亞洲海域人員大範圍的移動密切相關，並且在互相合作與幫助之下展開。這樣的貿易活動並非歐洲人單方面地「壓搾」亞洲人，反之對亞洲人而言，所謂的「外國人」也不是只有歐洲人。歐洲人只不過是投身於各式各樣的人在相互競逐中從事國際貿易的亞洲海域，並且盡其所能地在其中獲取自身最大的利益罷了。

## 東印度公司的船隻

### ◎應該租借？還是自備？

從事長距離的海上貿易時，船隻可以說是所有活動的基礎，不提到船就無法說明東印度公司的海上貿易活動。因此接下來將盡可能具體說明東印度公司用於航海的船隻數量、形狀、大小、乘載貨物以及航路。

下頁的表格是從達伽馬發現印度航路後，到一七九九年為止，約三個世紀期間，從歐洲各國出發前往亞洲海域的船隻數量。這段期間總計共有超過一萬艘的船隻出發前往亞洲各地。從這張表可以看到幾個現象，包括葡萄牙人直到十七世紀，都依然派遣一定數量船隻前往亞洲海域；荷蘭東印度公司的派遣船數直到十八世紀中為止都是最多的，譬如十七世紀中

| （年） | 葡萄牙 | 荷蘭 | 英國 | 法國 | 丹麥 | 瑞典 |
|---|---|---|---|---|---|---|
| 1500-49 | 476 | | | | | |
| 1550-99 | 260 | | | | | |
| 1660-09 | 71 | 76 | 17 | 2 | - | |
| 1610-19 | 66 | 117 | 77 | 10 | 8 | |
| 1620-29 | 60 | 141 | 58 | - | 9 | |
| 1630-39 | 33 | 157 | 59 | 6 | 6 | |
| 1640-49 | 42 | 165 | 75 | 6 | - | |
| 1650-59 | 35 | 205 | 81 | 6 | - | |
| 1660-69 | 21 | 238 | 91 | 24 | 2 | |
| 1670-79 | 25 | 232 | 131 | 30 | 11 | |
| 1680-89 | 19 | 204 | 142 | 35 | 8 | |
| 1690-99 | 24 | 235 | 80 | 36 | 14 | |
| 1700-09 | 22 | 281 | 120 | 38 | 18 | - |
| 1710-19 | 20 | 310 | 127 | 41 | 4 | 23 |
| 1720-29 | 19 | 382 | 149 | 55 | 10 | 30 |
| 1730-39 | 24 | 375 | 154 | 109 | 22 | 11 |
| 1740-49 | 27 | 314 | 184 | 124 | 33 | 21 |
| 1750-59 | 28 | 290 | 191 | 135 | 29 | 15 |
| 1760-69 | 16 | 292 | 242 | 105 | 29 | 11 |
| 1770-79 | 13 | 290 | 229 | 194 | 35 | - |
| 1780-89 | 15 | 298 | 292 | 303 | 43 | - |
| 1790-99 | - | 119 | 177 | 196 | 25 | - |
| 總計 | 1,316 | 4,721 | 2,676 | 1,455 | 306 | 111 |

前往東印度的歐洲船艤裝（艘數）

葉以後每年平均派遣二十艘以上，十八世紀前半更是高達三十七至三十八艘，還有法國船的數量在一七三〇年代以後激增等。

接著再仔細看看各國的派遣概況。首先是英國東印度公司，該公司從一六〇一年到一八三三年期間，總共派遣了一千五百七十七艘船，航行亞洲海域多達四千五百六十三次。英國東印度公司原本自行建造船隻，在泰晤士河下游的布萊克沃爾（Blackwall）擁有自己的造船廠，但是在一六五六年將造船廠出售後，就改為租用該造船廠建造的船。前往東印度的船隻所有權通常分為十六股或三十二股，想要成為船主的人能夠隨意認購股數。認購股票的多數是倫敦富裕的企業家、政治家或商人等，但也經常有英國東印度公司的董事或股東成為船主的例子，這表示在公司擔任要職者，能夠使用公司的錢租借自己的船隻出航。

船主的權利和股票一樣，多半會在一次航海結束後，讓渡給其他想要擔任船主的人。每艘船的船長與其他船員由船主雇用，東印度公司與船主針對租賃期間的目的地港口、船貨的種類、違約時的處理方式等簽訂契約，接著船隻便往東印度出航。換句話說，英國東印度公司純粹只是一間從事國際商業的貿易公司，並不是海運業者。

至於荷蘭東印度公司，則在一六〇二年到一七九四年之間，總共派遣了一千七百七十二艘船，航行至亞洲各地多達四千七百二十一次，其中約三分之一集中在十七世紀出航，三分之二則於十八世紀時出航。這些船隻當中，有一千四百七十艘船是由公司各分部的造船廠建造的自有船隻，具體的數據為：阿姆斯特丹七百二十八艘（百分之四十九點八）、澤蘭三百零六艘（百分之二十點九）、鹿特丹一百零七艘（百分之七點三）、台夫特一百一十一艘（百分之七點六）、荷恩一百零七艘（百分之七點三）、恩克華生一百零八艘（百分之七點四），其餘的三百多艘則來自租賃或購買。自行建造並擁有船隻，甚至連船員都親自招募的荷蘭東印度公司，不同於英國東印度公司，是一家除了國際貿易以外，也從事造船業、海運業的複合型大企業。

較晚才成立的法國東印度公司，則從一六六五年到一七七〇年之間，總共派遣了七百三十二艘船前往亞洲。法國東印度公司至少從一七三〇年以後，才開始在洛里昂造船廠建造自家的船隻，採取荷蘭東印度公司型的經營方針。丹麥東印度公司也在哥本哈根擁有造船廠；瑞典與奧斯滕德（由奧地利出資認可設立的公司）的東印度公司，也以購買的方式擁有船隻。由此可知，不造船只租船的，就只有英國東印度公司而已。

擁有船隻或是租用船隻各有利弊，沒有哪方占有絕對的優勢。一七八八年荷蘭東印度公司的「十七紳士」（十七人董事會）中，就有一人曾建議：「像英國東印度公司一樣用租的，不是比直接造船划算嗎？」不過經過其他董事直到隔年的試算發現，荷蘭船每次出航的成本為每噸一百九十至兩百二十荷蘭盾，但英國船卻是三百三十三荷蘭盾，因此荷蘭東印度公司就沒有採用租船的建議。

以目前的自由競爭法則來看，由複數的造船業者、海運業者相互競爭，最後再與價格最具吸引力的業者簽約，是最節省成本的方法，然而英國東印度公司無法採用。因為公司裡大多數的董事與股東都投資造船業和海運業，他們都希望公司能以高一點的價格租用自己的船隻。

此外還必須留意，表中只列出從歐洲前往亞洲的船隻數量。建造的船隻中，往返於歐洲與亞洲之間的主要是大型船，至於小型船一旦抵達亞洲海域，多半就會留在當地作為貿易商船使用。本書一五二頁的表格並未計算這類小型船在亞洲海域內的航行次數。以荷蘭東印度公司為例，從荷蘭航行到亞洲的次數為四千七百二十一次，但從亞洲返回荷蘭的次數則只有三千三百四十八次，由此可知有相當多的船隻留在亞洲海域。

英國東印度公司一般租用大型船約十年，進行四至五次往返歐亞的長距離航行。至於荷蘭東印度公司則因為使用自家的公司船，所以直到船隻無法使用為止，大約可往返歐亞六至七次，甚至更多。甚至還有船隻在二十五年間，進行了約十一次的遠洋航行。

英國東印度公司從十七世紀末左右起，開始在孟買的造船廠建造自有船隻，這些船隻主要用於亞洲海域內的貿易活動。據說這是因為印度出產浸水不容易腐蝕的柚木，因此比英國建造的船隻更耐用。至於荷蘭東印度公司則幾乎不在貿易活動地建造船隻，他們在亞洲海域內使用的小型船，都從印度或爪哇購買。由此可知，東印度公司的船隻並非全都在歐洲製造。

## ◎船隻的大小與形狀

至於船隻的大小，十七世紀船隻的主要排水量約為三百噸到六百噸左右，長度大多不超過三十六公尺，寬度不超過十公尺。由於大型船隻必須雇用大量的水手，而且吃水深，無法駛入未疏通的河川或港口，所以不太受歡迎。但即使如此，在貨物乘載量增加的十八世紀，還是有愈來愈多超過六百噸的大型船，有些達到八百至九百噸，甚至達到一千兩百噸。

各國東印度公司的船隻在大小與形狀方面幾乎沒有太大的差異，基本結構和建造技術也沒有因為時代的不同而有太大的變化。多數船隻選用堅固的櫟木打造龍骨（keel）、船首、船尾等主結構，至於船身的外板、甲板則選用杉木。舉例來說，荷蘭東印度公司的船隻大致可分為四角形船尾和圓形船尾兩大類，前者如果是三根桅杆的大型船，則是司皮維爾船（spiegel），小型船則稱為小帆船（yacht）、皮納斯船（pinas）、福雷杭特船（fregat /

frigate）等。這種船隻的四角船尾部分，多數空下來當做乘客或高級船員使用的客艙。至於圓形船尾的代表船隻則是福祿特船（flute），由於建造費和維修費低廉，適合運送穀物等大量的貨品，其餘還有哈利帆船（halyacht）、雙桅小船（hooker）等帆船。

東印度公司的船隻還有另一項特色，那就是基本上雖然是商船，但卻搭載了大砲，因此船隻的基本外形和軍艦並無二致。不過裝載的大砲數一多，乘載商品的空間就會縮減，而且還必須讓更多的兵士乘船。既然是商船，還是得盡可能乘載更多的商品、減少搭乘人數才行。因此無論是哪國的船隻，大砲的裝載數量大多限定在二十二門到二十八門左右。

十七至十八世紀的歐洲，除了東印度公司之外，海軍艦船和在歐洲海域內航行的船隻建造也需要大量的木材。但櫟木、樺木等適當的木材並沒有那麼多，所以舉例來說，法國王室甚至在領內各地造林，以備資源枯竭之需。至於東印度公司的船隻也因為木材不足，加上想要打造堅固的船體，也逐漸開始使用鐵材建造船隻。

## ◎船隻的內部與裝載貨品

東印度公司的船隻內部，究竟呈現什麼樣的結構呢？不同外形與大小的船隻，其內部結構當然多少有些差異，在此就以十八世紀前半期法國東印度公司的商船為例，對其內部進行介紹。船底的船艙大致可分為三個部分，最接近船頭的是儲水處，中央主要是商品倉庫，船尾部主要是火藥與貴金屬的收納庫，同時也放置了儲備乾麵包的木桶。水如果放在船身前側，將使重心往前傾，使得航行時容易失去平衡，造成縱向搖晃，但為了盡量地避免重要的商品被水潑溼，這依然是最好的方法。裝載貨品時，會在其縫隙塞入石頭或穀物，如此一來不僅可避免貨品在航行期間滑動，也能充當增加船艙底部重量的壓艙材使用。

船從歐洲前往亞洲時，船員會在容易積水潮濕的中央船艙最底層放置鐵、錫、銅等金屬，接著在上面放置葡萄酒和各種酒類的木桶，最上方才是容易受潮的毛織品及小麥粉，以及在亞洲商館生活的歐洲人所需的各種商品。回航時則會把裝有染料用木材、銅錢、中國陶磁器的箱子擺在中央船艙的周圍，防止放置在中央的商品受潮。中央主要放置絲織品、棉織品、茶葉、咖啡、香辛料，並且還會在每包織品之間夾放大量胡椒，防止蟲隻附著其上。

在船艛有糧食存放區、食用羊隻飼養場，以及彈藥庫等，剩下的空間就塞放船員和水手私人物品與吊床。上側甲板前端有繩索與船帆的存放處、廚房、烤麵包的火窯，後方則是乘客用的船室。不過，設有烤麵包的火窯是法國船的特色，其他國家的東印度公司船隻就沒有這項設備。看來法國人從這個時候開始就對麵包十分講究。大砲等各種武器以及小船也放置在同一層，高級船員和船長的餐廳、寢室等則在船尾的最高處。

## ◎船上的伙食

航程大約十個月，船上裝載的船員與乘客的食物包括乾麵包、小麥粉、牛肉乾、醃漬牛肉和豬肉、起士、豌豆乾、魚乾、燕麥、小麥粥等（十七世紀初的英國船）。此外為了預防壞血病，也裝載了柑橘類和新鮮蔬菜。為了取得新鮮的肉類，船上也運載活羊。根據更詳細的荷蘭東印度公司記錄可以知道，每個船員每週能吃到兩次三百五十公克左右的肉類，也能有一次分配到醃漬豬肉。

日本人也許會覺得如果在航海途中釣魚，不也能取得不少的糧食嗎？不過，當時的歐洲似乎對鮮魚沒什麼太大的興趣。曾經出版英國東印度公司相關書籍的布林登（Bullington）曾經如此描述：「令人驚訝的是，鮮魚無緣出現在航海男子的餐桌上。雖然英國人連腐壞的肉也吃。」

飲料則有啤酒、蘋果酒、葡萄酒、琴酒、萊姆酒等酒類，水則是盡可能地裝載差不多每人每天三公升的量。據說英國東印度公司把泰晤士河的水直接裝入木桶，存放在船上。河水不僅會發出惡臭，時間久了以後還會出現腐壞的情形。是現代人根本喝不下去的東西。

船上的伙食乍看之下，整體而言讓人感到單調且貧乏。大部分的研究文獻也有類似的描述。不過，近代以前的歐洲能夠吃肉的人極為有限，庶民主要過著以青菜、燕麥、麵包為主食的簡樸飲食生活。所以相較之下，船上的伙食還挺不錯的。之後也會提到，由於招募前往東印度的船員並不是一件容易的事，所以「豪華的」伙食，或許就成為募得船員的關鍵之一。

## ◎船隻的航行時間與航路

從歐洲前往亞洲各地的船隻，在秋到春之間，也就是冬天左右出航，尤其集中在聖誕節（十二月中起到隔年一月初），和復活節（三月後半起到四月前半）這兩個時期。這是為了配合印度洋從四月至五月底開始，到八月底至九月初左右結束的西南季風，如此一來才能順利抵達非洲沿岸。在聖誕節和復活節這兩個時期一口氣橫渡印度洋，是最安全也最萬無一失的方法。尤其如果在聖誕節時期出發的話，不僅容易取得為了過冬所儲備的肉類，也比較容易招募到水手。公司會配合聖誕節時期的出航，準備運往亞洲的商品、艤裝船隻、招募船員和水手，以及書寫傳達給亞洲商館指示的書信與文件等。

雖然出發的時期幾乎一樣，不過各國東印度公司的船隻，從歐洲前往亞洲的航路和停靠港都略有差異。英國、法國，以及北歐各國的船隻經過好望角之後，選擇穿越馬達加斯加島與非洲大陸之間的航道，或是繞過馬達加斯加島的外側前往印度。至於前往巴達維亞的荷蘭東印度公司商船，在抵達好望角之後，大多乘著在比非洲南端更南處規律性吹拂的西風往東前進，在接近澳州時再一口氣北上。這段航路幾乎不受印度洋季風的影響，因此十七世紀後半以後，只有荷蘭船從歐洲起航的時期能夠不受限制。從歐洲到亞洲的航海時間，雖然會因途中的天候狀況與目的地而改變，不過大約都是八個月左右。

從亞洲各地出發返回歐洲的時期，原則上也會配合印度洋上的東北季風，因此大約都固定在十月底至三月左右出航，抵達歐洲的時間則大約是晚春到初秋。歐洲各地也會配合船隻回航的時期開設大型市集，銷售從亞洲帶回來的商品。

不論哪個國家的船隻，在往返於歐亞時都至少會停靠一次中途港口。英國船在非洲西方的聖赫倫那島、荷蘭船在好望角旁的開普敦、法國船則在進入印度洋後的斯卡雷留諸島（今模里西斯與法屬留尼旺島）分別設有據點。為了交換歐亞之間的最新資訊、取得飲用水、糧食及必要物資、修理船隻，並且讓船員及水手休息，中途的停靠絕對必要。中途停靠的時間約三到四週，因為無論是修理船隻，還是讓航行期間生病的患者復原，都需要這麼長的時間。

## ◎船難

即便關於航路的資訊增加，航海技術逐漸提升，仍舊無法完全避免在航海時遭遇船難。以荷蘭東印度公司為例，去程曾有一百零五艘船（百分之二點二）遇難。此外，遭到他國船隻捕獲的次數為三十六次（百分之零點七五），回程遭遇船難的次數為一百四十一次（百分之四點二），遭捕獲的次數為二十八次（百分之零點八）。由此可知，從亞洲返回歐洲時遇難的機率相當高。

至於英國東印度公司方面，四千五百六十三艘出航的船隻中，包含遭到他國船隻捕獲，或是因為在海上發生火災、船隻爆炸等情況而損失的船隻，共有兩百三十一艘船（約占整體的百分之五）。法國船、丹麥船以及瑞典船遭遇船難或遭捕獲的比例也略為偏高，分別是百分之六點五、百分之六、百分之六。大致來說，每一百艘出航的歐洲船，平均就有約四至六艘會遭遇海難或遭捕獲。這是海路、航路交通環境完善，能夠確保安全的現代所難以想像的數字。

船隻最常遇難的地點是歐洲海域內的北海與多佛海峽，其中在蘇格蘭、愛爾蘭的海灣遇難的情況最多，這是因為冬天歐洲的近海多會出現暴風雨。除此之外，好望角附近和科羅曼德爾海岸、孟加拉灣等地也是容易遇難的地方，因為這些地區時常發生氣旋，所以遇難的船隻也不少。

總有意想不到的英雄在船隻遇難時誕生，以下就介紹二、三個例子。

一七三八年三月九日，裝載了大量中國陶磁器的英國東印度公司薩塞克斯號（Sussex），在回程途中於馬達加斯加的近海遭遇強風，主桅被風吹失，加上船艙大量進水，船隻已經面臨沉船的危機。這時船長決定放棄船隻，下令所有的船員移往附近的僚船。但是，約翰・迪恩（John Dean）和其他十五名水手們不願意離開，他們盡力地保持船隻的平衡，薩塞克斯號竟然成功駛入馬達加斯加的港口。

薩塞克斯號在馬達加斯加的港口完成緊急維修後，便朝非洲沿岸的莫三比克出發。但是薩塞克斯號這次卻在莫三比克海峽觸礁，只剩下迪恩與其他四人從船上逃出。他們搭乘救生艇在海上歷經了十七天幾乎不吃不喝的漂流之後，才回到馬達加斯加。

最後活下來的只有迪恩一人，迪恩在一七四一年回到倫敦後，主動前往東印度公司總公司的董事會，要求公司給予自己忠於義務的相符報酬，董事會認可迪恩不屈不饒的精神，於是給他每年一百英鎊的終身俸與倫敦藥材倉庫主任的職位。

貝爾納丹・德・聖皮埃爾（Bernardin de Saint-Pierre）在小說《保羅與維吉妮》（Paul et Virginie）中描述法國東印度公司的船隻——聖傑蘭號（Saint Geran）因暴風而遇難的景象，這段內容是根據當時同名船隻在法蘭西島附近，即模里西斯島近海，遭風遇難的實際情節撰寫而成。錨纜被切斷隨波而流的船隻漂離法蘭西島的岸邊，並且在不遠處觸礁。

> 當時我目擊了永遠值得憐憫的一幕。我看到一位年輕的小姐出現在船尾的欄杆上，把手伸向為了到她身邊而爬上船的青年。她正是維吉妮。（中略）水手們早已爭先恐後地跳入海中。（中略）我也聽到了看見這幅景象的人們，聲嘶力竭地呼喊：「救那個人！救那個人！不是要你離開啊。」但是當時驚人的巨浪湧向昂布爾島與岸邊，一邊發出怒吼一邊前進，浪頭有著泡沫的黑色巨浪即將侵襲船隻。（中略）維吉妮已經有難逃一死的覺悟，她一手放在衣服上，另一手放在胸前，仰望天空的眼神有著豁然，她的身影就像即將飛昇天國的天使。

小說的作者把事件發生的時間，設定在符合聖女昇天形象的一七四四年平安夜，不過實際上船難發生在同一年的八月十八日。聖傑蘭號原本打算在法蘭西島的路易港入港，卻因為沒有留意到強浪而撞上珊瑚礁，不僅主桅折斷、救生艇損毀，就連前後桅木都折倒損壞船身。船體一分為二沉入大海，船上只有九人跳入海中游到島上生還，剩下的一百八十一人全都喪命。

## 往來歐洲的人

### ◎搭乘荷蘭東印度公司商船橫越大海的人

東印度公司大約兩百年的時代裡，究竟是什麼樣的人、又有多少人在歐洲與亞洲之間往來呢？以下將以研究最為詳細的荷蘭東印度公司為例進行介紹。

從下表可以知道，搭乘荷蘭東印度公司的商船，從歐洲前往亞洲的人數約有九十七萬五千七百人，從亞洲前往歐洲的則有約三十六萬七千人。由於並未留下所有船員與乘客的名冊，所以這只是個概數。此外似乎還有許多人因為各種理由沒有記錄在名冊之中，譬如敵國人、奴隸或俘虜等等。另一方面，數度往返歐亞之間的船員以十八世紀最多。再者，從亞洲前往歐洲的人，不是只有過去從歐洲去到亞洲的人，還包括在亞洲出生的歐洲人、受雇於東印度公司的船員，或是歐洲人的僕役等，這些過去未曾到過歐洲的人，也包含在這三十六萬人之中。

因此這些數字只是粗略的估計。儘管如此，前往亞洲的人數和從亞洲返回歐洲的人數差距，還是高達約六十萬人之多。這代表前往亞洲之後，只有大約三分之一左右的人返回歐

| （年） | 從歐洲前往亞洲（人數） | 從亞洲前往歐洲（人數） |
|---|---|---|
| 1602-1610 | 8,500 | 3,700 |
| 1610-1620 | 19,000 | 4,500 |
| 1620-1630 | 23,700 | 6,300 |
| 1630-1640 | 28,900 | 10,000 |
| 1640-1650 | 36,100 | 11,900 |
| 1650-1660 | 40,200 | 13,000 |
| 1660-1670 | 40,900 | 14,400 |
| 1670-1680 | 42,700 | 15,900 |
| 1680-1690 | 37,800 | 16,400 |
| 1690-1700 | 43,000 | 18,300 |
| 小計 | 320,800 | 114,400 |
| 1700-1710 | 49,600 | 22,400 |
| 1710-1720 | 59,900 | 26,500 |
| 1720-1730 | 71,700 | 34,300 |
| 1730-1740 | 74,300 | 34,600 |
| 1740-1750 | 73,100 | 23,900 |
| 1750-1760 | 80,500 | 28,000 |
| 1760-1770 | 85,500 | 27,700 |
| 1770-1780 | 75,500 | 28,400 |
| 1780-1790 | 61,900 | 17,700 |
| 1790-1795 | 22,900 | 9,100 |
| 小計 | 654,900 | 252,600 |
| 合計 | 975,700 | 367,000 |

搭乘荷蘭東印度公司商船橫渡印度洋的人數

洲，剩下三分之二的人大多在往返的船上，或是在當地執行勤務時死去。當時在陸上生活的致死率大約百分之四，而船上的致死率比這個數字更高，尤其從歐洲前往亞洲途中，船上的平均致死率為百分之八至九，有些年度甚至高達百分之十五。敗血病、腳氣病以及瘧疾是船上的三大疾病，除此之外也會發生像痢疾或斑疹傷寒等可怕的傳染病。即使在幾乎全員抵達的巴達維亞，也有不少人因為熱帶性瘧疾而喪命。對歐洲人而言，亞洲或許是獲取財富的希望之地，但前往當地的途中卻總是與死亡為伍。

公司的記錄中記載，抱著勇氣上船的人主要分為四大類：船員、士兵、技師，以及乘客。船員大約占全體的百分之六十，其中又依層級分為船長、高級船員、水手與見習生。至於士兵（占全體的百分之三十）與技師，則是為了在亞洲或好望角殖民地工作，才響應荷蘭本國的招募。他們主要的工作在抵達亞洲之後才開始，所以士兵在船上大多只是負責巡邏，技師則只負責一些修理。不過當碰上暴風雨等緊急情況時，士兵與技師也會成為水手的助力，和水手一起工作。

船員與公司簽訂三年（一六五八年以後改為五年）的工作契約，其他人則是五年。如果他們在契約結束之後依然停留在亞洲，可以選擇延長契約繼續工作，也可以選擇不簽定新的契約，離開公司以自由市民的身分，居住在公司於亞洲各地的據點。其中也有不少人開始從事自己負責經營的貿易事業或金融業，並且與公司保持商業關係。原本以水手或士兵身分受雇於公司的人，在抵達巴達維亞之後，也有機會靠著個人的才能與運氣，在亞洲各地的商館擔任商館員、書記、倉庫管理人等職務，甚至還有人昇上公司在亞洲的最高負責人——巴達維亞總督。這是因為歐洲人在亞洲各地的死亡率高，導致商館的重要職務經常出現空缺，所以公司必須盡早提拔人選填補這些職位。

至於第四個集團乘客，則多半是在東印度公司當地商館擔任高級幹部的高階商人、法官，以及神職人員等。除此之外，也會有以自由市民的身分，居住在巴達維亞等海外商館所在地的人乘船。乘客可免除在船上的所有工作，甚至獲允帶著妻子和僕役上船。這是他們才有的特權，因為船員與士兵都禁止帶妻子上船。

說到船上的女性，就目前所知，現在已經發現荷蘭東印度公司存在約兩百年間，有一百名以上的女性以士兵或水手的身分在船上工作，如果連同沒有記錄下來的人數，荷蘭東印度公司的船上，應該每年都會出現女兵或女水手。這樣的數據讓我們不禁產生浪漫的遐想：「她們應該是因為想要和戀人在一起，或是想去亞洲會情人吧？」不過現實並非如此美好，船上女性的年齡多半落在二十五歲到四十多歲，她們或許從事過家庭幫傭或裁縫的工作，或許是曾經結過婚，但總而言之，後來都因為無法再找到適合女性的工作，只好到前往東印度的船上任職。關於當時荷蘭女性的境遇，第六章會再稍作說明。不過即使到了現在，荷蘭都還傳唱著這樣的歌曲：「以前能幹的女子，當上水手出海去了。」

## ◎招募公司職員

具體來說，東印度公司究竟是如何挑選前往亞洲的人呢？荷蘭東印度公司的六個分部，會在船隻出航之前招募必要的人員。在招募船員方面，得分別與荷蘭共和國的海軍、在歐洲境內進行海上交易的商船，以及共和國的陸軍爭奪人材。但由於薪資水準與競爭對手沒什麼兩樣，而且還具有必須長年在遙遠的土地工作，以及改變環境將提高生病與死亡機率這兩大不利因素，使得招募狀況不如預期，所以公司也會委託被稱為「靈魂出賣者」的掮客招人，或是嘗試培育人材。

掮客會說服不了解情況，或是負債的人前往東印度，成功之後與他們簽定確保公司支付薪資的專屬借據（這被稱為「靈魂」），並且提供他們直到出發前的住所、飲食，以及出發所須的物品。有些掮客會引誘人們前往自己在港口花街經營的旅舍、妓院、酒店等場所喝酒、賭博、買春，讓他們欠下債務後再奪走借據，接著為了避免他們逃亡，將他們監禁在屋內或地下室，一天只給一碗湯，直到出發為止。這些掮客的行為幾乎與人口販子沒什麼兩樣。但即便如此，依然不足以應付隨著公司的成長而日益增加的人力需求。

到了十八世紀，公司幾乎成了「惡棍、破產者、落榜者、公司倒閉者、失敗者、失業者、逃犯、告密者、浪蕩者的避難所」，不管什麼經歷的人都來者不拒。十八世紀荷蘭的人口，只從一百萬人增加到一百五十萬人。而且不僅人手不足，也由於對外戰爭不斷，使得軍隊為了雇用大量年輕人而提供高額報酬。到了十八世紀後半，公司甚至因為雇用不到最低員額的水手人數，而導致船隻延遲出航。

## ◎多國籍的公司職員

荷蘭東印度公司不只雇用出身於荷蘭共和國者，外國人的雇用率也非常高。十七世紀中葉左右，約有百分之六十五的士兵和百分之三十五的船員是外國人。到了一七七〇年，士兵和船員的外國人比例，更是分別高達百分之八十及百分之五十以上。這些外國船員主要來自北海和波羅的海沿岸各國，對於船隻的操控十分熟練。至於士兵方面，則以貧困且健康狀況不佳的低階勞工占多數。他們多半來自內陸德國的各地區，來荷蘭是希望獲得比家鄉更高的報酬。

公司的高級幹部雇用狀況差不多，比如受雇於荷蘭東印度公司，把江戶時代日本的重要資訊傳回歐洲的卡隆（Caron，來自南尼德蘭）、坎普弗爾（Kaempfer，來自德國），以及屯貝里（Thunberg，來自瑞典）都不是荷蘭人。由此可知，能夠在荷蘭東印度公司工作的，不是只有荷蘭人。

到了十八世紀，公司為了解決人材不足的問題，開始雇用亞洲各地的人，尤其是水手和士兵。雖然一七一五年荷蘭東印度公司仍舊禁止雇用當地人擔任水手，但是到了一七五〇年以後，這項規定已經形同虛設，荷蘭東印度公司大量雇用印度人、中國人、爪哇人。一七九二年，荷蘭東印度公司即將結束之際的記錄顯示，在往返歐亞途中停靠開普敦的船上，水手的組成分別為歐洲人五百七十九人、印度人（摩爾人）兩百三十三人、爪哇人一百零一人、中國人五百零四人。由此可知，荷蘭東印度公司是一間擁有多國籍員工的企業。

## ◎其他的東印度公司

荷蘭以外的東印度公司，除了法國東印度公司，幾乎沒有詳細的研究，因此無法確定往來歐亞之間的具體人數。不過，假設這些東印度公司的船隻大小，以及航海途中與亞洲的死亡率等沒有太大差別，那麼就可以估算出，航海次數幾乎與荷蘭東印度公司相同的英國東印度公司，曾經把約一百萬人從歐洲運往亞洲，把三十萬至四十萬人從亞洲帶到歐洲。

至於法國東印度公司方面，則只掌握到一七一九年到一七六九年之間的數字。根據記錄，這段期間約有七萬七千五百零一人從歐洲前往亞洲。如果也把丹麥、瑞典等其他小規模的東印度公司也一起納入計算的話，推測十七至十八世紀的這兩百年間，總計約有超過兩百萬人從歐洲前往亞洲，約七十萬至八十萬人從亞洲返回歐洲。這是相當驚人的數字。不過即便如此，卻仍舊遠不及十五世紀末到十九世紀初為止這三百多年間，從西非橫渡大西洋被運往美洲的黑人奴隸人數（一千萬至一千兩百萬人）。

荷蘭東印度公司的公司職員和船員主要來自北歐與東歐各地，那麼其他公司的情況又是如何呢？英國東印度公司是採船主雇用船員的方式，所以並未留下詳細的記錄。不過似乎有許多船員與士兵來自不列顛島和愛爾蘭。只是自一六九九年起，英國東印度公司也和荷蘭東印度公司一樣，開始在印度當地雇用船員，這些人則被稱為「拉司卡爾（Lascar）」。

法國東印度公司的職員基本上是法國人，這是因為法國的人口數是荷蘭二十倍，而且法國東印度公司採用類似國營事業的經營方式（相關情形之後會再詳述），因此能夠強制徵召所需的人才，所以在確保船員及社員人數方面，不像荷蘭東印度公司那樣困難。法國東印度公司三分之一的職員是自願進入公司，剩下的三分之二則是以和在海軍服役的相同條件，奉命被迫在公司任職。

## 亞洲的船隻——阿拉伯帆船和中式帆船

### ◎貧乏的資訊

關於東印度公司的船隻，因為留下許多資料，加上不斷地研究，所以已經能夠掌握相當程度的資訊。不過，對於同一時期在亞洲海域建造的船隻，則所知有限。最主要的原因在於，亞洲各地實際使用船隻的人，沒有像歐洲的東印度公司那樣，有組織並且有系統地留下相關紀錄。然而，也不是完全沒有文獻與資料可供參考，因此今後的研究成果還是值得期待。這裡就針對亞洲代表船隻——阿拉伯帆船和中式帆船，介紹目前已知的資訊。

## ◎印度洋海域的主要船隻——阿拉伯帆船

印度洋海域上使用的船隻稱為阿拉伯帆船（dhow），但關於其名稱的定義有兩派意見，一派認為，這是歐洲人對於一直以來航行於印度洋海域上的各種木造帆船的統稱，但另一派則認為，這個名稱指的是印度洋海域上最大的船隻。筆者無法判斷哪個說法才正確，但總而言之可以肯定的是，在東印度公司的時代裡，印度洋海域當地人主要使用的船隻就是阿拉伯帆船。根據一八一四年造訪沙烏地阿拉伯吉達港的歐洲人所言，停靠在港邊的大型阿拉伯帆船船身長六十呎（十八點三公尺），寬十四呎（四點三公尺），大小只有約數百噸的東印度公司大型船的一半。

阿拉伯帆船的最大特色，就是兩、三根帆柱、掛在帆柱上的大三角帆與船首的三角帆。這種大小與形狀的船帆，最適合承受來自一定方向的季風，在季風的推動下前進。在葡萄牙人駕駛克拉克帆船（Carrack）、卡拉維爾帆船（Caravel）出現在印度洋海域以前，印度洋海域上的船隻在製造時大多不使用釘子，而是以椰子的葉子或纖維撚製而成的細繩固定外板，這種製作方式稱為「外板優先工法」。馬可波羅的遊記中也記錄了這件事情。不過，印度洋海域的人在發現葡萄牙船的牢固性與操作的優異性之後，立刻引進其製作工法，開始大量採用這種先組裝龍骨與肋骨，之後才在外側以鐵釘固定外板的「肋骨優先工法」。船尾也從原有的尖角型變成圓角型。因此如果從船隻的結構與外形來看，歐洲船和阿拉伯帆船並沒有太大的差異。

目前完全不清楚阿拉伯帆船的所有權與船員組成。不過，接下來將以一七〇一年，停靠在西北印度古吉拉特邦蘇拉特港的當地船舶清單為例進行介紹。這是由荷蘭東印度公司的商館員所記錄的清單，上面總共記錄了一百一十二艘船，其中三百三十至五百噸左右的大型船共有十七艘，一百五十至三百噸左右的中型船共有四十二艘，一百至三百噸左右的小型船共有三十八艘，大小不明的船隻則有三艘。除此之外，還有十二艘屬於蒙兀兒帝國皇帝的船隻，這些船隻也大小不明。雖然不清楚這些船是否全都是阿拉伯帆船，不過從所有者主要是當地的海商這一點來看，大部分的船應該都不脫離其範疇。

一般的船隻中，有十七艘屬於一位名為阿巴杜．科夫魯（Abdul Gafuru）的人物所有，其中最大的噸數約五百噸。除此之外，阿巴杜還有五艘三百噸以上、九艘一百五十至三百噸的船隻。他的船隻主要航向菲律賓的馬尼拉與中國，目的是進行貿易。其餘的船隻則分別屬於五十四人所有，其中的三十五人只擁有一艘，另外的十九人每人分別擁有二艘到五艘不等。如果只看這份清單，這些船隻並未採用共同持有的方式，不過在大約相同時期的馬德拉斯和本地治里，可以看到歐洲人與當地人共同持有船隻的例子，所以在阿拉伯帆船的世界，一般不太可能不知道船隻可以共同持有。單桅帆船應該同時存在單獨持有與共同擁有的兩種形式，但目前並不清楚在什麼情況下採取哪種持有方式。

阿巴杜・科夫魯的大船名為菲司・雷薩恩號（Fès Ressan），這艘船上除了阿巴杜自己雇用的船長（波斯語：Nākhodā）以外，還載著首席商人、次席商人，以及波斯商人等三位商人。阿巴杜・科夫魯的貨物由船長和首席、次席商人負責管理，但除了這些貨物之外，船上也同時裝載來自馬拉巴爾海岸的葡萄牙人、麻六甲的荷蘭人和摩爾商人寄放的貨品。至於波斯商人除了管理自己的貨品以外，也幫某位居住在馬尼拉的商人管理貨品，而這位商人應該是亞美尼亞人。船員也可各自行運載具有利潤的私人商品，這項特權被視為船員的部分報酬。連同船員的特權交易商品在內，商品運載的原則與實際的運用，基本上都和歐洲東印度公司的商船相同。

## ◎東亞海域的主要船隻——中式帆船（戎克）

「戎克」一詞並非源自於中文。中國的船隻在馬來語中泛稱為「Junk」，後來中國人和歐洲人也開始使用這個字，於是中國便採用音譯的方式記為「戎克」。中式帆船和歐洲船一樣有龍骨，其特色在於布或竹子製成的方形帆，以及崁嵌十片以上平行船隻方向的隔板作為補強結構。十七至十八世紀東亞海域使用的大型中式帆船，約有至六百噸，可乘載一百至兩百人，規模幾乎與東印度公司的船隻相同，耐用年數也和東印度公司的商船一樣，大約十至二十年。

中國和歐洲一樣採取合夥船主制，大部分的船員都持有船隻的股份。因為包含預先估算的船隻使用期間修理費、建造、艤裝這類大型船的費用，以及預先準備商品的資金等，光靠一個人的財力難以應付。

船長是共同出資者的代表，負責航海與所有交易。船長在十二至十三世紀時被稱為「綱首」，到了十七至十八世紀時則被稱為「出海」。出海在出港時，負責管理艤裝、記帳、借款融資、雇用船員，以及分配船艙空間等，靠港時則負責船貨的銷售和採購、繳納各種稅款，以及簽訂必要的契約。船員則根據職能分為財副（會計）、總管（事務長）、香工（奉祀船神之職）、火長（航海長）、舵工（舵長）、大繚（帆索長）、亞班（偵查職）、頭碇（碇長）、押工（工匠）、砲手、水手等。

銷售及運送商品產生的總收益扣除必要經費後所得到的淨利，首先由共同出資者與船員

（員工）根據事先談好的比例（如七比三）進行分配。接著，出資者再根據出資比例，船員則根據職務高低，分配應得的利益。除此之外，出海以下的船員也允許根據職務高低，運載一定量的「私貨」，到了停靠港後自行交易。這個部分的做法也和歐洲的東印度公司相同。

雖然關於阿拉伯帆船和中式帆船還有很多不明之處，不過根據以上的概觀來看，亞洲船在船員的組成與利益分配方面，並未擁有明顯不同於歐洲船的特色。至少在十七至十八紀左右的亞洲海域，歐洲東印度公司的商船與亞洲船之間，無論在船員的組成、商品的運搬，還是貿易方法等方面，都沒有明顯的差異。最大的差異應該是只有航運船隻的主體，歐洲由具有永續資本的股份公司東印度公司營運，亞洲則是由個人或是數人合資的方式營運。

# 第五章

# 亞洲的港市與商館

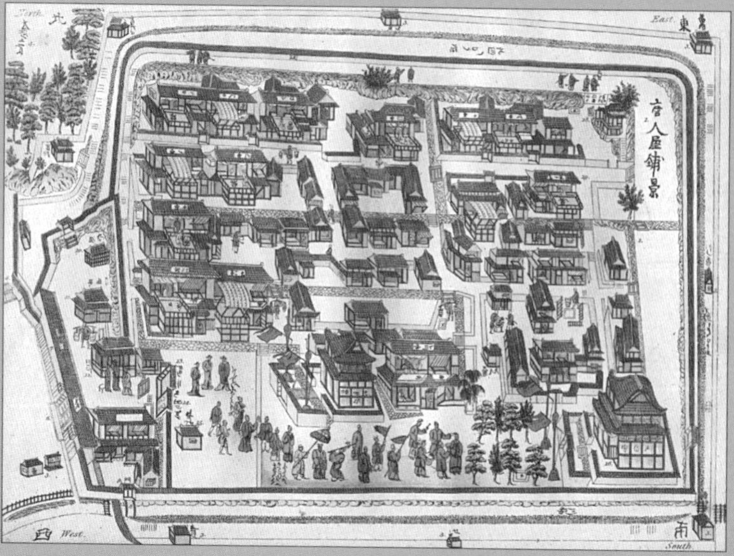


**唐人屋敷**　為嚴格管制華人與日本人接觸，德川政權命令駕乘唐船來到長崎的人都得住在這裡。

# 長崎與荷蘭東印度公司商館

## ◎三座港市中的東印度公司商館

截至第四章為止，大致說明了從十六世紀到十七世紀期間，亞洲海域各國及地區的政治與社會狀況，以及進出亞洲海域的葡萄牙人與英國、荷蘭東印度公司的活動。這些內容就是所謂大歷史的背景，同時也確立了當時人們生活的基本架構。因此，在本章和下一章將試著把焦點著重於組成該架構的「細節」。

首先關注的是東印度公司的商館和所在地的港市。照理說東印度公司的人在取得及建設商館用地、與當地人溝通或處理糾紛、安排貿易的順序與方法等這所有情況下，應該都會想要沿用自己的出身的西北歐的習慣與慣例。但實際上在面對各商館所在的港市，或周邊的社會習慣與慣例時，還是必須有所折衷或妥協。再者，東印度公司的商館經營，在某種程度上也必須遵從統治港市及其背後社會的政權意志，來自歐洲的人無法隨心所欲的施展。所以，即便是同一家東印度公司的商館，根據所在位置的不同，維持和經營商館的方法也大相逕庭。

以下將以設置在日本的長崎、南印度的馬德拉斯，以及波斯的阿巴斯港等三個港市上的東印度公司商館為例，分別比較各自的特色。這三個港市都是各地政權為了拓展海外貿易，在十六至十七世紀間新設立的港口。不過，港市和當地政權之間的關係，以及東印度公司商館的數量各有不同。長崎是屬於當地政權管理的港市，只有荷蘭東印度公司在此設置商館。馬德拉斯則是由英國東印度公司管理的港市，所以只有英國在此成立商館。阿巴斯港屬於當地政權管理的港市，荷蘭、英國、法國等三間東印度公司皆在此地設置商館。

在這三個港市，來自海外人們的住所，尤其是東印度公司的商館位在何處呢？各個商館分別採取什麼樣的建築形式呢？支配各個港市的政治權力，如何對待來自歐洲的人呢？當地的人們與歐洲人之間又是如何進行交涉的呢？透過這些問題的比較，將能夠了解到身處在各地商館的歐洲人立場也大不相同，同時也將會認識到在這些差異的背後，也代表各個地區不同的政治與社會結構。

## ◎出島的荷蘭人

如同第三章中提到的，成立於十七世紀的德川政權，試圖盡其所能掌握並且管理與海外貿易相關的人員和商品的動向。一六三九年以後，歐洲人當中，只有在平戶設置商館的荷蘭東印度公司員工（雖然其中也有不少非荷蘭人，但以下都姑且以荷蘭人稱之），才獲准與日本進行貿易。荷蘭東印度公司不久後便在德川政權的命令下，搬遷到位在長崎港附近的出島，從此以後，到十九世紀中葉日本開國為止，歐洲各國當中，只有荷蘭獲准在長崎進行貿易活動。

出島是禁止基督宗教的德川政權，為了隔離原本居住在長崎市內的葡萄牙人，填海建造而成的扇形小島，於一六三六年建造完成。負責承包的建造者是二十五名巨商，分別來自長崎、博多、京都、大坂、堺等地。大多數的巨商都曾經以長崎為據點從事朱印船貿易。荷蘭人在長崎沒有自己選擇商館建造地點的權利。

荷蘭人自一六四一年以後開始居住在這座小島上，不過由於出島是天領（德川將軍家的領地），所以荷蘭人的立場不過只是「店子（房客）」而已，當時的外國人不允許在日本列島取得不動產，所以荷蘭人居住的建築物由身為「家主（房東）」的商人準備，然後由荷蘭東印度公司每年支付銀五十五貫目的房租。根據片桐一男的研究指出，如果換算成現代的日圓，這筆金額將近一億日圓。被稱為「出島町人」的「房東」，把地子銀（地租）繳納給德川家之後，剩餘的金額就根據出資額進行分配。如果當屋子因為颱風等因素損壞，房東就必須負起維修的責任。出島的各個建築物中，除了經特別許可自行建造的兩棟荷蘭風倉庫外，所有建築都是日式風格的家屋。荷蘭人自行改裝、裝飾其內部，以方便自己使用。

長崎市教育委員會表示，目前正在進行復原十九世紀初出島建築物的計畫。現在已經復原的建築共有十棟，包括曾是商館長住宅的甲必丹屋舍。（本書原書初版時間為二〇〇七年）復原時盡可能使用當時的建築工法與建材。日本風格的外觀與結構，搭配上荷蘭風格的裝潢與家具，重現當時獨具特色的建築群。這是值得信賴的復原事業，能夠充分地感受十九世紀初的氣氛。有機會造訪長崎的話，十分推薦

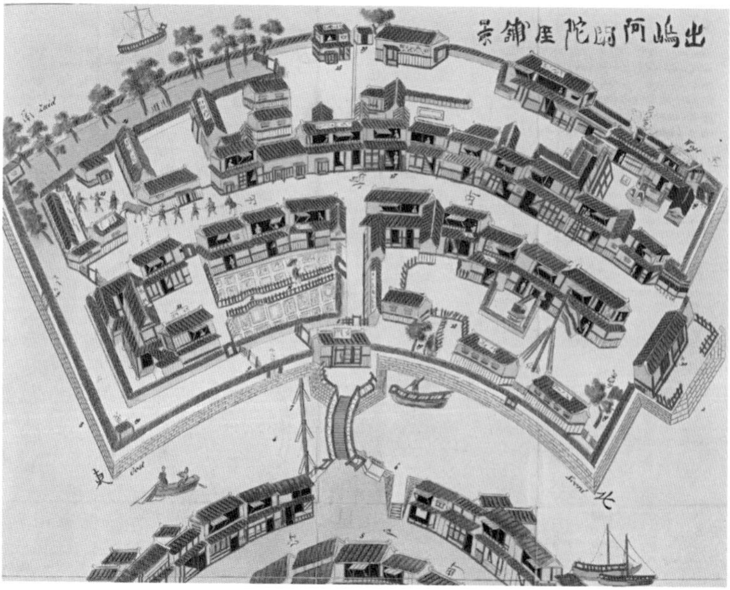


出島圖

前往出島遺址遊覽。

德川政權在長崎市鎮前端，遠望出島荷蘭商館之處，設置管理貿易活動的長崎奉行役所，透過此地監視荷蘭人的一舉一動。這座只靠一座橋連接長崎町鎮的小島，最適合管理人員的進出，除了商館長前往江戶拜謁幕府將軍、參加諏訪神社的祭典等特殊情況以外，嚴格禁止荷蘭人離開出島，進入長崎市鎮。另外，設立在橋邊的告示牌上也寫著，除了傾城（遊女；相當於當時日本的公娼）和高野聖（傳教僧侶）以外，其餘人等不可進入出島。運送日常生活用品到商館的商人、維修商館家屋的工匠、以及搬運貨品的工人等，必須取得被稱為「出島乙名」的官吏所發行的通行證，才得以進出這座島。由此可知，荷蘭人與日本人之間的交流受到嚴格的限制。最初甚至就連在出島或是在船上死亡的荷蘭人遺體也禁止埋葬在日本的土地。

當然，日本對於荷蘭船運來的商品也進行嚴格的管理。規定所有的商品必須在船上原封不動地接受檢查，而後再從出島西側的水門搬到島上，在確定買家之前，所有的商品全都必須存放在倉庫裡。長崎奉行的手下，會嚴格檢查水門旁所有商品的進出。

## ◎華人與唐人屋敷

十七世紀東南亞的商船時常來到長崎，不過來航的商船陸續減少。到了十八世紀，除了荷蘭船以外，前往長崎的就只剩下中國船（唐船）。德川政權早期對於這些統稱為「唐人」的中國人（華人）的管理，相較於荷蘭人並不嚴苛。這些來到長崎的唐人居住在市區內的町屋，可以自由地在市內活動。直到一六二〇年代為止，許多華人居住在長崎市內，形成一定規模的華人社群。華人根據出身地建造被稱為唐寺的佛教寺院，並且能夠自由地前往參拜。

不過，這樣的情況在一六三九年急轉直下，德川政權開始禁止華人住在長崎，他們於是被迫做出決定，看是要成為往返於海外與長崎之間的海商，或是歸化成為日本人。當時選擇留在日本的華人之中，出現了被稱為唐通事的中文通譯家族。接著在一六八九年，長崎東南方郊外設置了新的華人海商專區——唐人屋敷，從此以後駕乘唐船來到長崎的人，全都得居住在這個設施裡。德川政權之所以會開始嚴格管制華人與日本人的接觸，是因為許多華人在企圖在掌控貿易活動的官方（德川政權）勢力不及之處，進行走私貿易，而官方也擔心華人基督教徒前往日本等等。

唐人屋敷的周圍以壕溝與竹籬笆隔離，面積是出島的兩倍以上，只有指定的商人與傾城獲准進入。包含這些人在內，出入唐人屋敷必須持有由名為「唐人屋敷乙名」的官吏所發行的通行証。此外，華人也和出島的荷蘭人一樣，每年必須繳納一百六十貫的房租。如此一來，華人與荷蘭人都明確地被視為「外國人」了。

## ◎德川政權的海外貿易政策

德川政權對於海外貿易與對外國人的管理政策，到十七世紀末為止基本上大抵確立。其特色便是徹底地區隔「內」與「外」，對「內」人進行管理，並且嚴格禁止其出海，至於航行來此的「外」人，則必須居住在限定區域，並且受到嚴格監視，而這些「外」人也必須完全遵守德川政權制定的秩序與規則。關於這些規定，無論是華人還是荷蘭人都相同。這項政策的最終目標，就是將海外貿易與統治的居民完全納入政權的管理之下。

德川政權徹底地禁止基督宗教，即使是荷蘭人也嚴格禁止在出島內舉行宗教儀式。此外，由於荷蘭人是受惠於將軍網開一面的善意，才得以與日本進行貿易，所以為了展現感謝與敬意，德川政權也要求荷蘭商館長每年前往江戶拜謁將軍。

「外」人被嚴禁使用武力，所以當荷蘭船抵達長崎後，必須卸下船上的大砲並且搬上岸，唐船也必須將大砲封印。位於其他國家的荷蘭東印度公司商館總有士兵駐守，但是長崎的商館卻是連一名士兵也沒有。這似乎不是什麼大不了的事情，但和其他地區的歐洲商館相比，這點正是長崎商館的最大特徵。

為了管理「外」人，德川政權也在出島和唐人屋敷設置被稱為「乙名」的官吏，乙名除了維持各居留地的治安與秩序，也對日常的人員出入進行管理。與「外」人交涉時的通譯員是日本人，同時也是仕奉於長崎奉行的官吏。德川政權針對荷蘭人和唐人分別設置「阿蘭陀通詞」和「唐通事」，由他們負責與外國人交涉。通譯也是荷蘭人與華人的日常生活諮詢對象，德川政權也能夠透過通譯掌握「外」人的動靜。

德川政權除了掌握人的動靜之外，也建立了長崎貿易的管理制度。最初實行的是生絲的「絲割符制度」，讓特權商人可以壟斷購買這項最重要的進口商品。接著再透過實施「貨物市法」與「御定高制度」，事先決定對外貿易的總額，並且只允許特權商人在限定總額的範圍內進行交易。到了一六九七年以後，德川政權改採透過長崎會所直接管理貿易的體制，如此一來各地大名與商人再也沒有插手的機會。

一七一五年，新井白石制定了對外貿易限制條例，也就是一般所知的「正德新例」。在這項條例的限制下，每年前往長崎的唐船數量最多三十艘，貿易額最高白銀六千貫，荷蘭船則最多兩艘，貿易額最高白銀三千貫。此外，還規定唐船必須持有德川政權公告的貿易許可書——信牌，才能前往長崎，如果沒有信牌的唐船就不允許進入長崎港。

如此一來，德川政權在放逐葡萄牙人之後，企圖建立的海外貿易管理體制終於完成。這個由當地政權完全掌握、管理該國所有的海外貿易活動與人員進出的制度，可以說是當時世界上唯一的體制，這個體制原則上一直持續到幕末日本開國為止。

## 馬德拉斯與英國東印度公司商館

### ◎馬德拉斯的聖喬治堡

長崎的荷蘭人遵從當地政治權力的意志，在其監視與管理之下進行貿易活動，至於馬德拉斯的英國人則幾乎完全相反。十七世紀印度東南部的科羅曼德爾海岸是知名的棉織品產地，所產的棉織品在世界各地備受歡迎。葡萄牙人從十六世紀開始，荷蘭東印度公司從一六三〇年代開始，就已經在科羅曼德爾海岸的普利卡特（Pulicat）設置商館，展開活躍的棉織品出口活動。至於英國東印度公司則尚未在科羅曼德爾海岸擁有自己適當的據點，所以棉織品的貿易進行得並不順遂。英國東印度公司為此派遣職員前來此處找尋合適的貿易據點，其中一名職員法蘭西斯・蒂（Frances Day）傳來好消息，那就是一六三九年八月二十二日，治理馬德拉斯附近的地方豪族納雅卡（Nayaka）王朝准許了英國東印度公司在馬德拉斯港的特權。

特權的內容包括：（1）英國東印度公司能夠在自認為最適當的地點建築要塞；（2）要塞的建設費先由納雅卡王朝負擔，待英國東印度公司入城後再還款；（3）在馬德拉斯港徵收的關稅收入，由納雅卡王朝與英國東印度公司對半分配；（4）英國東印度公司永久免除進出口貨品的關稅，但是如果貨品運送途中，經過納雅卡王朝除

英國東印度公司的據點　馬德拉斯的聖喬治堡

了馬德拉斯以外的領地則需支付關稅，但稅額只有其他商人的一半，（5）英國東印度公司可以在馬德拉斯鑄造貨幣等。

得知這些特權內容的英國東印度公司幹部，想必相當高興吧？這些都是納雅卡王朝為了使英國東印度公司的商船，能夠停靠在自己領地內的小港口，所自行提出的條件，而非法蘭西斯・蒂透過脅迫或攻擊所得到的特權。究竟納雅卡王朝為什麼要提出如此優渥的條件呢？現代的我們將民族國家的型態視為理所當然，認為擁有主權的國民與其政府對國家的領域負有完全的責任，因此就我們的觀點來看，納雅卡王朝的行為對於印度國民而言，幾乎可以說是背叛之舉。因為馬德拉斯在之後成了英國統治印度的重要據點。

然而，在民族國家的概念發揮作用之前的前近代世界，納雅卡王朝的這類例子時有所聞。

舉例來說，請各位讀者回想先前提到的，日本的大村純忠把長崎進獻給耶穌會一事。大村純忠為了讓葡萄牙船能夠停靠在自己的領地內進行貿易，所以向耶穌會和葡萄牙人提出了進獻長崎的優渥條件。納雅卡王朝想必也是認為，只要貿易繁盛、能夠獲取關稅收入、讓自己的領地內充滿商品即可。而且當時的英國東印度公司不過只是間貿易公司，所以很難想像其船隻數量與軍事力具有征服或侵略危險性。

日本與南印度的差別在於，日本在不久之後將誕生一個強力的統一政權，取回長崎並將其歸為直轄領地，相形之下在南印度統治馬德拉斯周邊的政治權力，在接下來約五十年間陸續更迭，從納雅卡王朝到毗奢耶那伽羅王國、戈爾康達蘇丹國（Golconda Sultanate）、蒙兀兒帝國等等，英國東印度公司依序地與這些政權交涉，並且使自己的特權成為既得權益。

總而言之，英國東印度公司十分樂意將勢力拓展至馬德拉斯，對於納雅卡王朝的提案毫無異議。王朝讓渡給英國東印度公司的土地，南北長三又三分之一英哩（約五點三公里）、東西寬一英哩（約一點六公里）。公司雖然必須支付這塊土地的租金，但王朝完全認可公司在此範圍內的統治權。英國東印度公司從一六四〇年開始立刻建設要塞，到一六五四年為止，逐漸完成四角突出的歐式要塞建築。這個要塞取英格蘭的守護聖人之名，命名為聖喬治堡（Fort St. George）。此處從一開始就以公司持有武力為前提進行建造，所以內部當然有士兵駐守。

要塞和周邊雖然馬上開始有人居住，不過居民的組成和長崎完全不同。雖然最初只有三十五名英國人，但還有數十個家庭從馬德拉斯的南邊不遠處的葡萄牙人居留地聖多美（São Tomé）遷移至此，這些家庭主要由葡萄牙人、或是葡萄牙人與當地人之間生下的亞歐混血（Eurasian）組成。接著到一六四〇年底為止，還有三百到四百個當地機織工家族移居到要塞周邊。馬德拉斯以這些人為中心急速地發展，一六七三年抵達馬德拉斯的英國旅行者菲萊爾（Flyers）提到，馬德拉斯有三百名英國人、數千名葡萄牙人以及三萬名當地人居住。

## ◎白城與黑城

城鎮的架構到了十七世紀後半逐漸確立。狹義來說，東印度公司商館由要塞及分布在要塞周邊，與公司相關的建築物組成。這個區域被稱為「白城」（White town），城鎮整體有堅固的城牆防護，主要的居民則有英國東印度公司的職員和歐洲人、猶太人，以及亞美尼亞人的富裕民間貿易商人。這個地區的建築物，大多是採用歐洲風格的石頭與燒製磚瓦建造，道路多被命名為約克大道、查爾斯大道等英式名稱。一六七八年，英國國教會也開始在白城的中心建設聖瑪麗亞教堂。

要塞北側則被稱為「黑城」（Black town），這個區域相較之下街區廣闊，定居此地的居民包括各種行業的商人與工匠，譬如葡萄牙商人與貿易業者、以及從附近搬遷而來的織匠與染匠。建築物主要使用日曬磚瓦、泥土、椰子葉以及秸稈等建造，呈現小巧簡樸的當地風格，與白城形成對比。這個區域裡有印度教寺院、清真寺、亞美尼亞正教、天主教教會等。

可以概略地區分為白城是英國人居住的市鎮，黑城則是其他人居住的市鎮，不過沒有像長崎那樣子明確地區隔。

由於英國東印度公司的職員未必精通當地的社會習慣和語言，所以英國東印度公司最初即雇用了解當地情勢，被稱為杜巴斯（Dobashu）的仲介兼通譯，透過杜巴斯買賣商品。一六六〇年代起，英國東印度公司開始重用名為哈珊·可汗（Hassan Khan），又名凱斯·威蘭那（Kasi Viranna）的人物，這個人去世時，剛在馬德拉斯南方的本地治里成立據點的法國東印度公司的負責人法蘭索瓦·馬丁（François Martin），還在日記裡留下以下的描述：

一六八〇年四月。英國的公司在這個月失去了一位對貿易貢獻極大的人物，這個人名為威廉那，據說他在年輕的時候便以基督宗教教徒的奴隸身分受洗。後來他成為穆罕默德教徒，又成為異教徒（印度教教徒）。穆罕默德教徒相信他是摩爾人（伊斯蘭教徒），而異教徒則認為他公開信仰他們的宗教。這個人不會讀寫，但是以出色的才能在馬德拉斯成為英國公司的「代表商人」。公司在他的幫助下取得相當好的業績。（中略）他備受當地官吏的信賴，透過贈禮也贏得戈爾康達蘇丹宮廷的信賴。威廉那在生前對許多人行善，無論對方屬於何種宗教或民族（nation）。

不同於長崎，馬德拉斯並未禁止任何宗教，從杜巴斯的例子也可以知道，各個宗教之間並沒有嚴格限制信徒改變信仰。此外還要留意的是，雇用通譯與仲介的是東印度公司，不是當地政權。威蘭那在戈爾康達蘇丹國王的宮廷裡進行各種交涉，為英國東印度公司取得最有利的貿易條件。換句話說，貿易的主導權在英國東印度公司手中。相較於德川政權的貿易管理政策，對馬德拉斯的當地政權而言，只要繳納一定的稅額，就不會對海上貿易進行過度的管理。

## ◎由誰負責審判

如果馬德拉斯和長崎一樣也有「內」「外」之分的話，那麼馬德拉斯的「內」「外」就是白城和黑城了。不過，馬德拉斯的當地政權並沒有對居民進行嚴格的區分，葡萄牙人和亞美尼亞人同時居住在白城與黑城，而也有一些工作內容與公司沒有直接相關，譬如經營酒館的英國人居住在黑城。白城和黑城兩個地區之間當然能夠相互往來。而且如果提到馬德拉斯與南印度人居住的周邊地區之間的關係，馬德拉斯的城鎮，尤其是白城，就成了「外」。但若是依語言或「民族」區別「內」「外」，這裡就和長崎沒有差別。關於這點，如果把焦點放在居住在馬德拉斯市內，但並未任職於東印度公司的人犯罪時由誰負責審判，更能明確了解其中的區別。

一六四一年，東印度公司剛搬遷到馬德拉斯不久後，就發生了一起當地的婦人遭同族男性殺害的事件。這起事件由當地城鎮的首長審判，並且立即向納雅卡王朝通報審判結果。但是納雅卡王朝認為馬德拉斯的統治權屬於英國東印度公司，因此下令犯罪者必須依照英國的法律進行裁決。最後，該名罪犯被處以絞刑。

同一年也在市內發生葡萄牙人殺害英國士兵的事件，但由於犯罪者是非英國人的歐洲人，所以商館的評議會在審判時就猶豫不決。至於納雅卡王朝則主張應該立刻將這名葡萄牙人處以死刑，最後，這名葡萄牙人便遭到槍決。由以上兩起案例可知，最初必須依個案進行審慎的討論與細微的調整，才能決定犯罪著究竟該由當地的政權處理，還是由英國東印度公司審判。尤其在與當地居民相關的裁判中，經常可以看到當地政權干涉的例子，這對於英國東印度公司而言是相當頭痛的問題。

不過，隨著時間的經過，周邊地區的新政權確定了英國東印度公司在馬德拉斯的既得權益，因此關於馬德拉斯居民的糾紛，無論是歐洲人還是當地人，都逐漸形成由英國東印度公司主導司法判決的習慣。儘管如此，十七世紀中葉的東印度公司，終究還是得以貿易公司的活動為優先，對商館的幹部而言，在公司的業務空檔進行困難的司法判決只是徒增負擔而已。

一六六五年，發生一名少女奴隸遭到當地居民的主人粗暴對待，以致身亡的事件。由於當時在商館的層級下，難以判斷這個案件究竟應該如何處理，因此諮詢了倫敦的總公司。總公司以這個事件為契機，認為馬德拉斯的貿易職務，與統治及司法職務應該劃分為兩個部分，因而創設了擁有司法權的總督（Governor）一職，明確地制定出市鎮的問題應該盡可能地在鎮內解決，公司則專注於貿易發展的方針。自此以後，馬德拉斯便以獨立於商館之外的都市之姿，朝著不同的道路邁進。因此也可以說從這個時候開始，英國首度在印度建立了殖民地。

一六八八年，馬德拉斯市設置了市長（任期一年）與參事會員（無任期制）的職務，負責徵收住民稅、維持管理監獄、設立與經營傳授英語及數學等知識的學校、管理公共建築、處理與市民相關的司法等等。讀者也許會認為只有英國人才能成為參事會員，不過事實上並非如此。十二名參事會員的組成分別為，英國東印度公司的職員三人、法國商人一人、葡萄牙商人兩人、猶太教徒商人三人，以及當地商人三人。從這樣的組成也可以了解到，龍蛇混雜的馬德拉斯，在某種程度上必須考量各個方面的利害關係。馬德拉斯原本就不是一座只有英國人的城市。這也是馬德拉斯與同時代的長崎之間極大的一項差異。

## 阿巴斯港與多座的東印度公司商館

### ◎民族與宗教的熔爐

正如在第二章提到的，位在波斯灣入口處北邊的阿巴斯港，是薩法維帝國的阿巴斯一世於一六二二年，受英國東印度公司商船的援助，占領葡萄牙人在荷姆茲島設置的要塞之後，把原本位在島上的港灣都市機能移往大陸，進而展開建設而成的港口。阿巴斯港擁有從外海便於接近，並且能夠避免風浪的優異機能，加上這座港口是當地的政治權力為了進行海外貿易建設而成的港市，由這兩點可以看出其與長崎擁有共通的性質。不過，即使是波斯國內最近的消費地與生產地，距離阿巴斯港也有數百公里之遠，所以如果不維持並且管理利用險峻的山道運送商品的商隊的話，將對阿巴斯港的港市機能造成極大的損失。這一點與透過海路與鄰近各地區及上方（江戶時代以大阪、京都為中心的畿內地區）往來的長崎有所不同。

阿巴斯港和長崎還有一個很大的差異，那就是居民的組成。阿巴斯港市中與貿易相關的居民，無論從民族的層面或是宗教的層面來看，都有極大的多樣性。據推測，極盛期的阿巴斯港市約有一萬名左右的居民，大多數的人都說波斯語，不過因為與阿曼、巴林等阿拉伯半島之間的貿易往來興盛，所以也不能忽視阿巴斯港鎮上為數不少的阿拉伯住民。此外，在尚・夏丹（Jean Chardin）的遊記中也提到，阿巴斯港市中有三分之一的居民是印度人。除此之外，也有亞美尼亞、土耳其人，以及黑人奴隸的子孫，還有許多歐洲人及歐洲男性與當地女性生下的後代。

從宗教層面來看，阿巴斯港有包括遜尼派、什葉派的十二伊瑪目派、伊巴德派（Ibadi）等伊斯蘭教徒，各式各樣的印度教教徒、亞美尼亞正教、天主教等各派的基督宗教教徒，以及猶太教徒等。雖然沒有天主教和基督新教的教堂，不過以上提到的教派宗教設施幾乎都分布在阿巴斯港市內外。不同於同一個時期的長崎，阿巴斯港市沒有禁止任何宗教，這一點和馬德拉斯十分相似。

阿巴斯港的組成居民如此多樣，因此不可能明確地區隔各類型居民的居住空間，而政權統治者也無意區隔單一的民族或是宗教信仰者。這裡和馬德拉斯相同，宗教性或民族性的隔閡小。如果閱讀當時的史料就可以發現，有成為當地船長的法國人改信伊斯蘭教、前印度教教徒成為守護阿巴斯港鎮的城塞守備隊長、成為當地軍隊部隊指揮官的法國人與屬下的荷蘭東印度公司逃兵改信伊斯蘭教，還有在薩法維帝國政府裡任職的葡萄牙人等，阿巴斯港鎮呈現出人們跨越民族與宗教的藩籬，在此生活、交流的景象。當時的阿巴斯港可說是民族與宗教的熔爐。

港口的貿易管理，主要由被稱為桑邦達（shahbandar）的港務長官負責。「桑邦達」一詞在波斯語中是「港口之王」的意思，廣泛地使用於從當時的印度洋海域到東南亞各地。然而有趣的是，「桑邦達」在印度以東和波斯卻有不同的意思。桑邦達一詞在印度以東，指的是居留在港市的外國商人集團，一個港口經常存在著多組桑邦達。至於在波斯，桑邦達一詞的意思則是管理港口和徵收關稅的當地政府官員。為什麼「桑邦達」一詞在其他地域的意思，會和原來的波斯語有這麼大的差異呢？這實在很令人感到不可思議。就筆者所知，目前關於這個問題還沒有答案。

一六七〇年代以後，阿巴斯港的桑邦達一職成了受委任的徵稅者，也就是擔任這個職位的人在港口徵收關稅，然後向政府繳納預先制定的稅額。從此以後，薩法維帝國政府本身便不在港口進行貿易管理，當然也就沒有貿易額的限制，這一點也和長崎大相逕庭。

## ◎多家東印度公司並存

在阿巴斯港市裡分別有英國、荷蘭、法國東印度公司的商館。雖然法國東印度公司的商館只存在於十七世紀後半與十八世紀的某段時期，但多家東印度公司商館並存的阿巴斯港，依然與長崎及馬德拉斯不同。此外，這裡的東印度公司商館，雖然為了方便與海上商船聯絡而設在沿岸地區，但與其他當地的建築物並立，並未形成只有歐洲人的居留地。

薩法維帝國政權對歐洲東印度公司的態度基本上是友善的，但歐洲各東印度公司的諸多特權，通常不是由薩法維帝國的政權主動給予，而是由他們向帝國爭取。雙方在交涉時，居中活躍的主要是東印度公司雇用的亞美尼亞裔基督宗教教徒通譯員。這並非表示薩法維帝國完全沒有通譯員，但至少帝國未曾想過要透過通譯管理或監視外國人。帝國政權也未曾想過要把阿巴斯港的居民區分為「內」人與「外」人，並且對「外」人施行嚴格管理。因為在有如此多元的居民共存的都市裡，區別內、外不僅顯得滑稽，也沒有意義。話說回來薩法維帝國的皇族本身就包含了庫德裔、土耳其裔以及喬治亞裔等混血族裔。

由於英國東印度公司協助薩法維帝國攻擊荷姆茲，因此阿巴斯一世把阿巴斯港的商館建築賜給英國東印度公司以作為獎賞。這座商館是商隊驛站式的建築，中庭四周環繞著四方磚瓦建築。

荷蘭東印度公司在阿巴斯港開港之後的隔年將勢力拓展到波斯，他們雖然向薩法維帝國爭取像英國東印度公司一樣獲賜商館的待遇，但卻遭到拒絕，因此只好在不得已之下，買下阿巴斯港的商隊驛站式建築當作商館使用。就這樣，英國與荷蘭東印度公司都取得了當地型態的建築物。而較晚進入阿巴斯港的法國東印度公司，也購買了同樣形式的建築。波斯允許歐洲人能夠購買不動產，因此在當地建造西洋式的石造建築應該沒有太大的問題。但由於當地氣候濕度高又酷熱，對西洋式建築而言並不適合。再者中庭式建築的外層牆壁又高又厚，不僅沒有窗戶，出入口也控制在兩個左右，對於確保商館員的安全，與確實保管商品而言再

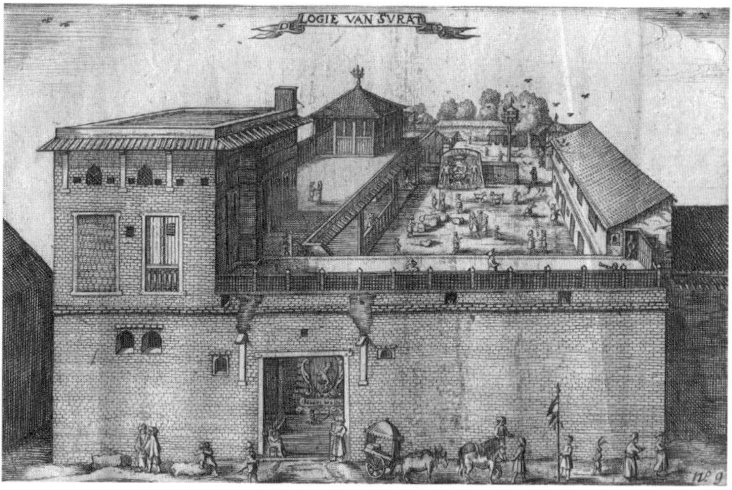


**商隊驛站式建築**　擁有高聳的牆壁與廣闊的中庭等特徵。圖中是位於蘇拉特的荷蘭商館。

理想不過。

三間東印度公司的商館的關係很微妙，表面上的互動往來十分有禮，暗地裡卻相互試探彼此的情況，想方設法使自己的商館在貿易利益、以及與薩法維帝國之間的關係上取得優勢，具體的例子將在下一章介紹。波斯除了阿巴斯港以外，首都伊斯法罕和設拉子等內陸地區也有商館，從這一點可以看出，相較於只在港市中設置商館的長崎和馬德拉斯，薩法維帝國擁有更有利於歐洲人進行貿易活動的條件。

此外在十七世紀，遙遠的波斯與日本商館，對荷蘭東印度公司而言相當重要。因為在亞洲各地的商館中，能夠取得購買印度棉織品所需的金、銀、銅等貴金屬的只有這兩個商館。荷蘭東印度公司把砂糖、胡椒、香辛料運往波斯，再把生絲、絲織品、鹿皮及鯊魚皮等運往日本，以取得金、銀、銅等貴金屬。

## ◎條約與恩寵

荷蘭東印度公司把勢力拓展到波斯之後，就為了實現兩大目標而不斷地與波斯宮廷進行交涉，這兩大目標分別是購買特產品生絲時盡可能找民間商人，避免向企圖以高價銷售的薩法維帝國皇家購買，以及，能夠與英國東印度公司一樣不支付關稅即可進行貿易。公司甚至在一六四四年，派遣五百零七名船員和四百五十二名士兵搭乘七艘艦隊前往波斯灣，企圖在交涉的過程中以武力迫使薩法維帝國接受其要求。

但公司的作戰並不順利，交涉也因此無疾而終，這件事正巧發生在長崎的荷蘭人溫馴地接受被限制於出島的命運後不久。而幾乎在同一時期，荷蘭也為了征服葡萄牙人在澳門的據點，從巴達維雅派遣艦隊攻擊葡萄牙。由此可知，荷蘭東印度公司在公司的獲利停滯，或是陷入不利的情況時，將毫不避諱地使用武力。既然如此，當時公司在長崎的貿易活動，可能是即便受到屈辱，也能確保取得龐大利益的罕見例外。

英國東印度公司針對阿巴斯港的關稅收入與薩法維帝國進行交涉，而這場交涉也為歐洲與伊朗高原之間的異文化交流，帶來極為有趣的例子。如同前述，由於英國東印度公司協助薩法維帝國攻打荷姆茲有功，所以阿巴斯一世同意英國東印度公司取得阿巴斯港一半的關稅額。波斯在阿巴斯一世的治世期間一直遵守這項約定，因此英國東印度公司也得以享有特權。然而在阿巴斯一世去世的一六二九年之後，雙方對於這項特權的認知開始出現微妙的差異。

薩法維帝國新政權的想法如下：即英國東印度公司之所以能夠享有取得一半關稅的特權，只不過是前一任國王阿巴斯一世出於善意，給予英國國王和東印度公司的恩惠，因此在新任國王即位之後，前一任國王時期給予的特權和約定將完全歸零，不自動延續。而特權的延續與否，將取決於新任國王的意願。

但英國方面的認知則是，讓渡一半關稅的特權屬於國與國之間的條約，只要條件沒有出現根本性的變化，雙方都應該基於自身的名譽遵守這項特權。國王的死亡不被視為條件的根本性變化，因為國家的地位優於國王。換句話說，英國認為這項特權視為是「國家」之間締結的「條約」，薩法維帝國則把這項特權當成「國王」給予的「恩寵」。

身處於現代的我們，和十七世紀的英國人一樣，認為即使國王或是政權更迭，依然必須尊重並遵守國與國之間締結的條約。這在以主權國家的存在為前提的論點。在主權國家的概念遍及全世界的現代，這樣的理論被視為理所當然。不過在十七世紀的波斯，這卻不是理所當然的想法。只要政治權力者更迭，所有的政策都可能因此改變。「國家（英語為 state，波斯語為 dawlat）」這個概念所代表的內容，在英國與波斯之間並不相同。

## ◎關稅半額收益特權

想要特權的是英國東印度公司，所以公司只好遵循當地的習慣，向新任國王提出賦予特權的申請。除此之外，還必須準備分量足夠的謝禮回饋給政府要職者，甚至還得進獻禮物給國王。最後特權總算順利地延續，不過換個角度來說，這表示英國東印度公司接受了當地的習慣，從此以後，每當新任國王即位就必須重複同樣的申請程序。

英國東印度公司雖然取得了明確記錄國王恩寵的文件，但實際上為了取得一半的關稅額，還必須與阿巴斯港的港務長官桑邦達進行交涉。桑邦達用盡各種方法試圖降低給予英國東印度公司的「一半關稅額」。從一六五三年到一六六八年期間，英國東印度公司自桑邦達取得最高七百託曼（toman，波斯的貨幣單位），最低四百託曼的關稅收益，但實際上據估計，阿巴斯港徵收的所得稅額超過二萬託曼。

一六七〇年代前半造訪波斯的尚．夏丹，偶然身處英國東印度公司與薩法維帝國再度對關稅特權進行交涉的現場。尚．夏丹對這項交涉的感想是，英國東印度公司只不過在五十年前有一次小小的軍事貢獻，就要求每年收取的一半關稅額，如此厚臉皮的行徑令人驚訝，但即便如此，既然雙方締結了條約，波斯還是得持續給予英國這項特權。從他的描述可以知道，至少法國人夏丹和英國東印度公司對於「國家」與「條約」的概念是相同的。

當時經歷了冗長且嚴峻的交涉，最後英國東印度公司獲得的條件，從每年自桑邦達之處獲取「一半的關稅收益額」，變成「每年一千託曼」。這樣的變化應該與一六七〇年代以後，阿巴斯港的關稅徵收改為承包制有關。任職桑邦達者在徵收關稅後，還必須向薩法維帝國繳納一定的稅額。然而即便在交涉之後，桑邦達也沒有每年乾脆地將一千託曼支付給英國東印度公司，公司只好每次都向位於伊斯法罕的中央政府提出要求，請政府對桑邦達頒布支付命令書。

桑邦達是一位難纏的交涉對手，不過英國東印度公司的態度更加頑固，更不好惹。即便到了一七二〇年代後半，薩法維帝國的首都伊斯法罕遭攻陷，阿巴斯港落入阿富汗的支配之下，英國東印度公司依然持續地與桑邦達交涉，成功地取得每年一千託曼的關稅收益。當時伊朗高原商隊的安全遭到威脅，阿巴斯港的貿易量銳減，因此一千託曼約占英國商館收入的百分之三十三至四十一，英國東印度公司的韌性可說是相當驚人。

第六章

# 各種人的生存方式

日荷混血兒可雪柔（Koshoro）的咬嚁吧書信　她在爪哇更紗製成的袱紗上，描述思念故鄉的心情。

# 長崎與女性、混血兒

## ◎專注於個人史

第五章介紹了設置在三個港市的東印度公司商館，本章將試著把焦點放在與這些商館有關的個人的生存方式。人的一生受到時間和空間的限制，一個人在活著的時間與空間中，如何開展自己的生活呢？接下來就讓我們一起來探尋他與她的人生，並且試著和現代人的生活進行比較。我們或許可以透過如實了解這些人的一生，進一步認識十七、十八世紀與當時的社會。

在長崎，本章將介紹外國人與日本人所生下的混血兒與遊女；在馬德拉斯，將介紹英國東印度公司職員與民間商人；在巴達維亞，則會介紹荷蘭東印度公司商館長。我們在追溯這些人的人生時，也會試著分析當時在這三個地區的政權，如何與東印度公司打交道？東印度公司商館如何管理並且發展其貿易活動？東印度公司在亞洲海域的影響力究竟到達什麼樣的程度等等。

## ◎咬嚠吧的阿春

近代以前來到日本的外國人幾乎全都是年輕的男性，所以很多人在抵達日本列島之後，就與日本女性交好。於是十六世紀後半之後，長崎和平戶便有不少日本女性與歐洲男性生下混血兒。在那個明確區隔「內」人與「外」人的時期，如何定義這些混血兒成了棘手的問題。實際上，德川政權的混血兒處置政策，因時代而有極大的變化。接下來將以此為焦點，介紹十七世紀前半與十八世紀以後這兩段時期的混血兒與其生涯。

十七世紀前半，在「鎖國」政策逐漸推行時，歐洲男性與日本女性之間產下的混血兒，開始成了問題。他們因為成為基督教徒，或是與基督教徒一起生活，而被視為危險人物。所以在一六三六年，日葡混血兒及以混血兒為養子的兩百八十七名日本人被流放到澳門；一六三九年，日荷混血兒、日英混血兒及其母親三十二名則被流放到咬嚠吧（巴達維亞）。當時的德川政權，並不認為歐洲人的眷屬，或是流有歐洲人血脈的混血兒是自己應該管理的對象。

「咬嚠吧阿春」的名字出現在《長崎夜話草》中。這是長崎出身的作家西川如見（一六四八－一七二四年）在十八世紀初寫下的著作，他在著作裡摘錄的「咬嚠吧文」，便以阿春為其作者。「咬嚁吧阿春」在戰前、戰後也曾以境遇「悲慘的」女性而喧騰一時。阿春正是一六三九年被流放到巴達維亞的三十二人之一。以下便根據岩生成一、白石廣子兩人的研究成果，試著闡述這名女性的一生。

「春」是這名女性的名字。她的父親名為尼可拉斯・馬林（Nicolaes Marine），是一名義大利人。尼可拉斯原本是葡萄牙船的船員，於一六二一年左右在平戶與日本女性結婚，而後落腳於長崎。與他結婚的日本女性的日本姓名不詳，荷蘭記錄的名字則是瑪麗亞（Maria）。瑪麗亞在十九歲時生下長女阿滿，二十三歲時（一六二六年）生下次女阿春。目前可以確定父親尼可拉斯直到一六三〇年為止都還活著，但在三〇年到三六年之間死於日本。阿春與母親、姐姐一起被流放到巴達維亞時，正值十五歲。

抵達巴達維亞之後，姐姐阿滿在一六四二年與一位名為村上武左衛門的人結婚。武左衛門是巴達維亞規模約三百人的日本人社會中的權勢者，自己也從事海外貿易。然而阿滿卻在生下一個孩子後，不到三年就過世了。母親直到一六四七年都還活著，但似乎不久之後也離開人世。

阿春於一六四六年，二十一歲時結婚，丈夫是東印度公司的助理事務員，名為西蒙・西蒙森（Simon Simonsen），是荷蘭商館員西蒙・西蒙森之子，出生於平戶。當時的荷蘭人不會帶著妻子來日本，所以西蒙的母親可能是日本人。西蒙與阿春兩人的境遇十分相似。西蒙與阿春之間生下了三男四女，也許生了五個女兒，不過他們的孩子大多在年幼時夭折，比阿春長壽的只有長女瑪麗亞而已。丈夫西蒙在公司升職擔任關稅長等職務後不久，便於一六七二年五月過世。阿春在丈夫身亡之後活了二十五年，於一六九七年離世。

雖然無法得知夫妻兩人在巴達維亞詳細的生活情形，不過從一六六五年夫妻兩人就已經立下遺囑來看，兩人應該擁有某種程度的財產，生活似乎頗為順遂。根據阿春在一六九二年重新立下的遺囑可知，她在巴達維亞的高級住宅區容克（Junker）街上擁有房產，過著至少有九名奴隸服侍的生活。這些奴隸來自許多不同的地方，譬如印度西南的馬拉巴爾海岸、峇里島、望加錫以及科欽。現在也發現阿春以「西蒙森遺孀」的身分，從巴達維亞寄信給長崎親戚的書信抄本。信裡詳細記載著寄送給長崎親友的各種大量高級織品的處理方法，以及希望他們從日本寄來的物品。阿春似乎在丈夫過世之後，也自己進行某種貿易業務。

西川如見住在長崎，與阿春只差二十歲左右，因此想必也聽過這個被流放到咬𠺕吧的少女阿春的傳聞吧，他將傳聞加以潤色，創作出「咬𠺕吧文」。這篇文章採用阿春寫給長崎親戚的書信體，全文幾乎都在感嘆自己悲慘的命運，對日本懷抱著思念之情，比方說：「好懷念啊，好思念啊，一想到離開故鄉已經不知多少年，眼淚就止不住地流，流到連衣襟都乾不了。究竟何時才能回去。雖然我身處這卑劣的夷狄之島，但也別忘了我。」、「啊！好想看看、好想看看懷念的日本呀！」不過，實際上阿春移居到巴達維亞之後就在當地落地生根，堅強地渡過人生。這與膾炙人口的「阿春」故事中，那個因為身為混血兒並且被迫從離開故鄉，在異地流下思鄉淚水的女性大不相同。

## ◎柯妮利雅與巴達維亞的生活

接著再介紹另一位與阿春在同一個時期被送到巴達維亞的女性柯妮利雅．范．尼言羅德（Cornelia van Nijenroode），她的人生比阿春更加波瀾萬丈。柯妮利雅出生於一六二九年，比阿春小三歲。她的父親是柯尼利斯．范．尼言羅德（Cornelis van Nijenroode），在一六二三年到一六三三年之間擔任荷蘭東印度公司平戶商館長。柯尼利斯在平戶期間曾經與兩名日本女性發生關係，並且各生下一個女兒，柯妮利雅就是其中之一。根據荷蘭方面的記錄，柯妮利雅的母親名為絲莉雍（Suliyo），母女的日本名皆不詳。

父親柯尼利斯死於平戶，雖然留下大筆的財產給兩名情婦與女兒，但因為這些財產幾乎都來自違反公司規定的私人貿易，所以巴達維亞的東印度公司當局除了極少部分之外，全數沒收，並且命令平戶商館長從母親手中把兩名女兒帶走，送往巴達維亞。由於在荷蘭東印度公司的大本營巴達維亞，荷蘭人的人數慢慢地不足，因此荷蘭人商館員與當地女性生下的混血兒便成了珍貴的「財產」。阿春的丈夫——西蒙應該也是在同樣的情況下被送往巴達維亞的。

一六三七年柯妮利雅和同父異母的姐姐黑斯托（Gestel）被送往巴達維亞，當時的她才八歲。當時下令把兩人送往巴達維亞的不是德川政權，而是荷蘭東印度公司。不過，就算柯妮利雅姐妹兩人當時仍舊留在平戶，兩年後也會面臨與阿春同樣的命運，也就是在德川政權的要求下，被流放到巴達維亞。柯妮利雅的母親已經和日本人判田五右衛門再婚，所以沒有一同前往巴達維亞，這對母女倆而言是永遠的離別。

柯妮利雅與黑斯托在抵達巴達維亞之後應該就被送入孤兒院了。黑斯托在一六四四年時，與任職於荷蘭東印度公司的英國軍人結婚，柯妮利雅則在一六五二年離開孤兒院，與皮耶．科隆（Pieter Cnoll）結婚。科隆與柯妮利雅的父親同樣出身於台夫特（Delft），一六四七年來到巴達維亞擔任荷蘭東印度公司的助理事務員。科隆的工作態度積極，並且具有才華，在一六五一年與柯妮利雅結婚前夕，已經當上助理商務員，之後的晉升之路也相當順遂，一六六三年昇上巴達維亞本部的首席高階商務員。這是一項保管公司金庫鑰匙，幾乎擔負公司所有現金收支責任的重要職位。

皮耶與柯妮利雅從一六五三年到一六七〇年期間，生下了四名男孩、六名女孩，總計十名子女。柯妮利雅在這十八年間不斷地懷孕生產，但其中六名子女在一六七二年皮耶去世之前便已亡故，剩下的四名子女，其中三人活到一六七六年，最後一人也比柯妮利雅更早去世。當所有的子女都早一步離開人世後，柯妮利雅的心情究竟是如何呢？總而言之，連同阿春早夭的子女來看，可以了解到當時生活在巴達維亞的人似乎難以長壽。

由於皮耶是公司的幹部，所以累積的財產超過阿春的丈夫西蒙森。他在巴達維亞最美的提耶魯（Tijger）護城河沿岸擁有一座壯闊的豪宅，過著五十名奴隸服侍的富裕生活。最富裕的時候，皮耶甚至請來畫家雅各．詹斯佐恩．科曼（Jacob Janszoon Koeman）繪製科隆一家的肖像畫，這幅畫目前收藏於阿姆斯特丹國立美術館。畫中巧妙地勾勒出柯妮利雅和女兒們的日本輪廓，透過這幅畫也能充分了解科隆一家的富裕生活。

柯妮利雅雖然自幼就離開平戶，長久以來在巴達維亞過著身處於荷蘭人之中的生活，不過似乎也跟當地的日本人有著不錯的往來。在巴達維亞有一處小型的日本人社群，柯妮利雅與年齡差異不大的阿春之間，想必有深厚的交情。兩人應該都曾經請人代筆寫信，因為至今仍舊保留著一六六三年與一六七一年柯妮利雅寫給住在平戶的母親和繼父的書信，信裡的內容主要是傳達友人家人的消息，以及禮物品項等無關緊要的內容。不過，透過這幾封書信可以知道平戶與巴達維亞之間幾乎每年都有書信、贈禮的往來。

一六七二年二月，皮耶．科隆驟逝，離奇的是阿春的丈夫西蒙也在同一年過世，皮耶是在西蒙死前三月離開人世。雖然是不幸的事件，但由於皮耶留給柯妮利雅相當豐厚的遺產，所以柯妮利雅應該能夠安逸無憂地過完下半輩子。不過，就在一六七六年，她與一位名為約翰．彼得（Johann Pitter）的男子再婚之後，生活就全變了調。

## ◎男人婆柯妮利雅的奮戰

彼得是一名律師，因為在阿姆斯特丹開業失敗，轉而前往巴達維亞法院擔任法官。他在一六七五年，帶著妻子與五名子女搭乘前往東印度的船隻。但是在航海途中妻子和一名子女喪命，彼得與四名子女在手足無措的情況下，踏上了巴達維亞的土地。彼得在抵達巴達維亞之後，馬上體認到光靠法官薪水無法過活，所以刻意接近擁有龐大財產的寡婦柯妮利雅。彼得利用花言巧語，在抵達巴達維亞不到半年，就讓柯妮利雅決定與自己結婚，因為彼得身為法院法官的崇高社會地位強烈吸引著柯妮利雅。

當時荷蘭的法律賦予丈夫全面管理妻子財產的支配權。妻子如果沒有丈夫的認證或同意，無法對自己的資產進行任何法律上的運用，也無法簽訂任何契約。這表示在實際的情況下，丈夫即使沒有經過妻子的同意，也能夠隨意處置妻子持有的財產。這項妻子具有從屬於丈夫的法律規定，直到一九五六年才獲得改正。

柯妮利雅當然識破了彼得感興趣的是自己的財產，所以她慎重行事，在結婚前與彼得簽訂夫婦財產契約。契約中規定柯妮利雅先過世的情況下，彼得能夠繼承的遺產金額，以及夫妻日常支出的支付方式，並且明確地記載彼得與柯妮利雅結婚是因為愛情，而不是因為金錢。根據這項財產契約，柯妮利雅不會給予彼得任何現金。柯妮利雅認為自己的財產安全無虞之後，便與彼得步入婚姻。

不過這份夫婦財產契約之中，並沒有寫下丈夫允許妻子自行管理財產的條文，因此柯妮利雅在結婚不久後，運用自己的財產投資某項事業，並且把投資收益存入自己的帳戶時，問題就發生了。彼得不認同柯妮利雅的這項行為，要求柯妮利雅的不動產與動產，都必須在自己的規劃下運用。夫婦之間因而發生爭執，而且爭執越演越烈，最後發展到兩人無法自行解決的地步。柯妮利雅甚至還被彼得扯著頭髮拖出豪宅毆打到動彈不得。兩人激烈的夫妻爭執，正好為巴達維亞的上流社會提供了茶餘飯後的話題。

兩人之間的糾紛長達十年以上，就連巴達維亞的法院、教會、信徒代表委員會、東印度評議會，甚至荷蘭本國的東印度公司「十七紳士」（十七人董事會）、荷蘭州法院等眾多組織、機關及個人全都被捲入其中。本書中無法詳細介紹這場紛爭的過程，有興趣的讀者千萬別錯過包樂史（Leonard Blusse）的《男人婆柯妮利雅的鬥爭——十七世紀巴達維亞日荷混血女性的一生（Butterfly or Mantis? The Life and Times of Cornelia van Nijenroode）》這部饒富趣味的研究譯作。

彼得雖然因為私人貿易被公司懷疑具有背信行為，而遭免職並暫時返回荷蘭，但後來又透過在荷蘭的交涉活動再度回到巴達維亞。他對於與柯妮利雅的資產之爭，可以說相當地執著。彼得雖然曾經一度與柯妮利雅和解，但是馬上就又展開新的糾紛。最後，柯妮利雅在五十八歲時，為了自己的財產遭到查扣是否為有效判決一事，兒子及孫子也一同前往荷蘭州法院。這件事發生在一六八七年十二月，雖然當時柯妮利雅的健康狀態不佳，不過想必因為無論如何也不想輸給彼得，而展現出驚人的意志力。不過，悲劇接二連三地向她襲來，她的最後一個兒子柯尼利斯在航海途中死去。

喪子之痛並未擊垮柯妮利雅。她在抵達荷蘭的不久之後，就重回與彼得之間的激烈戰場，展開為期三年以上的訴訟。想到她的丈夫彼得是法律專家，而她在彼得的祖國荷蘭幾乎沒有熟人可以依靠，就不禁對她敢於在荷蘭打官司的勇氣感到欽佩。訴訟持續到柯妮利雅一生最後的瞬間。一六九一年夏天，高等法院還在進行訴訟審理時，柯妮利雅過世了。根據當時的法律規定，柯妮利雅與兒子所留下的龐大遺產由兩名孫子繼承，不會落入彼得手中，這對她而言想必是相當大的安慰。包樂史用來形容柯妮利雅的日語「男人婆（otenba）」一詞，取自荷蘭文「ontembaar」（意為「無計可施」）的諧音，因此這個形容可說是最恰當不過，同時也為這段歷史的研究劃下一個漂亮的句點。

探索阿春與柯妮利雅的一生時，最讓人感到有趣的是，混血兒的身分在荷蘭東印度公司與荷蘭本國並沒有產生什麼大問題。雙親早逝、被迫遠離故鄉、也沒有強勢社會地位的兩人，都在巴達維亞與東印度公司的職員結婚，過著富裕的生活。丈夫早一步離開人世之後，兩人也在自己的意志之下從事各種事業，管理自己的財產。阿春一開始與丈夫一起立下遺囑，第二次則是根據自己的意志留下遺囑。柯妮利雅甚至前往荷蘭，運用荷蘭的審判制度展開訴訟。當時女性的地位確實低於男性，不過阿春與柯妮利雅也擁有可行使的權利，這些權利不因混血兒的身分而有所限制。在巴達維亞這個特殊的地方生活確實有好處，阿春與柯妮利雅兩人根據自己的意志渡過了後半生，這與之後要介紹的日本混血兒的情況大相逕庭。

## ◎丸山遊女與混血兒

阿春與柯妮利雅等混血兒被流放到巴達維亞之後，長崎是否就沒有混血兒問題了呢？實際上並非如此，至少在一六八〇年代末期建設唐人屋敷之前，華人也居住在長崎市內，時常融入當地居民之中，因此他們與長崎女性之間應該也生下不少混血兒。但這個部分的相關史料很少，所以詳細的情況不明。

自從荷蘭人被隔離在出島、華人被隔離在唐人屋敷之後，就只有丸山町與寄合町的遊女有機會接觸荷蘭人與華人。因此，混血兒的母親大都是遊女。就如同之前提到的，德川政權施行以日本人為「內」、以外國人為「外」的嚴格區別政策，那麼遊女與外國人所生下的混血兒應該被歸為哪一類呢？

關於這一點，可以參考一七一五年由長崎奉行對丸山與寄合這兩個遊女町頒發的訓令。根據這項訓令，當遊女懷了荷蘭人或華人的孩子時，必須立刻向役所通報。長崎奉行曾表示：「遊女有時也會懷上唐人、阿蘭陀（荷蘭）人之子。這樣的事一點也不奇怪。」強調外國人與遊女之間理所當然會生下混血兒。但反過來說，在此之前即使生下混血兒也多半不會公開。

訓令中也建議，如果身為父親的荷蘭人或華人在孩子出生之前便需返航，父母雙方最好仔細討論生下的孩子該如何養育。而訓令中接著提到本章最關心的重點，那就是荷蘭人或華人父親在滯留長崎期間，雖然獲准與母子一起生活，但卻嚴格禁止父親帶著孩子返國。由此可知，這段時期的德川政權把混血兒視為「內」人，所以嚴禁與身為「外」人的外國人一起出航前往海外。德川政權認為，在日本生下的混血兒是日本人，理應受政權的管理。

這時的方針與阿春及柯妮利雅時代相比，有了一百八十度的大轉變。實際上，如果只根據古賀十二郎的大作《丸山遊女與唐紅毛人》，則無論是荷蘭人還是華人，這段時期之後都再也看不到父親帶著出生的混血兒前往海外的例子。至少與德川政權相關的人，從十七世紀開始已經慢慢地針對日本人的定義、日本領土的範圍產生了共同的認知。現今日本與日本人的意識也在此時逐漸成形。

德川政權把這些混血兒視為日本人的想法，基本上與荷蘭共和國對待阿春、柯妮利雅等荷蘭混血兒一樣。不同之處在於，生長於日本的混血兒，母親通常都是出身貧困的遊女，物質生活稱不上富裕。因此幾乎沒有聽說有什麼累積財富的混血兒。

十九世紀之後曾有混血兒在日本取得成就的例子，譬如華人周靄亭與遊女初紫的兒子當上織品鑑別員、荷蘭人商館長亨德烈．朵夫（Hendrik Doeff）與遊女瓜生野的兒子道富丈吉，當上長崎當地的唐物鑑別員。不過，這兩個例子屬於例外，因為當時遊女與華人、荷蘭人之間所生下的混血兒，多與母親一起生活在遊女屋，或是由母親的老家收養，靜靜地過完一生。

混血兒死亡時必須辦理特別的手續，雖然可藉此確定混血兒與雙親同是日本人的人之間，還是有一定的區別，不過至少在十七世紀後半以後的日本列島，在法律上對混血兒並沒有任何差別的待遇。但在日常生活中就另當別論，尤其是荷蘭人與日本人的混血兒，因為眼睛、髮色、鼻子形狀等容易辨識，因此遭到人們嚴重歧視。這也跟荷蘭人的地位低於華人有關。

比如，丸山的遊女也有等級之分，第一等是接待日本人的日本行，第二等是接待華人的唐人行，第三等才是接待荷蘭人的阿蘭陀行。最高級的太夫遊女，直到十八世紀末為止，都未曾去出島接待荷蘭人。「紅毛人」一詞主要指的是荷蘭人和英國人，與意指葡萄牙人的「南蠻人」都是當時的歧視語。光是身為紅毛人之子，就經常會受到毫無緣由的誹務中傷，所以不少懷了荷蘭人孩子的遊女多半選擇墮胎。

不少現代的日本人或許覺得歐美人的面容美麗，不過要強調的是，至少到十八世紀末以前，日本人對於荷蘭人的印象絕對不是憧憬，反倒更接近害怕或蔑視。此外必須留意的是，如同前一章所提到的，區別「內」與「外」——對來自海外之人另眼相看的態度——是當時日本的特徵。

## 馬德拉斯與私人貿易

### ◎耶魯的半生

位在美國東北部康乃狄克州的紐哈芬，有一座名為耶魯（Yale）的名門大學，耶魯大學同時也是第四十三任美國總統小布希的母校。各位知道這所大學為什麼名為「耶魯」嗎？這所大學的前身名為「大學學院」（Collegiate School），為了紀念在十八世紀初，捐助大筆金額的伊利胡．耶魯（Elihu Yale）才改名為「耶魯學院」。那麼，耶魯究竟是一位什麼樣的人物呢？答案是：「十七世紀後半，任職於英國東印度公司，在公司的重要據點馬德拉斯擔任總督之人。」耶魯退休之後住在倫敦，並且把巨額個人財產的一部分捐給耶魯大學。

一六四九年四月五日誕生於美洲波士頓的伊利胡．耶魯，是父親大衛（David）與母親烏蘇拉（Ursula）的次子。一六三七年伊利胡的父親跟著二度結婚的母親（伊利胡的祖母）與繼父一起從英國的威爾斯（Wales），移居到新大陸的紐哈芬殖民地。一六五二年，伊利胡三歲時大衛舉家返回英國，此後再也沒有踏上新大陸。伊利胡的少年時代在倫敦渡過，就讀於當地的私立學校。

二十歲前大致完成學業的伊利胡，於一六七〇年受雇成為東印度公司的員工。我們不知道伊利胡為什麼會選擇在東印度公司工作，總之隔年一六七一年，伊利胡被派遣到印度，擔任年收入十鎊的書記。他在該年年底往印度出發，一六七二年六月二十三日平安地抵達馬德拉斯。他在馬德拉斯的商館裡認真地工作，順利晉升，在一六七八年當上商館的商務員，一六七九年出任馬德拉斯市法院的副法官。

伊利胡在同事約瑟夫・漢馬士（Joseph Hammer）過世後，於一六八〇年十一月四日與其遺孀凱薩琳（Kathryn，一六五一—一七二八年）結婚。凱薩琳和前夫之間育有四子，其中兩人被送回英國接受教育。伊利胡與凱薩琳兩人的婚禮在剛完成不久的聖瑪麗亞教堂（St. Mary's Church）舉行。時至今日，當時的結婚記錄還保存在教會記錄簿的第一頁。

這時耶魯已經在馬德拉斯待了十年之久，因此對於當地的貿易情況知之甚詳。後來他巧妙運用新取得的凱薩琳的財產，在公司職員許可的範圍下，努力地從事個人貿易。馬德拉斯距離出產鑽石的德干高原戈爾康達蘇丹國很近，同時也是鑽石的輸出港，所以耶魯也開始從事個人的鑽石貿易。

耶魯在馬德拉斯評議會的席次，隨著長官的辭職或去世而扶搖直上。他在經歷位居第五席次的貨幣鑄造職、第四席次的關稅長之後，在一六八四年出任位居第二席次的出納負責人，並在一六八七年七月被任命為總督。

耶魯擔任總督一職五年多，直到一六九二年十月二十三日才卸任。任職期間最大的功績是設置市長與市參事會，並且處置六名從事海盜行為的英國人。他對其中兩人處以死刑，其餘四人則是在額頭上烙印下代表海盜（Pirate）的「P」字，然後驅逐出城鎮。他展現出企圖確立秩序的總督氣勢，即使是母國的犯罪者也絕不寬待。此外，他也要求城鎮上每個人都應該嚴守法令，因此頗受好評。

不過耶魯在結束總督一職之後，卻無法立即返回倫敦。因為他一卸任，就出現了激烈彈劾「耶魯總督錯誤、特立獨行、獨善其身、不當的做事風格」的聲浪。他被迫證明自己的清白。究竟為何耶魯會受到如此嚴厲的批判呢？主要的原因在於，他在擔任總督一職期間所從事的私人貿易。

## ◎私人貿易的誘惑

不只英國，無論哪個國家的東印度公司，都期待職員能夠盡力工作，為公司帶來最大貿易利益。因為當公司的獲利越多，他們的工作就越穩定，能夠領到更多的薪水。這同時也是現代股份有限公司普遍通用的道理。但現實情況未必這麼單純，因為東印度公司的職員經常為了貼補微薄的薪資、累積資產，致力於從事不同於公司貿易的個人貿易行為（私人貿易），而這些私人貿易通常有損公司的利益。

私人貿易的方法主要有兩種，一是歐洲與亞洲之間的私人貿易。往返於歐洲與亞洲之間的商船扣除飲用水、食糧等在船上生活的必須物資後，原則上只能運載公司的商品和貿易金。不過，實際上船員和商館員大多會以「個人生活所需的物品」的名目，運載許多商品，船員和商館員在船隻抵達亞洲各地或歐洲之後，透過銷售這些商品為個人帶來極大的利益。早在一六〇九年，荷蘭東印度公司的「十七紳士」就不得不苦澀地聆聽以下的報告：「船長、船員，以及其他任職於公司的所有人，違反雇用契約的規定，購買、搬運並且銷售最高級的陶磁器、漆器，以及其他印度的珍稀商品。」為了防止這些違法行為，無論哪個東印度公司都以認可一定數量的個人貿易予以因應，但即便如此仍無法減少私人貿易。

另一項私人貿易則是亞洲各地區之間的貿易活動。荷蘭東印度公司利用公司的船隻，以巴達維亞為據點從事亞洲各地區之間的貿易。舉例來說，巴達維亞是停靠長崎的荷蘭船主要的出港地與歸港地。這些船隻將日本的主要商品——銅，經由巴達維亞運往印度東南部的科羅曼德爾海岸，這是荷蘭東印度公司的正規貿易活動。但荷蘭東印度公司的員工，會利用這種從事正規貿易的船隻，運載個人商品進行私人貿易。只不過私人貿易的量總有極限。

但英國東印度公司在亞洲海域沒有像巴達維亞這樣位置恰當的中繼點，所以無法以公司的立場，在亞洲各地區展開有效率的貿易活動。公司於是在一六六一年，決定原則上從亞洲各地區間的貿易活動撤退，專注於從事亞洲（主要為印度）與英國之間的貿易活動。從這個時候起，公司的職員只要能夠自行準備一定額度以上的資金，就能夠以個人的名義，自由地從事亞洲地區內的貿易活動與類似的事業。不過這項貿易活動不使用公司船隻。這些職員透過獨資或合資購買船隻成為船主，利用當地商人或其他歐洲人的商船在出航目地的銷售商品，或是以金融業者的身分把資金借貸給貿易商人等方法，利用自己的才能增加財富。

## ◎耶魯的致富之道

耶魯全力善用這兩種私人貿易的可能性，累積巨額的財富。他在倫敦與馬德拉斯之間，主要從事鑽石貿易。當時世界所知的唯一一座鑽石礦山，就位在距離馬德拉斯不遠的印度戈爾康達蘇丹國，因此馬德拉斯是具有優勢的鑽石輸出港。由於鑽石更容易藏，所以可以說是違反規定、進行私人貿易的最佳商品。耶魯在擔任總督之前，就已經與葡萄牙的猶太教徒合作染指鑽石貿易了。這位夥伴死後，其遺孀成為耶魯的情婦，兩人之間甚至產下一子。這也是為什麼一六八〇年結婚的妻子凱薩琳，會在一六八九年於耶魯擔任總督期間，帶著孩子回到英國。

至於第二項的亞洲區域內的私人貿易，耶魯更是努力把握所有的機會累積財富。他擁有自己的船隻，甚至與荷蘭人、法國人、英國人等其他歐洲人，以及當地的貿易商人聯手調度商船。他們的商船前往東南亞及中國從事貿易活動。耶魯經常把自己的船隻帶回馬德拉斯的商品銷售給東印度公司。據說他居住在馬德拉斯期間，進行私人貿易累積的財富高達二十萬英鎊。十八世紀初，英國小市民的年收入是五十至一百英鎊，一位英國紳士如果想要維持體面的生活，最低年收入則是三百英鎊。從這樣的數據就能知道，二十萬英鎊是多麼龐大的金額了。

雖說只要不對公司造成損害，從事私人貿易是員工的自由，但耶魯是公司在馬德拉斯的代表，也是監督公司員工不法行為的總督。這樣的人在公司日常業務的空檔，展開如此大規模的私人貿易也無所謂嗎？應該不太可能。他不是讓公司以高價買下自己的商品嗎？這不就是犧牲公司的利益發展個人的事業嗎？因此有人對他的行為看不過去也是理所當然。此外，英國東印度公司以外的商船進入馬德拉斯港時，必須向公司繳納入港稅，但是耶魯似乎讓自己的船隻享有入港稅折扣。

設置在總督之下的評議會，幾乎所有成員都與耶魯為敵。評議會對耶魯與相關人士進行訊問，與倫敦總公司之間展開書信往來。但因為耶魯在政治和財力方面都頗具影響力，因此並未遭受嚴厲的懲處。一六九九年二月，耶魯在沒有失去巨額財富的情況下，終於出發返回英國。

耶魯傳記的作者賓漢姆（Bingham）描述，妻兒還在馬德拉斯的時候，耶魯是一位受到尊敬、溫和而值得信賴的人，但隨後也對總督任期後半的耶魯展開嚴厲的批評：「他性格傲慢而且頑固、具攻擊性，不信任評議會成員，對他們不懷敬意。」耶魯似乎確實是一位性格相當複雜的人物。因為尚・夏丹在一七〇〇年耶魯剛回到倫敦時與他會面，留下了「直率誠實的品格，讓人頗具好感」的印象，但一年後的評價卻截然不同，說他：「膽小、優柔寡斷，老是在提防別人。一言以蔽之，是個沒啥大不了的人物。」

耶魯回到英國後離開了東印度公司，在倫敦和北威爾斯的雷克斯漢姆（Wrexham）的宅邸裡，過著收集藝術品的悠閒生活，並且積極參與成立於一七〇一年的海外殖民地福音傳道協會（SPG）的活動，希望能夠在美洲為教會建立殖民地。他後來捐款給耶魯大學的前身，也是為了實現這個願望。

一七二一年七月八日耶魯死於倫敦，遺體埋葬在雷克斯漢姆的聖吉爾斯教堂的墓地。耶魯的墓誌銘內容如下：

「出生於美洲，成長於歐洲，旅行至非洲，於亞洲結婚。他在那裡長期生活，累積財富，最後死於倫敦。他行過許多善舉，亦有一些惡行。願這一切能夠打平，而他的靈魂因慈悲而得以昇天。」

## ◎丹尼爾・夏丹移居馬德拉斯

一六八七年七月，在一艘載著通知耶魯出任總督信函的商船——威廉斯號（Williamson）

上，一名男子與新婚懷孕的妻子來到馬德拉斯海岸。這名男子的名字是丹尼爾．夏丹（Daniel Chardin），妻子叫做瑪麗．瑪德蓮（Marie Madeleine）。丹尼爾出生於一六四九年三月，當時三十八歲，好巧不巧，丹尼爾與耶魯同一年出生。丹尼爾出生於巴黎的胡格諾教徒（huguenot）家中，就在一六八五年法國國王路易十四世廢除南特赦令（Édit de Nantes），禁止臣民信仰基督新教前，丹尼爾移居倫敦，投靠兄長尚。筆者曾經出書介紹過丹尼爾的哥哥尚．夏丹（Jean Chardin）的生涯（《夏丹爵士的一生——十七世紀的歐洲與伊斯蘭世界》）。以下將參考這本著作，簡單地介紹丹尼爾在馬德拉斯的活動。

尚曾經兩度前往波斯與印度旅行，並且精通東方商品與貿易情況。他在弟弟丹尼爾來到倫敦之後，兩人共同成立了一間公司，並且計畫把弟弟派駐到馬德拉斯，自己則留在倫敦從事以鑽石為主要商品的貿易活動。尚雖然已經透過兩次的旅行累積了充分的財富，足以過著安穩的生活，但是他還是想要更進一步地增加資產。丹尼爾順應哥哥的計畫，才剛搬到倫敦兩年左右，就出發前往未知的東方。

我們不確定丹尼爾的資產是父親留下的遺產，還是哥哥贈與的財產，總之他帶著一筆可觀的財富來到馬德拉斯。一六八八年八月，他在抵達馬德拉斯的短短一年之後，就支付了兩巴勾塔（pagoda，科羅曼德爾海岸通用貨幣的單位）的馬德拉斯市居民稅，僅次於總督耶魯的三巴勾塔。此外，丹尼爾在白城約克大道上，擁有最高價的宅邸，並在同一年新成立的市參事會上，被選為十二名永久會員之一。如同之後將描述的，丹尼爾在抵達馬德拉斯不久後，就與總督耶魯建立了緊密的關係，這應該也是丹尼爾被選為市參事會永久會員的主要原因。雖然如此，如果丹尼爾不是資產家的話，應該無法輕易地成為參事會的會員吧。

其中需要特別留意的是，丹尼爾不是東印度公司的職員，他以一介民間商人的身分來到馬德拉斯。一六八七年底的馬德拉斯，共有包括以總督耶魯與十八名評議會成員為首的四十名英國東印度公司商館員，以及其他三十九名自由商人，丹尼爾屬於後者。大多數的自由商人主要從事亞洲地區內的貿易活動，並在商品買賣及金融方面，與東印度公司建立起複雜的多重關係。

## ◎戈爾康達之旅

丹尼爾在抵達馬德拉斯後的第一項工作，就是前往確認鑽石礦山的現況，因為這是他來到馬德拉斯的最主要理由。礦山位在戈爾康達，當時正值蒙兀兒帝國的皇帝奧朗則布剛消滅戈爾康達蘇丹國（Golconda Sultanate）後不久，馬德拉斯的人還尚未掌握當地的情況。剛就任總督不久的耶魯與馬德拉斯評議會，於一六八七年十一月二十八日，批准丹尼爾與他的夥伴猶太教徒薩爾瓦多．羅德里格斯（Salvador Rodríguez）前往戈爾康達。這趟旅程原本應該是民間商人的私人旅行，但是馬德拉斯評議會委託兩人一項任務，那就是確認東印度公司在戈爾康達蘇丹國的代理人——亞美尼亞正教徒和卓．阿布努斯是否健在。如果健在，兩人就把公司的一萬巴勾塔轉交給和卓．阿布努斯。公司因此負擔了丹尼爾與薩爾瓦多兩人的旅費。但這件事情後來卻造成了問題。

十二月九日，丹尼爾與羅德里格斯帶著公司交付的一萬巴勾塔，出發前往戈爾康達。目前保留了幾封從出發到隔年四月二十一日為止，耶魯寄給丹尼爾與公司的代理人和卓．阿布努斯的書信。從書信的內容可以得知，丹尼爾與羅德里格斯順利地抵達戈爾康達，並且也寄信回馬德拉斯報告當地情勢。耶魯在一封日期為一六八八年二月七日，寄給兩人的信中，除了對於提供戈爾康達相關資訊表達謝意以外，還寫下了以下的內容：

我對於你們似乎被狡猾的荷蘭人和法國人所蒙騙，而沒能將一萬巴勾塔交到代理人和卓．阿布努斯手上感到非常遺憾。請無論如都必須在蒙兀兒皇帝離開戈爾康達以前，從他（蒙兀兒皇帝）手中取得保證領內貿易和平安全的命令書（Farmân）。你們完全不了解印度的情況，恐怕會隨著錯誤的消息起舞。請馬上把錢支付給代理人，並且取得收據。

補充：信請用葡萄牙文或法文撰寫。這兩種語言都比你的破英文要好懂多了。

在蒙兀兒帝國消滅戈爾康達蘇丹國以前，英國東印度公司在戈爾康達蘇丹的認可下，取得在馬德拉斯免稅等貿易特權，並向蘇丹繳納土地租金與一半的關稅作為回報。因此，為了維持在馬德拉斯的安全貿易活動，無論如何一定要在蒙兀兒帝國獲得同樣的特權。從耶魯的文章內容能夠充分了解到這點。而從信裡也能知道到，從巴黎移居倫敦不到兩年就前往馬德拉斯的丹尼爾，儘管英文還不夠熟練，依舊吃力地用英文寫信。補充的那句話讓人看了忍不住笑出來，想必收到來信的耶魯，解讀起來也很費力吧！

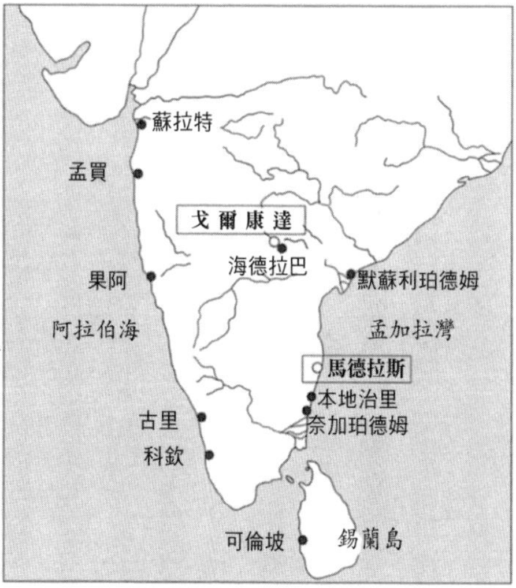


馬德拉斯與戈爾康達

在日期為二月二十三日，寫給丹尼爾的信裡，耶魯也重複要求盡早地把錢交給代理人。之後則寫著很遺憾丹尼爾的買賣（購買鑽石一事）進展得不順利；利用同一天出航的船，把丹尼爾的旅行一事以書信通知英國友人等。信的結尾寫著：「太太和嬰孩都很健康。你親愛的友人上。」

丹尼爾似乎是在抵達馬德拉斯之後大約四個月期間，就與總督耶魯之間的關係變得緊密。這或許是因為他們年齡相同，以及兩人同樣都是對鑽石貿易感興趣的資產家。之後丹尼爾也寄了幾封寫著：「鑽石真的很少。也沒什麼機會取得祖母綠。」等內容的信給耶魯。

可是，這樣的內容反而讓馬德拉斯商館和倫敦總公司的董事會起疑，認為丹尼爾與羅德里格斯的旅程，雖然名為公司業務，但實際上卻是耶魯與丹尼爾合作的私人鑽石貿易之旅，如果是這樣的話，就不應該由公司出資旅費。這個懷疑並非毫無根據，不過因為沒有相關的證據，所以懷疑就僅止於董事會的會議紀錄。耶魯之所以在卸下總督一職後遭受嚴厲的批判，正是因為他存在著許多這種灰色的嫌疑。

## ◎民間商人丹尼爾

丹尼爾等人最後終於把一萬巴勾塔交給代理人。不過根據代理人的報告，拿到的袋子沒有原本應該有的封印，裡面裝的也不是原本全新的金幣，而是混了各種的金幣。由此可以確定，丹尼爾等人暫時挪用了原本應該交給代理人的款項。由此可以一窺丹尼爾身為幹練的獨立商人的一面。

另外，一六八九年四月，丹尼爾以兩千巴勾塔接收了英國東印度公司的商船回復號（Recovery）。根據之後的記錄可以知道，丹尼爾與應該屬於亞美尼亞裔的和卓・葛列格里（Khoja Gregory）、和卓・史蒂芬・馬可（Khoja Stephan Marco）兩人共同持有這艘船。同月也有丹尼爾對航向中國與波斯的防禦號（Defense），投資五百英鎊的紀錄。順帶一提，耶魯也對同一艘船投資了一千英鎊。不僅如此，丹尼爾持有的另一艘商船勤勉號（Diligent），也在同年的六月十日取得了來自英國東印度公司發行的通行証。丹尼爾抵達馬德拉斯不到兩年，就已經擁有了數艘在亞洲海域內航行的貿易商船，成為活躍於海上貿易的商人。

從東印度公司之後的出納紀錄則可以看到，公司時常支付丹尼爾一千、兩千巴勾塔左右的金額，這些錢是公司購買丹尼爾自亞洲各地進貨的商品的款項。丹尼爾的商船除了前往孟加拉、科羅曼德爾海岸，馬拉巴爾海岸等印度沿岸各地，也會前往東南亞的亞齊與中國的廣州。另外，也有丹尼爾與印度商人合作艤裝船隻的紀錄。丹尼爾透過貿易帶回馬德拉斯的主要商品包括孟加拉產的硫磺、棉織品、穀物，以及各種生藥、鴉片等。另一方面，哥哥尚則利用東印度公司大股東的身分，把歐洲產的葡萄酒、利口酒、蕾絲、天鵝絨、緞帶、鈕扣、帽子、各種紡織品、珠寶飾品以及書籍、報紙等，利用從倫敦前往馬德拉斯的東印度公司商船運給丹尼爾。這些商品主要賣給住在馬德拉斯和附近的歐洲人，從他們身上獲取利益。丹尼爾兄弟倆充分地利用民間商人的身分取得巨額的財富。

丹尼爾抵達馬德拉斯十年後，已經成為城裏的知名人士，在郊外擁有大型別墅。十八世紀初繪製的地圖，甚至還在別墅的所在位置上，特別標示出夏丹的庭園（Monsieur Chardin's Garden）。丹尼爾在一六九八年出任馬德拉斯市長，到一七〇七年為止，擔任市長一職將近十年。一七〇〇年製作的馬德拉斯自由商人名單中，丹尼爾名列第一。丹尼爾與妻子之間育有兩名女兒，也都分別嫁給氣派的紳士。他的人生看似一帆風順。

不過，如果讀了現存的丹尼爾寄給哥哥尚的書信就可以發現，丹尼爾的人生歷經了各種波折，詳細內容可以參照先前介紹的《夏丹爵士的一生》。丹尼爾經歷的波折包括：在一六九〇年代後半想要返回倫敦但卻沒有成功，哥哥尚送過來的姪子查爾斯（Charles）令人傷透腦筋，自己一名女兒比自己早過世，以及與妻子的感情雖非不睦，不過似乎相當地怕老婆。而且在人生將盡的時候，丹尼爾與哥哥的關係發生了決定性的惡化。

一七〇九年九月，丹尼爾在馬德拉斯過世，享年六十歲。丹尼爾的墓地設在白城外的英國人墓地。十九世紀墓地遭拆毀時，只有墓碑被遷移到聖瑪麗亞教堂外側並保留至今。墓碑上刻著以下的內容：

「這裡是出生於法國的丹尼爾．夏丹的遺骸埋葬之地。他是商人，同時也是當地居民。他於一七〇九年九月七日離世。他的女兒，查爾斯．彭的妻子珍的遺骸亦葬於此處。珍於一七一〇年十一月二十八日死於產褥熱。」

以上主要介紹了伊利胡．耶魯與丹尼爾．夏丹，這兩名與馬德拉斯有關的人物的一生。透過以上的介紹，可以了解到英國東印度公司的活動，在與公司職員的私人貿易及民間商人的貿易活動的密切關係中發展。過去關於英國東印度公司的相關研究，經常只以公司的官方貿易相關史料為基礎進行，但為了掌握歐洲人在亞洲海域的整體貿易活動，並評估這些貿易活動對世界史發展的影響，就不能忽視公司相關人員的私人貿易。這裡介紹的耶魯和丹尼爾是私人貿易成功者的代表，不過實際上失敗的故事遠比成功的故事要多。現在還留有許多尚未使用的史料，如果能夠運用這些材料，相信還能寫出不少有趣的個人史。

## 阿巴斯港與商館長

### ◎逮捕荷蘭商館長

一七二八年十二月，阿巴斯港發生了一起事件。荷蘭東印度公司的商館長貝特爾・烏特拉姆（Pieter't Lam）與兩名高階商館員，在前往城外迎接赴任的知事兼桑邦達時，突然遭到前來的阿富汗人知事一行人逮捕。逮捕的原因在於，這幾年來以荷蘭商館長烏特拉姆為首，持續在暗地裡進行企圖由荷蘭東印度公司支配荷姆茲島的計畫。

薩法維帝國的首都伊斯法罕在一七二二年落入阿富汗人手中。自此之後，伊朗高原和波斯灣沿岸各地的治安就變得極度惡化。即使在阿巴斯港附近，也不斷地出現阿富汗人與敵對勢力的軍事衝突。明顯收藏高價商品與大量白銀的荷蘭商館，成為這些軍事勢力攻擊對象的危險性也隨之升高。烏特拉姆為了解決這樣的危險情勢，計畫把商館遷移到位於阿巴斯港外海約八公里處的荷姆茲島。荷姆茲城塞的守軍士兵因為拿不到薪資而不滿情緒高漲，荷蘭東印度公司於是提出支付包含遲發薪資在內的報酬作為條件進行勸說，終於在事發的兩個月前與守軍士兵達成協助遷移協議。

但得知這項協議的英國東印度公司商館長卻十分憤怒，因為他們也有同樣的想法，卻被荷蘭人搶先一步。英國商館長於是寫信給伊斯法罕的阿富汗政權，向其舉報荷蘭人企圖占領荷姆茲島。這是在數個西北歐東印度公司商館並存的城鎮才可能會發生的情況。來到阿巴斯港的知事巴祿・罕（Barud Khan），遵從因預計審理事件而遲來的宰相之弟阿布杜拉・罕（Abdullah Khan）的命令，逮捕荷蘭商館長等人。

實際上，英國的商館長已經早荷蘭商館長一步，與前往阿巴斯港的巴祿・罕接觸。關於事件當天的情況，英國商館的日誌留有以下的紀錄：

「早晨出發前往薩魯迎接巴祿・罕，接著與他一同返回科姆倫（Gombroon，阿巴斯港的別稱）。我們騎馬前行大約三十分鐘左右，荷蘭商館長與其他兩名紳士也上前來打招呼。罕一開始很慎重地迎接他們，不過當他們想要加入同行的行列時，全員都被拉下馬來並且遭到逮捕。荷蘭商館長提議以保釋金一千土曼換取自由，不過罕不接受，一路把他們帶回薩魯。就在雙方協商時，罕接獲荷蘭士兵正朝他們之處前來的情報，於是立刻下令再度把他們綁起來，接著急速前往潘達利。罕也威脅他們，如果商館或是商船試圖進行任何抵抗，就立即砍下他們的人頭。罕在警告商館的同時，也允許我們回到城鎮。我們從距離城牆不遠處的商隊住宿處後方，看到大約八十名荷蘭人與馬來人士兵的整齊隊伍。」

荷蘭商館也留下了相關紀錄，內容大致上與英國商館的日誌相同，包括烏特拉姆打算用錢解決這件事，因此寫信給商館要求暫時按兵不動，以及打算派出荷蘭與峇里士兵（Balinese soldiers）等等。耐人尋味的是，紀錄中也留下了近距離目擊事件的英國人的反應。

在荷蘭人遭到逮捕的粗暴對待時，英國人完全沒有提出任何的抗議。烏特拉姆甚至請英國商館長為自己求情，希望罕不要把自己的雙手綁在身後押送，但卻遭到英國商館長的拒絕。英國商館長甚至向巴祿．罕聲明：「我和這件事一點關係都沒有，隨您自由處置。」英國人在心底其實樂見荷蘭商館長一行遭到逮捕，並且順勢成為旁觀者。因此烏特拉姆也公開宣稱，這起事件是英國商館長、翻譯官以及掮客的陰謀。

## ◎商館長之死與槍戰

遲來約十天左右的阿布杜拉・罕，帶著三名俘虜進入阿巴斯港，在巴祿・罕的館舍裡展開嚴厲的調查。三人每天晚上都被套上沉重的鐵鏈、戴上腳鐐，被監禁在鐵牢裡。一週之後，其中一人就因為粗暴的對待與身心的負擔而死亡。

一七二九年一月八日，監禁已經超過三個星期，烏特拉姆領悟到自己無法再承受更多的痛苦與折磨，於是向荷蘭商館要求武力救援。商館馬上召開緊急幹部會議，最後決定接受烏特拉姆的要求。當天下午四點，一百五十七名突擊隊員出發前往巴祿・罕的館舍。荷蘭士兵衝破緊閉的大門闖入，找尋阿布杜拉・罕與巴祿・罕，同時也試圖營救兩名荷蘭俘虜。但兩名罕與若干隨從已經跨越圍牆逃離，兩名荷蘭俘虜則遭到衛兵槍擊。救助隊只將一息尚存的烏特拉姆帶回商館，但身負重傷的烏特拉姆已經無法治療，不久之後也身亡了。根據荷蘭文的史料記載，荷蘭人有四名，阿富汗人有六十名在這場奇襲攻擊中喪命。

阿富汗士兵在得知消息之後急忙趕來，他們為了追捕撤退的荷蘭部隊，前往荷蘭東印度公司商館，並且與迎擊的商館展開槍戰。戰鬥持續一整夜，接下來幾天也繼續零星的交戰。荷蘭商館為商隊驛站式建築，防禦機能堅固，即使阿富汗使用大砲、槍枝攻擊都無法輕易攻下。不過，被圍困在商館裡的約兩百人逐漸開始感到疲憊。海上的荷蘭船雖然企圖運來糧食與武器彈藥等補給品，不過運送補給的小船也遭到無情的槍擊。

雙方在持續交戰的過程中，也展開檯面下的和平交涉。英國東印度公司商館的日誌中記載，荷蘭救助隊強行突襲巴祿・罕館舍的一月八日夜晚，一艘由荷蘭商館派出的小船，摸黑接近停在外海的英國船大不列顛號（Britannia），送來一封致英國商館長的書信。這封信來自在烏特拉姆死後出任臨時商館長的赫菲爾曼，他在信中寫下烏特拉姆身亡的消息，並委託英國東印度公司介入調停。荷蘭當時想必已經體認到持續的交戰不是個好辦法，而當時在阿巴斯港，只有英國商館能夠以第三者的立場，調停阿富汗人與荷蘭人之間的紛爭。因此即使荷蘭東印度公司理應不信任英國商館，但依然必須做出這個痛苦的決定。

英國商館長接受荷蘭的要求，展開積極的仲裁調停。他在砲火交擊的情況下持續交涉了兩週，最後在一月二十二日，敲定了阿布杜拉・罕與荷蘭商館之間的和平協議案。協議案中指出，事件的起因是死亡的前商館長烏特拉姆，在未通告阿富汗政權的情況下，企圖占領荷姆茲島和其要塞，損及阿富汗國王與荷蘭東印度公司之間的友好關係。荷蘭商館長對此向阿布杜拉・罕致贈表達遺憾之意的信函，並且致贈一千土曼的禮金，這筆禮金應該就是賠償金。阿布杜拉・罕則為了證明雙方恢復友好關係，回贈荷蘭商館長賜衣。商館長則前往拜訪阿布杜拉・罕以茲回禮並表達敬意。

## ◎和平及其意義

事件的結果是荷蘭東印度公司全面性的屈服，把一連串的騷動責任歸咎於已經身亡的商館長烏特拉姆。荷蘭商館不僅失去了商館長與高階商館員，還支付了賠償。協議支付給荷姆茲島守軍士兵的薪資也白費了。為了商館的利益與安全而試圖占據荷姆茲島的烏特拉姆，可說是死得一點也不值得。但站在荷蘭的立場，人員與糧食、武器彈藥的補給都達到極限，除了締結稍微不利於己方的和平協議之外，沒有其他的選擇。另一方面，阿富汗的糧食與武器彈藥也決非充足，尤其在伊朗高原各地持續作戰之際，阿富汗想避免樹立新的敵人。而且如果徹底攻擊荷蘭商館，荷蘭恐怕從巴達維亞派遣援軍，導致阿富汗人與荷蘭東印度公司全面開戰。因此與其驅逐荷蘭人，倒不如恢復與荷蘭東印度公司之間的友好關係更為有利。

荷蘭東印度公司後來也未採取報復行動。因為即便派遣大量的艦船與士兵攻擊阿富汗人，所得到的好處也沒有想像中多。公司不會試圖展開金錢上不合算的報復戰。還要再過一陣子，國家才會因為國民遭到殺害而派遣軍隊報復。

事件解決之後過了半年，以驚人的氣勢捲土重來的薩法維帝國，在一七二九年秋天打敗阿富汗，阿富汗國王因此拋下伊斯法罕，逃回到阿富汗本地。駐留在阿巴斯港的阿富汗人也離開了。因此即使荷蘭想要採取報復行動，對手也已經人去樓空。

這個事件發生的幾年前，英國東印度公司與桑邦達之間也曾發生過武力衝突。喝醉並且擾亂城鎮安寧的英國士兵，遭桑邦達的手下殺害。英國方面要求桑邦達交出殺人犯，但是桑邦達不答應。因此，英國東印度公司下令在外海的英國船盡可能靠近岸邊，對桑邦達的屋舍展開猛烈的砲火攻擊。但最後還是無法使桑邦達屈服，反而導致商館被包圍，陷入無水可用的困境。英國東印度公司只好請求荷蘭東印度公司協助仲裁，在支付賠償金之後結束這場衝突。這起事件的始末，也和剛才介紹的荷蘭商館長遭殺害的事件幾乎如出一轍。

一七二〇年代，無論是荷蘭的公司還是英國的公司，都尚未擁有足夠強大的軍事力，所以即便波斯當地的政權與地方勢力亂成一團，也不會被他們擊敗。荷蘭與英國的東印度公司，當時都還只不過是葡萄牙「海上帝國」的後繼者。

# 第七章
# 東印度公司運送的貨品

**尚・夏丹**　英國東印度公司的大股東、遊記作家，除了參與交易，也將亞洲見聞傳回歐洲，影響了許多思想家。

# 胡椒與香辛料

## ◎歐風生活與東印度公司

我們這些生活在現代的日本人，經常在早晨或午後來一杯咖啡或紅茶，身穿棉製內衣或襯衫，品嚐以胡椒鹽調味的肉類料理。

這些不用說，都是明治時代的日本人自「先進」的西北歐引進的「歐風」生活型態，後來逐漸在這個社會紮根下來。

那麼西北歐到底是在何時確立這樣的生活型態呢？出乎意料是在不久之前，大約是十八世紀末或十九世紀初的時候。這種生活型態所需的胡椒、香辛料、紅茶、咖啡與棉織品，全部都是亞洲的產物。東印度公司將這些產物穩定地送到西北歐後，開始為西北歐人帶來新的生活。西北歐人能夠過著這樣的「歐風」生活，都要歸功於東印度公司。

本章將具體說明西北歐人如何接納胡椒與香辛料、茶、棉織物等東印度公司的三種主要商品，而這些商品又是如何改變他們的生活。各位讀者必須注意的是，雖然本章的主題是發生在西北歐的「生活革命」，但是不能因此就認為東印度公司只是把亞洲的物產運到歐洲而已。前面也時常提到，亞洲的物產經由東印度公司之手，運到亞洲其他地區、美洲、非洲等世界各地。整個世界透過亞洲的物產緊密相連。

## ◎提交給夏丹的問題清單

上一章介紹的丹尼爾・夏丹的哥哥尚・夏丹（Jean Chardin），結束了長達九年的土耳其、波斯、印度之旅，在一六七九年十二月，搭乘東印度公司的商船會長號（Président），從西北印度的蘇拉特出發，踏上返回法國的歸途。夏丹從巴黎出發前的一六七一年，一位名叫艾斯普利・卡巴爾・德費拉蒙（Esprit Cabart de Villermont）的紳士，曾交給他許多關於東印度的問題。回到歐洲的船程長達半年多，他就在這段時間寫了一疊回答這些問題的報告。

德費拉蒙本身曾以軍人的身分前往南美的圭亞那，因此對於歐洲以外的世界各地區帶著博物學式的關心。他丟給夏丹的各種東印度相關問題總數超過一百則。從這些問題的內容，可以了解十七世紀中葉之後的法國知識分子，對於東方的物產、食物、科技等具備了多少程度的知識，就這點而言非常耐人尋味。

其中有些問題相當可笑，譬如「我聽說歐洲女性去到東印度之後，過了一、二年就會停經，這是真的嗎？」或是「我聽說如果把歐洲的狗帶到東印度，過了二、三年就不會吠叫了，這是真的嗎？」夏丹煞有其事回答這些問題的態度令人莞爾。根據他的回答：「不要說二年了，就算過了一輩子，歐洲的女性都不會有任何變化。這點我可以保證。（中略）據清楚那方面的人表示，要說她們在（就像是東印度）不同的世界所產生的改變，那就是對性愛的渴望更加強烈。不過男士們反而會失去性慾就是了。」「英國人每年都會帶狗去印度，送給當地的領主當成打獵的夥伴，這些狗終其一生都會持續吠叫。」

不過，占全體近半數的東方香辛料相關問題，程度就非常高。譬如「丁香與肉豆蔻至今是否依然由荷蘭人壟斷，英國人無法取得呢？」「請告訴我錫蘭產的肉桂，與馬拉巴爾海岸科欽周邊產的肉桂，在香味與色澤方面有什麼差異？」「請告訴我胡椒收成的時期，以及供貨量充足、便宜的時期。」等等，而除了這些基本香辛料的問題之外，他也提出了關於荖葉、沈香、麝香、胃石等「藥材」的詳細詢問。

距離葡萄牙人首度出現在亞洲海域已經過了一百五十年以上，這個時候歐洲的知識分子對於東方的香料與取得方法等相關資訊似乎已經知之甚詳，甚至想要追求更正確、詳細的資訊。面對德費拉蒙建立在基礎知識上的困難問題，夏丹鉅細靡遺地根據自己所知一一仔細回答，如果是從別人之處聽來的事情，必定如實寫下。

東南亞與南亞產的香料，不只在歐洲，就算在西亞與中國也很受歡迎。西亞自古以來就很頻繁地使用香料，這點從東印度的香料透過西亞傳入歐洲就能知道。中國也早在十三世紀初，就留下大量的胡椒運自東南亞的記錄。丁香、肉桂這些品香用的香料與藥材在中國也非常珍貴。荷蘭與英國的東印度公司在取得中國物產時，胡椒與高級香辛料也是有力的交換物資之一。不吃肉的日本幾乎不需要香辛料，但卻十分歡迎沉香、伽羅、白檀等香木。由此可知，十七至十八世紀東印度公司活動期間，香料幾乎是整個歐亞大陸都具有需求性的重要商品。

## ◎需要香料的理由

說到葡萄牙人前進印度洋的理由，第一個想到的就是取得胡椒與香料。一般認為歐洲人需要胡椒等香辛料以保存肉類，或是當作保存狀態不佳的肉類調味品使用。但是最近出版的日譯本《飲食的歷史（Histoire de l'alimentation）》的編者弗隆德罕（Flandrin）卻非常不贊同，他認為應該揚棄這個普遍的說法。第一個理由是，鹽、醋、植物油等才是肉類與魚類的基本防腐劑，第二是當時的人吃的肉類比現在更新鮮，第三則是食用保存肉、腐肉的是底層人民，而非貴族與富裕者等這些香辛料的消費者，最後第四個理由是，以鹽醃漬的肉一般是搭配芥末食用。

此外還有一說認為，貴族與富裕者喜歡將高價且珍貴的香辛料當成展現階級差異的手段。關於這個說法，弗隆德罕對於料理中含有的香辛料量及種類多寡，與財產及地位成正比這個事實表現出一定程度的認同，但他也指出這只是表面的理由，還有其他主要的原因。

那麼以葡萄牙人為首的西北歐人，為什麼會爭相尋求東方的香辛料呢？弗隆德罕認為醫藥品是這些香辛料最主要的作用。肉豆蔻皮能夠治療水腫、肉豆蔻則能治療暈船、失眠、呼吸困難，而兩者都對胃腸疼痛、腹瀉具有療效。丁香有助於恢復記憶力，也有抑制嘔吐與牙痛的效果，同時也能當成春藥使用。肉桂能夠促進食慾、幫助消化，據說還能幫助受孕，也能當成傷藥使用。胡椒則被認為有助於提升男性機能。

一六〇七年出版的《健康寶典》中，詳細記載了香辛料的醫學功能。譬如胡椒能夠「維持健康、健胃整腸、（中略）去脹氣。利尿、（中略）治療反覆發燒的惡寒、治療被蛇咬傷、將體內死胎排出。飲用可止咳」；丁香則「對眼睛、肝臟、心臟、胃病有效。丁香油最適合牙痛。（中略）對受寒的腹瀉、胃寒病有效」。

各位讀者不能忽略，十六至十七世紀左右的歐洲人所生活的世界，依然受到自古以來傳統的醫學知識所支配。這個傳統知識認為，人類的身體由乾與濕、熱與寒兩組相對的四種要素構成。舉例來說，兒童熱且濕、年輕人熱且乾、成人寒且乾、老人寒且濕（也有乾性的老人），男性有乾熱、女性則有濕寒的傾向。當然這只是一般的傾向，實際狀況還必須考量每個人的體質特性。無論如何，這四種要素必須達到平衡，人才能獲得健康。所以，一般認為食用與個人體質特性相反的食物很重要。

食材也和人類一樣由這四種要素組成。舉例來說，牛肉與鶴肉乾且寒、豬肉與鵝肉濕且寒。因此，可想而知乾熱體質的年輕人，如果食用具有濕寒特性的豬肉，就能保持身體的平衡。當時的歐洲人也認為，消化食物就是透過胃將食物加熱後吸收，所以如果要消化寒性較強的肉類，最好加入乾熱的要素。

香辛料就在這時登場。幾乎所有的香辛料都被認為具有乾熱的性質，只要加了香辛料食物就會變熱，因此能夠幫助消化。當然加入香辛料能讓料理變美味這點也是香辛料受到重視的原因。然而當時的歐洲人，尤其是上流階級的餐點，不可能不考慮到乾濕熱寒這四種要素的平衡。加上胡椒與香辛料是重要的醫藥品，也是藥膳料理不可欠缺的材料。因此，筆者認為弗隆德罕的這個說法很有說服力，也非常有魅力。至少我們不能單純地相信「胡椒與香辛料的進口，就是為了肉類的保存與調味」這種一般的說法。

## ◎十七世紀前半最重要的商品

以胡椒為首的香辛料，即使過了十七世紀中葉之後，依然是東印度出口到歐洲的有力商品。細看荷蘭東印度公司阿姆斯特丹分部在一六六八年至七〇年的營收總額可以發現，其中胡椒就占了百分之二十九、高級香辛料（丁香、肉豆蔻、肉豆蔻皮、肉桂）則占了百分之二十八點五，兩者總共占了百分之五十七點五。

如果再加上除此之外的香料類，香料整體的營收大約達到總販賣量的六成以上。

荷蘭東印度公司也參與了亞洲各地區之間的貿易，在亞洲各地販賣香辛料。雖然各個時期的量略有不同，但他們壟斷的丁香約有四分之一、肉豆蔻則約將近半數沒有送回歐洲，而是運往印度及西亞販賣。造訪東南亞各地的華商，都向荷蘭東印度公司購買胡椒。儘管高級香辛料與胡椒的產地多數由荷蘭東印度公司掌握，但英國東印度公司也將胡椒運往歐洲，而且一六六四年胡椒的營收，占了其進口總額的百分之十三點二。如果考慮到以上幾點，就可以了解到胡椒與香辛料對於歐洲的東印度公司而言，肯定是十七世紀中葉之後的重要產品。

隨著胡椒與香辛料的大量進口，歐洲人的飲食與每天的生活，愈來愈無法缺少這些商品。東印度公司對胡椒與香辛料的採購，也逐漸為亞洲各地居民的生活帶來改變。栽培與販賣這些能夠產生高額利潤的有力商品，成為愈來愈多人賴以維生的手段。蘇門答臘島等東南亞各地從這個時候開始栽種更多胡椒。

包含生產與販賣受荷蘭東印度公司嚴格管理的丁香與肉豆蔻等高級香辛料在內，東印度公司的活動改變了歐亞各地居民的生活型態，也為亞洲各地的土地利用帶來影響。

## ◎數字的戲法

十七世紀後半之後，東印度的貿易狀況產生了變化。隨著時間經過，胡椒與香辛料在兩家東印度公司的進口商品中所占的比例愈來愈低。一七三八年到四〇年，胡椒占荷蘭東印度公司的營收比例急遽減少了百分之十一，即使加上比例仍有百分之二十三點五的高級香辛料，香料的販賣額也滑落到只占總營收的三分之一左右。同一時期英國東印度公司的進口總額中，胡椒的比例也滑落到百分之一點三至四點七。一想到取得胡椒是兩百年前葡萄牙人渡海來到亞洲的理由之一，就讓人覺得恍若隔世。

為什麼胡椒與香辛料的價值會滑落至此呢？歐洲人不再使用胡椒與香料了嗎？並非如此。即使到了十八世紀，兩家東印度公司依然穩定地繼續往歐洲進口一定量的胡椒與香辛料。比方說，英國東印度公司在一六六四年的胡椒進口量是一百一十六萬七千九百九十五磅，一七三八年則是兩百三十六萬兩千八百八十二磅，一七五八年是兩百四十五萬一千五百七十六磅。荷蘭東印度公司在一七一一年至一三年的胡椒進口額是四十二萬兩千八百荷蘭盾、一七五一年至五三年是五十四萬六千三百荷蘭盾。雖然每年略有增減，但胡椒的進口量即使進入十八世紀依然緩慢增加。

儘管如此，胡椒在進口商品中的存在感依然愈來愈低。這是因為東印度公司的整體進口總額大幅成長，成長量遠遠高於胡椒的增加量。英國東印度公司的進口總額在一六六四年是十三萬八千兩百七十八英鎊、一七三八年是五十八萬六千四百一十二英鎊、一七五八年是六十四萬兩千九百五十三英鎊，進口總額在這段期間急速成長。荷蘭東印度公司也一樣，一六六〇年代進口了九千兩百三十萬荷蘭盾的商品，到了一七三〇年代的進口總額達到一億六千七百萬荷蘭盾。但每單位胡椒的進口價格在這段期間卻幾乎沒有變動。換句話說，兩家東印度公司除了香料以外，也開始大量進口新的高價商品，具體而言包括茶、咖啡、棉織品等，因此進口總額增加，但價格穩定的胡椒與香辛料，看起來就顯得愈來愈不重要。

## ◎香辛料進口難以成長的理由

然而到了十八世紀，胡椒與香辛料的需求量確實不再有顯著的成長。可能的理由有哪些呢？筆者從調查的文獻中，找不到相關的記載能夠明確地回答這個問題。胡椒與香辛料不太可能因為已經普及到歐洲的每一個角落，而導致需求量到頂。因為如果普及到所有人的話，那麼胡椒與香辛料的消費量應該會隨著十八世紀急速增加的歐洲人口而增加才對。

其中一個可以肯定的理由是，法國的香辛料使用量，在大約一六五〇年之後就減少了。或許是因為香辛料已經隨處可見，不再稱得上珍稀貴重，所以法國的貴族與上流階級也無法再透過使用香辛料的餐點炫耀自己的社會地位，於是他們從這個時候開始，就偏好使用產自新大陸的食材，或是難以取得的高價珍奇食材製作料理。使用高級食材以展現地位差異真的是具有說服力的論點嗎？關於這點雖然意見分歧，但法國人的嗜好改變卻是公認的事實。

歐洲的肉品消費量在十七至十八世紀左右逐漸減少，或許也是香辛料的需求量難以成長的原因之一。雖然尚未究明其理由，但歐洲多數地區確實在十五世紀時食用比較多肉類，所以當時的人身高也比較高。

如果參考前面介紹的弗隆德罕提出的說法，還能得到另一個理由，那就是現代醫學在十八世紀之後逐漸發達，自古流傳的身體平衡必須透過四個要素維持的概念不再行得通，這可能也對香辛料的進口難以成長帶來影響。香辛料或許在十八世紀之後逐漸失去作為醫藥品的價值，逐漸轉變為單純用來調味的「香料」吧？

## ◎波曼德與福南梅森

儘管進口量增加到一定的程度，不過無法在氣候寒冷的西北歐栽培、收成的香辛料，在這個時代依然保有很高的商品價值。從接下來介紹的兩個例子中就能了解這個說法。

第一個例子是香辛料在當時具有避邪的效果。十六世紀到十七世紀上半，西北歐的富人喜歡隨身攜帶一種用來裝香料的美麗銀製工藝品。這種裝香料的容器名為波曼德（英語：pomander），因為大小約略與蘋果（法語：pomme）相當，且由中間的芯與周圍數個像是蘋果切片的部分組成。周圍的部分裝著碾碎製成球狀的肉桂、丁香、肉豆蔻、肉豆蔻皮等高級香辛料，每天將不同的香辛料裝進開有許多小孔的中心部隨身攜帶，就可以享受其香氣。而且香辛料的作用不只是讓人聞香，也具有避邪與預防疾病的意義。當時的歐洲人認為，混濁惡臭的空氣中潛藏著妖魔與疾病，所以能讓持有者的周遭散發出清香氣息的波曼德非常貴重。

另一個例子是皇室御用的雜貨店。應該很多人都聽過坐落於倫敦皮卡迪利的大型食品百貨福南梅森（Fortnum & Mason）吧？其一樓販賣許多適合當伴手禮的食品，隨時都擠滿來自世界各地的觀光客。這間店自英國從亞洲帶來許多香料的時代就開始營業，成立於一七〇七年，剛好就是英格蘭與蘇格蘭合併，大不列顛聯合王國誕生的年分。曾在皇室擔任僕役，負責更換蠟燭的威廉．福南，與兼職經營小型食品店的房東休．梅森，聯手開設這間新型態的食品店。

他們的店不是直接販賣來自東印度的各種香料，而是使用這些香料製作高級而且可以立即食用的便利食品。英國人與已經不太在食品中使用強烈香辛料的法國人不同，他們依然追求中世紀以來的香料味。譬如即使到了今天，英國人依然喜歡在快到聖誕節時品嘗的百果餡餅（mince pie，以派皮包覆混和水果乾與切碎肉豆蔻的餡料）、香料味重的聖誕布丁、以肉搭配高湯凝固成果凍狀的肉凍，或搭配小蝦的料理等。加入丁香與肉豆蔻的蘋果派也很受歡迎。

在福南的引薦下，皇室以及與皇室有往來的上流階級首先成為顧客。這點再加上主打精心研發，並非隨處可得的高級品形象的經營戰略奏效，這間店確立了高級食品店的地位。既然販賣香料產品，當然也與英國東印度公司關係深厚，福森家有好幾位成員都在東印度公司任職。

# 茶

## ◎夏丹與茶

前面介紹的德費拉蒙對尚．夏丹的提問中，關於茶的問題特別多。他總共列出了九個問題，從最根本的「茶是什麼？」，到「中國到處都能生長嗎？還是只限於一部分的地方呢？」、「日本也有生長嗎？」，甚至還有「荷蘭人運到我們這裡的茶來自哪裡？其他國家的人無法在中國進行貿易，為什麼荷蘭人就能把茶從中國運出來呢？」等對我們而言耐人尋味的問題。

面對這些問題，夏丹照例先誠實地聲明自己的回答終究只是從他人之處得來的資訊，接著再仔細說明泡茶的方式、喝茶的方式、泡得好的茶很好喝，一點也不苦澀，日本的茶品質最好等等。隨後他也提到，與中國進行貿易的不只荷蘭人，還有英國人與葡萄牙人，並且強調中國人每年都會前往巴達維亞、科欽、北圻（法語：Tonkin）、暹羅等地，所以亞洲到處都買得到茶，而且非常便宜。夏丹在印度與波斯渡過了大約九年的時光，所以即使是東方各地區中自己沒有到過的地方，也擁有相當詳盡的知識。因此也不難理解他在移居倫敦後，經常以顧問的身分接受英國東印度公司的諮詢。

茶雖然在一六三五年或三六年左右首度引進法國，但當時還不是那麼普遍，所以德費拉蒙會對茶非常感興趣吧。不過就在他寫這份問題集的時候，荷蘭與英國的狀況略為先進，茶已經成為珍貴的藥材並且開始普及。

## ◎東印度公司的茶葉進口

歐洲人是從什麼時候開始喝茶的呢？很可惜我們無法得知正確的時間。十六世紀時葡萄牙在澳門採購茶葉並且帶回歐洲的可能性很高，但是沒有確切的證據。目前最早的茶葉進口紀錄是一六一〇年荷蘭東印度公司的船將茶從平戶帶回。當時喝的或許是抹茶。

從這一年之後，荷蘭學者有一段時間針對茶的效用與危險性展開熱烈的討論。有一說認為茶對用腦的人有害、會使人生病，另一說則認為茶能夠使精神豁達、消除睡意、讓頭腦更清楚，簡而言之就是促進健康，這兩種說法相互對立。一位名叫柯內留斯・德加的人鼓勵喝茶，他甚至發下豪語「茶可以每天喝八杯、十杯。不，甚至是五十杯、一百杯、兩百杯都沒有理由拒絕」。他的態度不禁讓人懷疑可能收受了來自東印度公司的賄賂。

然而當時即使在德加的宣傳下，茶的進口量本身也不如想像中急速成長。荷蘭東印度公司阿姆斯特丹分部的第一次茶葉拍賣在一六五一至五二年。十七世紀時雖然沒有明確的統計，但到了十八世紀後，茶葉逐漸成長為荷蘭東印度公司的重要進口商品之一。接著就透過數字來看這個變化。一七一一至一三年期間，茶的進口額只占進口總額的百分之二，但一七三〇至三二年成長到百分之十八點八，一七七一至七三年則成長到百分之二十四點二，到了一七八九至九〇年甚至占了百分之五十四點四。

歐洲也在同一個時期開始喝咖啡，但咖啡卻不像茶葉那樣大幅成長。咖啡在一七七一至七三年間，占荷蘭東印度公司整體進口額的百分之七點五五，直到了一七八九至九〇年間依然停留在百分之六點二。大量進口的茶葉應該有很大一部分再銷往以英國為首的歐洲各國，但即使如此，荷蘭人在十八世紀的階段肯定跟英國人一樣還是以喝茶為主。

至於茶首度傳到英國的時間，據說是一六三〇年左右。一六五七年，當時咖啡館（Coffee

House）剛開始在倫敦流行，其中一間名為「卡拉威（Garraway）」的咖啡館開始提供茶。隔年一六五八年，另一間名為「蘇丹王妃之首（Sultaness Head）」的咖啡館，也在報紙上刊登開始賣茶的廣告。雖然透過荷蘭進口的茶葉非常貴，但由於廣告中宣傳這是來自東方的萬能藥，所以吸引了許多好奇心強烈的人造訪。

英國東印度公司正式開始輸入茶葉是在一六七八年，當時夏丹還在印度。這時的進口量是四千七百二十二磅，在整體進口總額中所占的比例只有百分之零點一八。到了一六八五年，東印度公司的董事會將下列指示送到馬德拉斯：

「這裡已經接受茶葉這項商品，我們也把茶葉當成送給宮廷支持者的禮物。所以請每年送五、六箱最上等的新鮮茶葉回來。一般而言，沖泡時呈現美麗綠色的評價最好。」

然而茶葉的進口直到十八世紀初都還不穩定。英國東印度公司在中國尚未擁有穩定的貿易據點，所以不得不向在中國、東南亞各地與馬德拉斯之間牽線的民間貿易業者購買茶葉。這當中或許就有很大的空間讓耶魯及丹尼爾找出甜頭吧。由於茶葉是貴重的商品，進口到英國時也被課以極高的關稅。就一六九〇年的稅額來看，一磅（重量單位，約四百五十四公克）價值一先令的茶葉，關稅是五先令。關稅率達到百分之五百。

公司在一七一三年之後，開始將船航往廣州進行直接貿易，英國的茶葉進口也終於穩定下來，進口量與進口額都呈現逐漸增加的傾向。一七二一年，運到英國的茶葉量首度超越一百萬磅，進口總額的比例也達到百分之十八點七八。後來的進口量雖然有增有減，但到了一七四七年之後，進口量愈來愈常達到每年三百萬磅以上，進口額所占的比例也經常超過百分之二十。一七六〇年的進口量，竟然超過六百萬磅。回過頭來看，一七一三年的進口量還不到十六萬磅，換句話說，不到五十年就增加了四十倍。

一七二〇年代開始，除了荷蘭、英國之外，法國的東印度公司也展開活躍的貿易活動，帶回了數量不可忽視的茶葉。一七三〇至三四年的進口量是五十一萬三千磅，一七五〇至五四年是一百萬磅，一七六五至六九年更是超越兩百萬磅。法國人不太喝茶，所以這大量的茶葉中想必有很多走私進英國。據說走私者為了避開高額關稅與海關的監視，在法國諾曼第海岸附近的澤西群島進行交易。瑞典與丹麥的東印度公司，也從一七三〇年代開始參與茶葉貿易。

就這樣，在十八世紀初的西北歐還很稀奇的茶葉，過了這個世紀中葉之後，已經以英國及其殖民地北美洲、荷蘭為中心普及開來，很多人都開始熟悉這種中國產的飲料。

## ◎喝茶的風潮

茶葉至少在十七世紀到十八世紀中葉左右，都還是充滿異國情調的高價商品，品茶的人數也有限。皇室與上流階級的人率先取得茶葉，創造出喝茶的風潮。一六六二年，英王查理二世迎娶葡萄牙王室出身的凱薩琳王后，據說她也在這個時候把喝茶的習慣引進英國王室。王室的喝茶方式是將高價的茶加入當時還很貴重的砂糖飲用，後來貴族開始模仿，這種喝茶方式於是成為地位的象徵。

今日依然是知名高級紅茶商的唐寧（TWININGS），其第一代老闆湯瑪士．唐寧於一七〇六年，福南梅森開店的一年前，便在倫敦的聖殿關（Temple Bar）開設咖啡館。唐寧日後的活躍，就留給撰寫本系列第十七卷《大英帝國的經驗》的井野瀨久美惠介紹，但各位光看筆者的描述就已經可以充分了解到，來自東印度與西印度的商品在這段時期接連流入倫敦，反應快的人已經試圖利用這些商品展開新事業。

或許是因為稅額設定得較高的關係，茶葉的價格從一開始就非常高，一百公克的要價如果換算成現代日圓的話，幾乎相當於四萬日圓。由此可知，茶葉在十八世紀初並不是任何人都能取得的商品。反過來說正因為價格如此之高，才擁有人們無論如何都想取得的價值。

荷蘭的情況也類似，喝茶首先在上流社會之間普及開來。茶主要是在家中品嚐的飲料，所以茶會對女性而言更是重要的社交場合。他們會打造專門用來喝茶的特別沙龍（茶室），並在喝茶時準備高價的陶瓷器或銀製茶器，以展示這個家的財力與女主人的品味。因為舉行茶會本身就已經代表了這個家的地位。茶會原本在午餐剛結束的下午一點至兩點開始，不久之後逐漸延到下午舉行。常有人說，喝茶搭配司康、餅乾的「下午茶」習慣，始於十九世紀的英國，最早開始這麼做的人是貝德福德公爵夫人安娜，但如果光從下午在家喝茶並且從事社交活動這一點來看的話，早在一個世紀前的荷蘭就已經開始了。

茶室中央的茶桌上，會準備一個小小的中國式茶壺，從茶壺斟入茶杯的茶可以直接飲用，但有時也會因為太熱而移到茶碟上。客人「嘶嚕嘶嚕」地大聲將茶喝下也是規矩。無庸贅言，這套規矩模仿自日本的茶道。據說造訪日本的荷蘭人，深受茶道禮儀所感動，因此將這套喝茶的方式帶回荷蘭。

## ◎綠茶與紅茶

歐洲人在這些茶沙龍喝的原本是綠茶。當時的中國與日本一般都喝綠茶，所以歐洲人也沿襲這樣的習慣。但是到了一六八〇年末期，除了綠茶之外，名為「Bohea」的紅茶也開始傳入歐洲。「Bohea」就是「武夷」，是福建省的地名，其周邊生產發酵茶，「Bohea」也就因此成了紅茶的名稱。武夷茶的進口量從十八世紀初開始增加。

過去介紹紅茶歷史的書告訴我們，東印度公司的紅茶進口量在一七三〇年超越綠茶，自此之後，紅茶就從上流社會拓展到中產階級、底層社會，確立了英國國民飲料的地位。紅茶之所以受歡迎，常見的理由包括紅茶的口味較符合英國人的喜好、英國的水質（硬水）比起綠茶更適合泡紅茶等等。這雖然聽起來很合理，但問題其實沒有那麼簡單。以下將介紹四點理由。

第一點是至今介紹的都是英國的紅茶歷史。如同先前提到的，至少在十八世紀荷蘭東印度公司也進口了大量茶葉，荷蘭人也會喝茶。請看下頁表格，英國東印度公司直到一七三〇年代，綠茶與紅茶的進口量都依然分庭抗禮，但荷蘭東印度公司的進口量在這時已經占有壓倒性的優勢。這些紅茶不太可能全都轉賣到英國，所以荷蘭人在當時想必也喝了不少紅茶。最初愛上紅茶的或許應該是荷蘭人，而不是英國人。

其次則是，過去的說明曾提到茶的等級與人的階級之間的關係，但這個觀點卻缺乏說服力。無論是綠茶還是紅茶都有等級之分，大量進口的武夷茶的等級只屬一般。高級綠茶有熙春茶與皮茶，高級紅茶則有白毫茶與功夫茶。這些高價茶只少量進口，專門提供給上流階級。從表中也能得知，一七三〇年到三二年間，高級綠茶的進口量並未減少。換句話說，我們可以將這個數據視為英國與荷蘭的上流階級在這個時候仍然對綠茶具有需求性，茶會中依然使用綠茶。若真是如此，我們很難單純地說紅茶的飲用從上流社會拓展到中產階級吧。

再者，在過去的說明當中，不太考慮茶的價格與生產者的情況也是個問題。因此有必要分析各國東印度公司在中國採購各等級的紅茶與綠茶的價格，以及在歐洲的販賣價格。法國的研究者戴爾米尼已經進行這個作業，但似乎未受英國史研究者的注意。無論如何，說明紅茶普及時，如果只考慮到英國的情況，而忽略出口國中國的茶農狀況與收穫量，以及清帝國圈內與亞洲各地的茶葉消費傾向等，可能就會顯得過於草率。

| （等級） | | 英國（%） | | 荷蘭（%） | |
|---|---|---|---|---|---|
| | | 1720～22年 | 1730～32年 | 1720～22年 | 1730～32年 |
| 綠茶 | 一般茶 | 37.5 | 44.0 | 57.5 | 11.1 |
| | 皮茶 | 3.1 | 2.7 | 2.9 | 2.9 |
| | 熙春茶 | 0.6 | 3.8 | - | 1.6 |
| 紅茶 | 武夷茶 | 46.3 | 42.3 | 39.6 | 78.4 |
| | 功夫茶 | 10.5 | 6.5 | - | 3.6 |
| | 白毫茶 | 2.0 | 0.6 | - | 0.7 |
| 其他 | | - | 0.1 | - | 1.7 |

紅茶與綠茶的進口量變化

最後除了英國之外，歐洲許多地方的水都是硬水。把水質當成是英國人喜愛紅茶的理由是行不通的。再者「英國人的嗜好」不可能與英國民族國家的建立無關，因此必須審慎評估。

考慮到上述這四點，紅茶受英國人喜愛的理由，似乎就不只是英國人的嗜好、英國的水質，或是井野瀨女士在《大英帝國的經驗》中指出的紅茶與女性或家庭的關連性。那麼英國人喜愛紅茶的理由是什麼呢？這個問題也困擾著筆者。在此只能告訴各位，在現階段的研究當中，關於紅茶在英國的普及還保留許多必須深入思考的空間。而且唐寧剛開店時，店裡提供的是紅茶？是綠茶？還是兩者都有，也令人好奇。

雖然不清楚明確的理由，但總而言之紅茶在英國似乎相當受到喜愛。進入十九世紀之後，光靠中國進口的紅茶已經不足以追上暴增的茶葉需求，於是英國政府開始在印度與錫蘭栽培紅茶。就像香辛料一樣，東印度公司運到某個地區的物品，改變了當地人的喜好與生活，同時也改變了地球上其他地區的生態系與土地使用，使得當地人的生活方式也隨之改變了。

## 織品

### ◎東印度公司的印度棉織品進口

除了胡椒、香辛料與茶葉之外，在東印度公司稱霸的十七至十八世紀，還有另一種重要性不下於前三者的商品，那就是棉織品。在東印度公司進軍亞洲海域時，印度次大陸上就有數個知名的棉織品產地，譬如西北印度的旁遮普與古吉拉特邦地區、東南印度的科羅曼德爾海岸、以及孟加拉地區等。織品的棉線愈細，愈能織出緻密而細緻的華麗紋樣。這幾個產地除了容易取得棉花與染料之外，自古以來以村為單位培養出的機織工與染匠也具備高超的技術，生產的高級棉織品不僅紋樣充滿魅力，色澤、觸感也幾乎與絲織品無異。這些織品不僅種類極為豐富，名稱也五花八門。一位名為柯德利的研究者就列出了許多當時生產的織品名稱，古吉拉特邦有二十三種、科羅曼德爾有十六種、孟加拉有四十六種。譬如：精細棉布（muslin）、印度印花布（chintz）、平織布（poral）、棉絲混織布（bafta）、格子布（gingham）等，這些名稱或許也有不少人聽過吧？這些多樣化的印度織品，具有不容易褪色、染色技術高超、紋樣美麗、配色鮮豔、觸感柔順等特徵，最重要的是價格便宜。

荷蘭東印度公司與英國東印度公司在印度次大陸建立據點後不久，就注意到當地出色的棉織品。印度的棉織品在當時的東南亞已經相當受歡迎，他們首先購買棉織品以交換當地的胡椒及香辛料。同時也採購名為印度印花布（chintz）的高級棉織品運回歐洲。

英國在一六二〇年已經進口了五萬件棉織品。一六六四年，統稱印度棉布（calico）的印度產棉織品，共有約二十七萬多件進口到英國，占英國東印度公司整體進口額的百分之七十三。雖然胡椒與高級香辛料產地由荷蘭東印度公司把持也是原因之一，但這依然是相當龐大的數字。

日後直到能夠得知明確統計的一七六〇年為止，棉織品在英國東印度公司每年的進口總額中所占的比例，最少也有百分之二十九點七八，最高甚至達到百分之九十二。這個數字雖然也包含中國產的絲織品，但在進口中國絲織品的這三十八年中，有三十年占整體進口量的百分之三以下，其中十七年甚至在百分之一以下，數量不足為取。因此以上顯示的數字，幾乎可以全當成是印度產織品的進口額。從一六六四年到一七六〇年為止的九十六年間，織品占進口總額不到五成的時間只有九年，但超過七成的時間則有三十五年。由此可知，織品一直都是英國東印度公司最重要的商品。

壟斷高級香辛料的荷蘭雖然沒有那麼極端，但織品在一六六八年至七〇年間，依然占阿姆斯特丹分部進口總額的百分之二十四，在一七三八年至四〇年間占百分之二十八點五八。如果再加上出口到東南亞的織品，荷蘭東印度公司經手的棉織品也可說有相當的數量吧。

一六八五年，公司僱用一位名叫赫里特．克林昆的傑出彩繪師兼棉織品業者，並派他前往科羅曼德爾海岸。他在印度停留了六年以上的時間，傳授當地織布工與彩繪師歐洲喜愛的圖案及素材。譬如在描繪時將花紋與花紋之間的間隔拉開，使織品看起來更優美的技巧，同時也對素材進行改良。他的創作品十分暢銷，也成為荷蘭東印度公司日後長期販賣的重要商品。

就這樣，荷蘭東印度公司、英國東印度公司，以及後來加入的法國、丹麥、奧斯滕德等東印度公司，為了取得適合歐洲的織品，在十八世紀上半葉的印度展開了激烈的競爭。

## ◎棉織品的用途與價格

印度產的高級棉織品，當初在西北歐是受歡迎的住宅家飾材料，可以用來製作桌巾、床單、窗簾或掛在牆壁上。到了十七世紀後半，也開始有人拿來當成製作衣服的布料。棉布製成的衣服，與過去一般使用的麻布、毛料及皮革製成的衣服相比，非常的輕盈，而且觸感舒適、吸汗、好洗，是各方面都很出色的衣料。上流社會的人原本只使用棉布製作居家服及內衣，到了一六八〇年代初期，他們也開始接受棉布製作的外出服及正式服裝。

一六八〇年代到九〇年代之際，統稱印度棉布（calico）的印度產棉織物，不只在英國，也在荷蘭、法國等西北歐各國引發熱潮。印度棉布最大的魅力除了新奇、品質優異之外，還有一點就是價格非常便宜。其品質與只有富人才買得起的絲織品等高級材質相比毫不遜色，而且價格低了一大截，所以大受歡迎也是理所當然。棉布在印度的採購價格低廉，所以即使運送路途遙遠，也足以與歐洲產的各種織品對抗。

印度產的棉織品也透過東印度公司運送到歐洲以外的地區。其中一個出口地是美洲大陸的西印度群島。早在十六世紀以來，葡萄牙人就從印度引進棉織品，作為種植甘蔗製造砂糖的奴工使用的衣料。這些衣料當然多半是低價、低品質的平織布。荷蘭與英國的東印度公司暫時運回本國的便宜平織布，也和葡萄牙一樣，轉口到美洲大陸的西印度群島給奴工使用。參與西印度貿易的貿易商人，曾在一七〇四年於英國議會做出如下的證言：「牙買加島位於熱帶，所以居民的衣物幾乎都是染色的印度棉布。這種布質輕、便宜、容易洗滌，所以居民能夠常保清潔與健康。」

此外，歐洲人在西非購買奴隸時，也使用印度產的棉織品作為對價支付的貨幣使用。如果再配合之後會提到的日本情況來看，印度產的棉織品在十七至十八世紀間，可以說被大量運送到世界各地。隨著生產量暴增，印度各地的棉花種植面積也大幅增加。製造刺繡用絲線的養蠶業也很興盛，從事織品相關職業的人愈來愈多。早在十八世紀初期，光是織品相關行業就產生了十萬個新的雇用機會。在這個例子中也可以看到，東印度公司的活動與外地人的嗜好，改變了當地人的職業與生活。

## ◎印度棉布爭議與工業革命

進口到歐洲的棉織品雖然與香辛料和茶葉一樣都是東印度公司的商品，但兩者之間有一個根本上的差異。那就是香辛料與茶葉讓當時西北歐人的飲食生活，產生了一個全新的面向。就這層意義而言，這些新商品與原有商品或產業的競爭就比較少。荷蘭芹、大蒜等這些從以前就存在於歐洲的香料生產者，與麥酒、啤酒、紅酒等飲料的生產者與酒廠，不可能完全不受香辛料及茶葉進口的影響。但這些原有的商品與東方的香辛料及茶葉，還是勉強能夠並存。

然而棉織品的情況就不一樣了。棉織品與歐洲自古以來使用的絲織品、毛織品、麻織品，同樣都是用來縫製衣物的織品，就這一點而言，雖然並非全面性，但這些織品依然彼此競爭。尤其屬於高級布料的絲織品與棉織品之間，在觸感與光澤等方面有許多共通點。生產這些傳統織品的人認為，如果便宜、品質良好的印度產棉織品大量進口的話，自己的工作就有可能被搶走。

東印度公司進口印度棉布這件事，使絲織品、毛織品以及麻織品的職工發出不滿與抗議的聲浪也是理所當然的，其中英國的抗議行動更是激烈。英國曾發生絲織工匠集體攻擊印度棉布銷售店鋪的事件、也有人從背後扯開女性穿在身上的印度棉布製衣服，以暴力方式進行抗議。另一方面，肯定東印度公司進口印度棉布是有益之舉的人則主張，即使這麼做會對絲織品產業帶來暫時性的傷害，但就一般論而言，東印度貿易能讓其他經濟領域產生新的雇用機會，而剩餘資本也能為英國帶來新的手工業與新的雇用機會。

英國政府為此苦思對策。他們一開始試圖想辦法讓英國人使用國產毛織品。比方說，一六七八年就已經制定英國人的遺體必須以當地的毛織品包裹起來埋葬的法律（！）。後來也企圖制定人民有半年的時間必須身穿毛織品、女僕必須戴上英國製毛氈帽等法律，但這樣的法律當然無法通過。如果無法鼓勵人民穿著毛織品，那就只能限制印度棉布的進口了。英國議會於是在一七〇〇年與一七二一年兩度制定「印度棉布禁止法」，但由於都有漏洞可鑽，禁止的效果並不顯著，印度產棉織品的輸入一點也沒有減少。

各地持續反對運動的同時，也開始有人試圖仿製高品質的名牌品，再以更低的價格販賣牟取利益。尤其英國人開始摸索不用人力，改用機械以提高效率的紡線、機織方法。於是在一七六〇年之後，珍妮紡紗機（Spinning Jenny）、水力紡紗機、走錠紡紗機（Spinning Mule）陸續發明，英國人開始能夠快速紡出纖細、強韌的絲線。十八世紀末英國人開始使用幾乎在同一個時期改良的蒸氣機，正式透過機械大量生產織品，工業革命於是展開。從印度進口棉花雖然困難，但英國人有北美洲這個「後院」。進入十九世紀後，使用北美洲的棉花製成的英國織品開始出口到海外，原本的物品流向於是逆轉。

印度的棉織品就這樣改變了西北歐人的生活，接下來也將為其他地區的社會與人們的生活帶來極大的變化。

## ◎日本的棉織品進口

十七至十八世紀，印度產的棉織品大量出口到西北歐形成社會問題的同時，日本也進口了相當數量的印度產棉織品。筆者參考重松伸司的《馬德拉斯物語》，與石田千尋的《日荷貿易史研究》整理出其概要。

印度的棉織品早已在十六世紀時由葡萄牙人帶進日本，十七世紀葡萄牙人被禁止前往日本之後，華人與荷蘭人就取代了葡萄牙人的地位。

華人與荷蘭人運來的印度棉織品以平織布與條紋布為多，江戶將其總稱為唐棧，上方則稱為奧嶋。東南部科羅曼德爾海岸產的棉布占多數，但也能見到孟加拉產或西北部古吉拉特邦的棉布。其中最受歡迎的是產自科羅曼德爾海岸織品，稱為「棧留縞（santomejima）」，其名稱來自位於今日清奈（馬德拉斯）南部的聖多馬（São Tomé）。棧留縞的基本色調是藍色、白色、淡褐色、深褐色，這種組合的條紋相當嶄新，充滿異國風情。印度棉布具有色彩鮮豔、紋樣別緻、觸感舒適、保溫效果等優點，十五世紀末到十六世紀初的日本棉業無法與之匹敵。

奧嶋的名稱在一六三八年，首度出現在東印度公司給將軍的進貢品紀錄當中。德川政權剛好在這個時候考慮將葡萄牙人拒於門外，荷蘭人於是對以將軍為首的政權有力者發動送禮攻勢，將荷蘭東印度公司對日本的貿易引導至有利的方向。雖然後來在整個十七世紀，荷蘭東印度公司對日本貿易最主要的商品是中國產的生絲，但到了十八世紀，奧嶋經常被運到長崎。根據荷蘭的史料可以知道，奧嶋指的應該是格子布（gingham）。

直到十八世紀後半，奧嶋或唐棧都是織品中的高價舶來品，尤其江戶更是重視直條紋的和服，將其當成「風骨」的體現。一開始能穿唐棧和服的除了將軍與幕臣之外，就只有富裕的商人及遊女了。欣賞浮世繪的時候，如果能夠知道遊女與若眾（十二至二十歲的男妓）身上穿的是印度產織品縫製而成的和服的話，應該會覺得更加有趣吧。東邊的日本幾乎與西邊的歐洲在同一個時期掀起印度產織品的風潮，人們穿著印度織品縫製而成的服裝走在街上。

日本也出現了在歐洲發生的仿製現象。有業者看到唐棧與奧嶋如此受歡迎，因此大量製造仿冒品，主要產地是江戶周邊的川越及館山。使用國產棉線製作的仿冒品，雖然在線的粗細度、布的柔軟度以及紋樣的密度等方面都比不上真品，但還是以川唐（川越唐棧的簡稱）、館山唐棧而聞名。尤其在買不起舶來品的人之間更是受歡迎。以《阿富與三郎》之稱聞名的歌舞伎狂言《與話情浮名橫櫛》的「源氏店」一幕中，邊說著「好久不見啊」，邊靠近阿富的與三郎，身上穿的就是帥氣的直條紋和服。這件和服的布料，或許就是鄰近故事發源地木更津的館山所產的唐棧。日本與歐洲的差別在於沒有發明紡紗機與蒸汽機，所以只停留在仿製的程度。

「更紗」是另一種印度產織品的例子。這在荷蘭的史料中記載為「chits」，與英國的印度印花布（chintz）應該是同一種織品。科羅曼德爾海岸與孟加拉各地、蘇拉特等地生產的更紗，在整個十七至十八世紀間進口了相當的數量。更紗在江戶時代初期被用來製作陣羽織、小袖、腰帶、茶道具、祇園祭的裝飾品等，中期以後則被用來製作風呂敷、菸草袋等袋類，或是內衣、襦袢等和服內裡。

## ◎歐洲的「亞洲風」熱潮

除了以上介紹的三種商品之外，還有許多從亞洲各地運到歐洲的受歡迎商品。譬如日本的漆器、中國與日本的陶瓷器、中國與波斯的生絲、阿拉伯半島的咖啡等。西北歐喜歡在中國茶的喝茶方式中融入日本風，以及印度風設計的棉織品。前面雖然沒有提到，但荷蘭東印度公司的長崎商館長把將軍以及德川政權高官賞賜的日本絲製和服帶回荷蘭時，在十七世紀的西北歐掀起一股熱潮。把寬大的袖子改短後直接寬鬆穿上，是荷蘭與周邊各國穿和服的方式。由此可以充分得知當時的歐洲人對東印度懷有多大憧憬，對於引進東印度公司的物品又有多麼地積極。

相較之下，在江戶時代的日本與同時期的亞洲各地，完全沒有人引進歐風飲食，或是穿歐風的服裝。至少在食衣住的部分，大概沒有任何必須模仿歐洲人、或是引進歐洲習慣的必要吧。

現代的日本依然有一種根深柢固的歷史認知，那就是自葡萄牙人首度登陸的十六世紀以來，日本人就總是嚮往先進的歐洲文化，並且將其引進。但這個看法差不多該修正了。至少直到十八世紀末為止，世界都沒有任何一個地區的文化，對其他地區的文化占有壓倒性優勢。西北歐地區也經常對亞洲懷有憧憬，並汲取其文化。

西北歐的文化以航海術、造船術、火槍及大砲的製造、印刷術等見長，具有科技面相的特徵。自十六世紀西班牙人進軍美洲、葡萄牙人進軍亞洲海域以來，歐洲人就對於世界各地的地理、人文、物產等累積了龐大的知識。以這些知識為基礎的學術研究逐漸發展，人們也開始受到啟蒙。到了十九世紀，煥然一新的「近代歐洲」，就在學術發展、科技革新、積極引進亞洲與美洲物產之時誕生。不用說，東印度公司對於這個近代歐洲的誕生起了極大的作用。

第八章

# 東印度公司的變質

**布爾多內**　海上貿易的投資、匯票、鑽石、黃金等所有財產加起來，總額高達三十萬法鎊。

# 法國東印度公司的挑戰

## ◎晚一步成立的法國東印度公司

繼英國、荷蘭之後，法國東印度公司也在一六六四年創立。法國東印度公司的起步，為什麼會比先創立的那兩國的公司要晚那麼多呢？最大的理由是，法國並未在某個特定的港口城市，累積足以承受長時間往返東印度的商業資本，也沒有像荷蘭那樣，自發性地發展出由幾個城市合資出海的型態。

此外，法國與國土四周都是海的英國、或是北海沿岸有一條長海岸線的荷蘭相比，就如同深澤克己所指出的，地理條件更複雜一點。企圖往內陸發展的勢力，與分別指向大西洋、北海、地中海三個不同海域的勢力互相拉扯，難以整合成一個以東印度為目標的強大力量。筆者也想指出，巴黎在地理條件上與靠近遠洋的倫敦及阿姆斯特丹不同。法國的政治經濟中心巴黎，雖然透過塞納河與海相連，但大型船隻卻不能沿著塞納河駛入，所以巴黎無法像倫敦與阿姆斯特丹那樣，將政治、經濟中心與港灣機能整合起來。

法國政治家柯爾伯向法王路易十四進言：「王國必須取得與亞洲交易的利益，打破只有英國人與荷蘭人才能使用亞洲資源的現狀。」如果沒有他的強烈意志，法國東印度公司的創立應該還會更加推遲吧。英國與荷蘭的東印度公司先從民間貿易商人的主導開始，再取得王權與共和國對其行動的認可，但法國的東印度公司卻靠著政權本身的意志成立。當然，由此誕生的公司，也帶有濃厚的公營色彩，幾乎可說是公共行政機關。最初準備的一千兩百萬法鎊以上的鉅額資本，大部分都由國王、皇親國戚、宮廷貴族、大臣及官員籌措。公司的經營也由身為國王下屬官僚的國務顧問負責。政府提供大量資本這點，與先行設立的英國及荷蘭東印度公司不同，穩定存在的資本理應使投資更容易進行。

公司每年使用公款營運的體制，一直持續到一六八三年柯爾伯去世為止，也展現出一定的成果。法國取得南印度的本地治里，與孟加拉地方的金德訥格爾（Chandannagar），作為亞洲的東印度貿易據點。就如同荷蘭與英國東印度公司在蘇拉特或阿巴斯設置商館，法國公司的商館也設在類似的港口。公司並且成功地在印度洋南部的波旁島（現在的留尼旺島）、法蘭西島（現在的模里西斯島）

柯爾伯　路易十四的財政大臣。

設置歐洲與亞洲之間的航海中繼基地。亞洲海域除了有印度裔、阿拉伯裔、伊朗裔等商人外，葡萄牙人、荷蘭及英國東印度公司也已經在此建立基礎，相互之間展開不斷的競爭，後來加入的法國人應該很難打入市場。不過在曾任荷蘭東印度公司平戶商館長的法蘭索瓦・卡隆（François Caron），與以建設本地治里而聞名的法蘭索瓦・馬丁（François Martin）等人的努力下，公司終於建立起在歐洲與亞洲之間進行定期貿易的基礎。

然而柯爾伯去世後，公司的經營就進入嚴峻的時代。路易十四接連在歐洲諸國發動戰爭，沒有多餘的資金能夠挪用為東印度貿易的公款。公司的活動直到路易十四的統治結束之前暫時停滯，必須等到西印度公司（在西印度與非洲經營貿易）成立、深得路易十五信任的蘇格蘭人約翰・羅（John Law）展開改革，公司才重新建立起新的體制，實現大幅度的發展。

## ◎「與政府一體化」的先驅

羅從一七一九年展開的一連串改革，具有三項特徵。第一，他將過去個別與海外進行貿易的東印度公司與西方公司（Compagnie de l'Occident）合併，創立新的法國印度公司。這裡所謂的「印度」包含東印度與西印度，因此在法語中採用複數形。羅並授權這間公司壟斷與歐洲以外各地區，也就是東印度、西印度以及非洲之間的貿易。因此嚴格來說，法國東印度公司自此之後就不復存在。但是難以維持壟斷貿易的與非洲、西印度間的貿易，在一七三一年已自由化。法國印度公司實際壟斷貿易的狀況依然與「東印度公司」類似，因此接下來筆者還是以「法國東印度公司」稱之。

後來的法國東印度公司最大的特徵，就是試圖將東西印度與非洲的貿易合併經營。在他們的構想當中，這整套貿易包含：使用東印度以棉織品為首的物產交換西非的奴隸，並將奴隸運到西印度，再把西印度砂糖種植園生產的砂糖運到歐洲販賣以取得白銀，以及使用這筆白銀購買東印度的物產。好壞姑且不論，這是個規模極為宏大的構想。如果這個構想運作順利，東印度公司在經過這三次交易後，理應能從整體貿易中獲取鉅額利益。但在大西洋壟斷砂糖與奴隸運送，對東印度公司而言卻是一件難事。畢竟橫渡大西洋的距離短，航行時間不長，因此不需要高額資本，許多創業家都跳進來參與。東印度公司不可能將這些創業家都趕出大西洋。

改革的第二個特徵是大幅增資，羅將東印度公司的半數股票對一般大眾開放，公司的特質也稍微有點接近「合股公司」。但國王是握有大約五分之一股權的大股東，其他股東沒有決議權。公司的董事也不像英國東印度公司那樣透過選舉選出。董事會提名的人選必須通過代表王權的「王權理事」審理，才能在國王的任命下成為董事。除此之外，財務總監也握有監督公司的權限。由此可知，法國東印度公司即使經過羅的改革，依然強烈受王權與政府左右。

改革的第三個特徵是在面對大西洋的布列塔尼地區南部，建設東印度公司專用的港灣都市洛里昂。公司過去都將航行據點設在聖馬洛、盧昂、第厄普等多佛海峽（Strait of Dover）沿岸的小鎮，然而一旦與英國發生戰爭，船隻就極有可能落入英國海軍的掌控。將港口設在大西洋沿岸，就能大幅減少這樣的危險性。公司在一七二〇年到三〇年的十年間，在本來一無所有的地方建築出了廣大的設施與城鎮。他們在深入大西洋的海灣沿岸，建造了造船所、船舶的艤裝基地、販賣東印度物產的年市使用的建築、保管商品的倉庫、事務所等設施，並在其周邊興建可容納四千人以上的住宅，作為公司的宿舍使用。都市的名稱洛里昂（L'Orient 東方）清楚顯示出，這是一座專為東印度貿易打造的城鎮。公司的經營總部位在巴黎，負責會計、人事、與政府之間的交涉等等，但貿易的實務則全部集中在洛里昂，因此能夠實現效率極高的作業。

這一連串的改革，大幅強化了法國東印度公司的財政與營運基礎，公司在往後的四十年間，事業扶搖直上。如果只看一七二〇年到六九年的這五十年間，法國東印度公司的船隻艤裝數為五百二十八艘、英國東印度公司為八百〇五艘、荷蘭東印度公司為一千六百五十三艘。由於法國的船隻整體而言噸數多半較大，因此若以噸數進行比較則差距更小。這點從三間東印度公司在歐洲販賣的商品總額表中，應該就能清楚看出。法國公司的交易量雖然遠不及荷蘭公司，但在一七四〇年代或五〇年代初，數字卻直逼英國公司。

法國東印度公司的特徵一言以蔽之就是與政府一體化的先驅。公司擁有政府駐外機構的特質，以政府的意志為背景展開經營。第九章將會提到，這與進入十八世紀後半，英國東印度公司不得不採用的體制相同。就這層意義而言，法國東印度公司可說是時代的先驅。無論如何，由法國這個大國政府主導的法國東印度公司展開的大膽挑戰，對英國與荷蘭的公司而言，已構成嚴重的威脅。

| （年） | 法國（單位：法鎊） | 英國（單位：法鎊） | 荷蘭（單位：法鎊） |
|---|---|---|---|
| 1725 ～ 29 | 7,725,750 | 22,724,000 | 39,074,228 |
| 1730 ～ 34 | 13,544,675 | 22,908,000 | 33,976,680 |
| 1735 ～ 39 | 14,834,392 | 21,781,000 | 33,171,180 |
| 1740 ～ 44 | 19,002,973 | 22,862,000 | 28,775,172 |
| 1745 ～ 49 | 4,477,771 | 22,057,000 | 37,797,916 |
| 1750 ～ 54 | 21,086,301 | 25,783,000 | 38,394,482 |
| 1755 ～ 59 | 9,561,290 | 22,494,000 | 39,910,888 |
| 1760 ～ 64 | 10,489,009 | 25,346,000 | 38,963,494 |
| 1765 ～ 69 | 14,986,672 | 42,642,000 | 45,206,294 |

各東印度公司在歐洲的銷售額

## ◎本地治里與布爾多內

法國東印度公司在亞洲拓展商館的方法，與荷蘭東印度公司較為接近。東南印度的本地治里，其定位就相當於荷蘭東印度公司的巴達維亞。公司在這裡設置總督府與高等評議會，負責管理孟加拉地區的金德訥格爾、馬拉巴爾海岸的馬埃州評議會與其他商館（摩卡、巴斯拉、阿巴斯、勃固等）。總督與六至十二名左右的評議員組成的高等評議會，除了統轄東印度的貿易之外，也擁有與當地政權或其他歐洲人交涉、交戰、談和的權限。在本地治里管轄下的都市也握有司法權與東印度公司派駐當地的職員的人事權。

東印度公司的正規職員人數因時期而異，譬如一七二七年為六十八人、四七年為九十四人、五七年為一百零七人，半數以上在本地治里任職。底下還設有書記、通譯、僕從等為數眾多的當地職員，人數不下於一千人。

此外，由於法國國王只承認天主教，耶穌會傳教士便以這樣的方針為後盾來此活動。在他們的運作下，本地治里總督禁止了天主教以外的宗教，甚至因為實際採取高壓手段而數度引發嚴重的社會問題。而東印度的所有神職人員人數，至少不下於一千人。就這點而言，本地治里與荷蘭及英國東印度公司管轄下，對宗教包容的城市大相逕庭。

法國東印度公司與英國東印度公司一樣，允許職員在亞洲境內進行貿易活動。因此許多職員在阿拉伯半島、波斯灣、中國及東南亞從事私人貿易。接下來便以出生於聖馬洛的艤裝業者之家，後來成為東印度公司航海士的布爾多內（一六九九－一七五三年）為例，為各位進行介紹。

布爾多內身為東印度公司的船副，有權利以個人名義在出發港口購買一定金額的商品，利用公司的船隻免費乘載運輸，並在返回港口後販賣商品為自己牟利。一開始公司允許他攜帶的商品購買額度，大約是一萬八千法鎊。一七二七年，聖馬洛的銀行家與其友人、顧客，願意提供這筆融資給布爾多內，條件是三年後還款，利息為百分之三十五。他首先與馬德拉斯的英國貿易商人，以及本地治里的亞美尼亞貿易商人合作，買下四百五十噸的船「本地治里號」。

這艘船最初的航行是往返於孟加拉與金德訥格爾之間，第二次航行則是經果阿前往阿拉伯半島的摩卡，最後再回到本地治里。第二次航行共有十五名投資者，其中九名是東印度公司的員工，其餘的六名則分別是以南印度為據點的商人，包括兩名亞美尼亞人、一名英國人、以及三名泰米爾人。第一次航行的獲利率為百分之十六、第二次航行則為百分之三十。

布爾多內隨後找來擅長航海術的弟弟，逐漸擴大事業。他們購買新的船隻，投入馬拉巴爾海岸、阿拉伯半島以及菲律賓馬尼拉等地的貿易。

他在寄給聖馬洛的銀行家的信中寫下這段話：

「買賣的機會在這個國家要多少有多少。最主要的重點是前往印度各地區的艤裝。（中略）航海幾乎沒有損失的風險，遇難的情況也很少見。利潤的幅度大約在百分十五至五十之間。不過無論航海順利與否，一整年的利潤大約都有百分之二十至二十五。」

一七三三年，布爾多內從經營六年的亞洲地區貿易收手，回到法國結婚。結婚契約書上記載了他的財產。海上貿易的投資、匯票、鑽石、黃金等所有財產加起來，總額高達三十萬法鎊。我們雖然不知道他原本的財產有多少，但從他必須靠著借來一萬八千法鎊，才能展開亞洲境內的貿易這點來看，他的巨額財產絕對是從貿易事業中取得。布爾多內原本考慮在法國展開新事業，卻在不久之後成為公司派駐波旁島及法蘭西島的總督，回到印度洋。其經過留待下節再述。

## ◎「國旗」代表的意義

許多來自西北歐的人，靠著在亞洲各地之間的貿易累積龐大的財產，比方說第六章介紹過的耶魯、丹尼爾・夏丹，以及本章介紹的布爾多內。當然，不是每個人的事業都獲得成功，最近的研究也認為不應該過度強調歐洲人的這類活動。即使如此，這些對當地狀況不一定稱得上了解、言語及溝通也應該處於劣勢的歐洲人，為什麼能夠看似輕而易舉地就取得大筆財產呢？

亞洲海域的投資與其他地區相比更容易獲利，這點應該是可以肯定的。根據淺田實的研究指出，英國境內一般的商業獲利率在十七世紀末是百分之六至十二、大西洋貿易的平均獲利率約為百分之十五。但孟加拉地區的內陸交易獲利率可以達到百分之二十至三十，至於孟加拉與波斯之間的海上貿易，獲利率更是可以達到百分之五十至八十。在亞洲海域進行一次交易，就有可能獲得龐大利潤。

法國研究者奧德萊爾（Haudrère）也指出另一個理由，那就是歐洲人的船都升上國旗。升上國旗的船除了宣告擁有強大的槍炮武力之外，也代表如果遭到襲擊，升上相同國旗的僚船將會直接前來復仇。的確，除了歐洲船之外，印度洋海域世界的船不一定屬於某個國家。

筆者也數度指出，這片海域的「陸上帝國」對於海上貿易及貿易商人有多麼地漠不關心。所以當地商人的艤裝船不會升上國旗。如果比較兩種船的安全性，就不難理解貿易商人寧願將貨物託付給歐洲商船的原因。

## 從商業公司到政權

### ◎搖搖欲墜的「陸上帝國」

英國東印度公司在十七世紀末期面臨了重大危機。一六九八年，政府決定以接受大規模貸款為條件，將東印度的貿易壟斷權賜予另一個新的事業體。舊公司的幹部試圖透過謀略運作加以挽回，直到一七〇九年，危機終於靠著新舊兩間東印度公司的合併得以解決。新成立的公司取名為「東印度貿易的英國商人聯合公司」。國名「英國」在這個時候才首度出現在公司名稱當中。英國東印度公司在這之後至一七六〇年左右的五十年間，成為活躍的貿易公司，展開了最充實的活動。

另一方面，蒙兀兒帝國的皇帝奧朗則布在一七〇七年駕崩之後，印度次大陸的政治狀況就變得極為不安定。奧朗則布在世時，各地就已經發生反抗蒙兀兒皇權的叛亂，統治的體制逐漸動搖。他去世之後，政權內部展開奪位之爭，混亂狀況變得更加劇烈。蒙兀兒帝國的向心力也急速衰退。這個早在東印度公司進軍印度次大陸前就已經難以撼動、後來更逐漸擴大支配領域的「陸上帝國」，從這時開始搖搖欲墜。

東印度公司的相關人員，原本對陸上的蒙兀兒帝國的軍事力抱著畏懼之心。原因之一是英國東印度公司在一六八六年，因為應付稅額變更的問題，在孟加拉與蒙兀兒帝國挑起戰端，結果完全被擊垮。皇帝奧朗則布在這時要求英國東印度公司賠款，於是公司不得不支付一萬五千英鎊的賠償金。當時在總公司握有實權的柴爾德（Josiah Child）怒斥負責人：「都已經可以看見結果會如何了，所以我才叫你別打，為什麼你要挑起這種無謀的戰爭？你應該專注在貿易業務上。」

「陸上帝國」的權威與秩序動搖，絕對不是歐洲的東印度公司樂見的事態。只有當地社會的政治及軍事穩定，東印度公司才得以順利進行貿易、生產並運送以棉織品為中心的商品。再者，當地政治勢力之間的角力引起的秩序混亂，也會使保管金銀等高價商品的商館及居留地暴露在危險當中，成為襲擊的對象。因為蒙兀兒帝國搖搖欲墜，這一時期的荷蘭及英國的商館長，在阿巴斯港感受到的不安，分布於印度各地的歐洲商館及居留地的負責人，也一樣感同身受。

## ◎危險的一步

受當地政情不安的影響，歐洲東印度公司的商館與居留地，為了確保安全而強化軍事力的動作逐漸明顯。法國東印度公司從本國派駐的士兵，在一七四〇年左右只有四百人，而當地雇用的士兵人數也有限。但是位於馬拉巴爾海岸的馬埃商館，早在一七三九年就已經雇用名為西帕希（sipahi 或 sepoy，意思是騎兵隊或軍隊）的傭兵組織。本地治里在一七四五年也採用同樣的方針，當地傭兵大量加入法國東印度公司的軍隊。這在歐洲諸勢力中是首度的嘗試。筆者不認為他們在這個時候增強軍事力是為了「征服印度」，真要說起來比較像是不擇手段也要保護自己的貿易據點。

一七四〇年，位於馬德拉斯與本地治里附近的阿爾喬特的納瓦布（nawab，意為王侯），與德干高原的馬拉塔勢力之間發生戰爭，最後遭殺害。其子後來成為新的納瓦布，打算重整勢力揮軍反攻。這時他對本地治里的總督提出請求，希望能將自己的家人與財產藏匿於要塞。因為他認為法國人建造的要塞防禦力強，安全性高，而且本地治里的法國商館與統治鄰近地區的納瓦布之間，從以前就建立了友好關係。

本地治里的總督與評議會陷入兩難的立場。如果接受請求，可以想見城鎮與要塞將會遭受馬拉塔軍的包圍與攻擊。但另一方面如果拒絕請求，馬拉塔軍完全勝利就算了，要是新納瓦布軍擊退馬拉塔軍，絕對不會原諒在自己遭遇困難時不願意伸出援手的法國人。進退維谷的總督與評議會，最後選擇了原本的友好關係，讓納瓦布的家人與財產進入要塞。

就結果而言，至少這個時點的選擇是正確的。馬拉塔軍雖然一時包圍本地治里，卻無法攻陷確保海上補給線、防守堅固的要塞，最後只好退兵。納瓦布為了表達謝意，將本地治里近郊的兩個村莊讓給法國東印度公司，並請蒙兀兒皇帝頒發「納瓦布」的認證書給法國總督。法國人是第一個成為印度「納瓦布」的歐洲勢力。在當下這或許是一件值得高興的事情。然而自此之後，法國東印度公司在面對印度政治、軍事勢力間的鬥爭時，再也不能置身事外。鉅額的軍事支出，對於原本希望透過貿易追求利益的東印度公司而言，應該是不樂見的狀況。法國的公司踏出了危險的一步。而不久之後英國的公司也跟進了。

## 從「海上帝國」到「海與陸上的帝國」

### ◎卡那提克戰爭

一七四〇年，歐洲爆發奧地利王位繼承戰爭。英國支持奧地利，法國支持普魯士，於是英法兩國之間的戰爭也在一七四四年展開。現代人的思維是，一聽到國家之間的戰爭，就立刻斷定兩國的國民也非得交戰不可。但在民族國家誕生之前，歐洲的戰爭是職業軍人與傭兵組成的國王軍隊之間的事情，與居住在國王領地內的人民毫無關聯。當然，或許也經常發生為了戰爭而調高稅金、徵收農產品作為軍隊的糧食、都市與農地成為戰場之類的情形。然而國王軍隊以外的人，不一定非得為國家交戰不可。「國民皆兵」的原則，是十九世紀民族國家形成之後的事情。

不過，英國與法國在歐洲的戰爭開始之後，位於南印度的英國東印度公司與法國東印度公司的軍隊，也像是呼應這場戰爭一樣爆發衝突。兩者都不是國王的軍隊，而是公司的軍隊，原本沒有非得交戰的理由。證據就是，在歐洲的荷蘭與英國一起支持奧地利，但在印度的荷蘭東印度公司，並未與法國東印度公司開戰。本國之間的戰爭只是導火線，點燃了南印度的英國與法國東印度公司之間，圍繞著貿易主導權之爭的戰火。雙方分別與對立的當地政治勢力結盟，使問題更加複雜。

一七四二年，成為本地治里總督的約瑟夫・法蘭索瓦・杜布雷（Joseph François Dupleix）就如同先前所提的，首度在法國東印度公司的軍隊中雇用當地人作為傭兵。他發給這些傭兵制服，在法國軍官麾下進行訓練，服從法國軍隊的規定。阿爾喬特的新納瓦布，想在馬德拉斯附近的阿爾德，從法國支持的納瓦布手中奪取其地位時，這種新式軍隊就成功將他們擊破。這是東印度公司的軍隊，首度在印度次大陸上，戰勝兵員數多過他們的王侯軍隊。這場勝利使歐洲人清楚察覺，自己的軍事力在陸上也能充分發揮作用。這可說是決定性的一刻，歐洲人從這一刻開始，從「海上帝國」搖身一變，成為了「海與陸上的帝國」。

上一節介紹的布爾多內，在得知雙方開戰之後，就以提督的身分率領由九艘船艦組成的艦隊，從波旁島趕往本地治里。接著在一七四六年，從海陸兩方夾攻位於馬德拉斯的城鎮與要

杜布雷　本地治里總督。

塞，最後終於攻陷了英國東印度公司的據點馬德拉斯。奧地利的王位繼承戰爭在一七四八年結束，本國之間締結和平，激烈的戰鬥到此告一段落，馬德拉斯也歸還到英國東印度公司手上。然而，當地政治勢力之間的對立更加深化，他們向英法的公司求援，因此兩間公司之間的戰爭狀態依然持續。這一連串的戰爭斷斷續續地持續到一七六一年。戰爭的舞台位於卡納塔克（Karnataka）地區，這個地名以英語口音讀就變成卡那提克（Carnatic），因此一連串的戰爭就統稱為卡那提克戰爭（Carnatic Wars）。

## ◎法國東印度公司的極限

這一連串戰爭的前半，杜布雷利用巧妙的戰略，保住法國東印度公司與其同盟軍的優勢。各地的掌權者都送給法國人高額的金錢作為援助的謝禮。因此開始有部分法國人致富是因為軍事貢獻，而非貿易活動。此外也有一些人從封地（Jagir）取得稅收。杜布雷在給女婿的信中寫著：「與我們為友的諸位紳士創造出鉅額的財富，這些財富多到難以置信。」法國軍人被派到南印度與德干高原的諸侯宮廷擔任軍事訓練教官。因此法國東印度公司在南印度的影響力大幅擴張。但是，事態在一七五三年發生了轉變。

讓我們來看看法國東印度公司總部的「王權理事」，在這年對杜布雷下達的指令：

「一般而言，和平比征服更值得肯定。我們不需要如此耀眼的成功。更穩定、更容易從事貿易的狀況才是我們所希望的。我們只要有幾個能夠協助、保護貿易活動的據點便已足夠。我們不需要勝利與征服。我們必須以大量的商品及提升薪資為目標。」

東印度公司在巴黎總公司行政部門的認知中，終究只是個貿易公司。而貿易公司的本業是確保貿易帶來的利益。花費鉅款的軍事行動，對於促進貿易業務而言不僅沒有那麼需要，甚至應該盡可能避免。公司的兵員數在一七五〇年時是三千人，已經膨脹到十年前的四倍以上。給予這些士兵的俸祿與武器，逐漸成為公司財政的一大負擔。運用這些兵力協助當地政治勢力之間的紛爭，增加員工個人的財富，這對總公司的董事來說，也是不可原諒的行為。杜布雷的總督職位在隔年遭到解除，而他本人也被召回本國。法國東印度公司的有利情勢，隨著軍事天才杜布雷的離開而消失，而且再也找不回來了。

## ◎普拉西戰役

孟加拉是印度最大的糧倉，也是高級棉織品的產地。一七五六年繼承祖父地位，成為孟加拉納瓦布的西拉傑·達烏拉（Sirâjud Dawla），對於在自己的領地中建造要塞、享有特權、隨心所欲從事貿易活動的西北歐東印度公司感到非常礙眼。因此他突然採取激烈的行動，要求荷蘭、法國的東印度公司上繳高額稅款、攻擊並占領英國東印度公司在加爾各答的要塞。

當時二度從英國赴任的羅伯特·克萊芙（Robert Clive，一七二五—七四年）剛抵達馬德拉斯，他聽聞孟加拉的情勢劇變，立刻率兵前往孟加拉。克萊芙是一名戰略家，曾在卡那提克戰爭指揮原本居於劣勢的英國東印度公司軍隊，雖然最後沒有取得勝利，但依然擊破了部分法國東印度公司軍。克萊芙從納瓦布軍手上奪回加爾各答的要塞後，

羅伯特·克萊芙　為普拉西戰役帶來勝利的英國軍人。

於一七五七年六月二十三日，率領三千名士兵在普拉西郊外與西拉傑．達烏拉的五萬大軍對決，並將其擊潰。讀者或許會對於他能夠克服如此懸殊的兵力差距感到佩服，但其實這是必然的結果。納瓦布的叔父米爾．賈法爾（Mīr Jāfar）是軍隊的司令官，他與克萊芙之間，早在戰役開始的兩週前就談好條件。他準備透過這場戰役廢黜西拉傑．達烏拉，自己奪位成為新的納瓦布。所以米爾．賈法爾的騎兵隊雖然是納瓦布方的主力，在戰場上卻完全按兵不動。納瓦布逃回其都城穆爾斯希達巴德，但最後卻被捉住處死。

戰爭結束後，米爾．賈法爾依照約定成為新的納瓦布。新納瓦布立刻答應支付一百七十五萬英鎊給克萊芙，作為鎮壓加爾各答的損害賠償。了解事態經過的一名克萊芙的友人，在一七五八年寫下這段話：「他們已經不再是單純的貿易商人，而是印度的領主了。」英國東印度公司的特質，在這場戰役之後，逐漸有了重大的轉變。克萊芙後來在孟加拉停留三年，接連與納瓦布締結有利於英國東印度公司的條約，譬如壟斷硫磺與鴉片的收購等。最後他像英雄一樣凱旋歸國。他將自己在這段期間獲得的鉅款，透過英國與荷蘭東印度公司的商館換成匯票送回歐洲。光是能夠知道總額的部分，就高達三十一萬七千英鎊。東印度公司的書記年俸是三十四英鎊、孟加拉總督是二千三百英鎊、英國本國的大銀行家年收入也不過二千六百英鎊，因此這筆金額簡直是天文數字。後來在英國本國席捲而來的對克萊芙的批判，就是因為他脫離常軌的財產累積。

日本一般對於普拉西戰役的理解是，英國東印度公司軍隊擊破法國與孟加拉王侯的聯軍，最後驅逐法國勢力，藉此正式統治印度。但這只不過是回顧這一連串的事件後，一個可以說得通的解釋。首先，孟加拉地區的勢力對抗之基本構圖，直到戰役的前一年都不是英國對法國，而是英國或歐洲諸勢力對納瓦布。法國東印度公司確實在普拉西戰役中派出援軍，但人數只有四十人。這樣的規模實在稱不上是聯軍。這場戰役的四個月前，金德訥格爾的法國要塞，遭到克萊芙率領的英國東印度公司艦隊攻擊，並且輕易就投降了。克萊芙的這個行動，與一七五六年在歐洲展開的英法本國之間的七年戰爭有關。所以最好不要將法國東印度公司的撤退與普拉西戰役想成關聯事件。

南印度的法國東印度公司主力部隊尚且健在，並在一七五八年包圍馬德拉斯發動攻擊。然而法國東印度公司的軍隊因為公司資金枯竭，也沒有獲得本國的充分支援，最後在一七六〇年一月的文狄瓦西戰役（Battle of Wandiwash）中遭英國東印度公司擊潰，吃下決定性的敗仗。這場戰役對英法東印度公司之間的對抗而言，遠比普拉西戰役具有更大的意義，可說是兩者之間的決勝點。本地治里在隔年淪陷，法國東印度公司的挑戰也到此終結。

## ◎孟加拉的領主

普拉西戰役之後，成為納瓦布的米爾·賈法爾認為，對付孟加拉內外的反抗勢力需要英國東印度公司的軍事力，因此更加強化與公司之間的同盟關係。而對於克萊芙與公司的負責人而言，既然提供了軍事力，要求回報也是理所當然。他們也為了創造對自己有利的狀況，採取干涉孟加拉內政的方針。於是孟加拉的東印度公司，就從貿易公司搖身一變，成為握有軍事力的政權。

一七五九年，荷蘭東印度公司為了保持影響力，從巴達維亞派兵前往孟加拉。想要成功遠征必須派出四千名士兵，但荷蘭只派出不到一千人，英國東印度公司得利於荷蘭的拙劣戰術，在海濱就將其擊退。英國東印度公司在這場勝利後，成功壓制歐洲其他國家的東印度公司，其政治、經濟、軍事上的存在感，在孟加拉全域急速增加。

一七六五年，三度前往印度的克萊芙與納瓦布之間締結了新的條約，稱為阿拉哈巴德條約。條約中禁止納瓦布握有軍隊，英國東印度公司則獲得孟加拉與其周邊的比哈爾、奧里薩等三州的迪瓦尼（Diwani，意指財政長官）職務。這個職務主要管理租稅的徵收及支出。公司從徵收的租稅中，撥出一定額度交給蒙兀兒宮廷與納瓦布，其餘的金額則可以自由地用在自己的活動中。如果幫英國東印度公司說出他們的主張，想必就是：「解散無用的軍隊，依靠英國東印度公司的兵力吧！至於我方軍隊的俸祿，就用孟加拉的稅收來支付。」

克萊芙在普拉西戰役後，就已經獲得納瓦布贈與的封地（Jagir），並且把在封地徵收的二萬八千英鎊稅收，納進自己的口袋裡。東印度公司的一介職員成為印度的「領主」，這件事情的影響太大，使得公司內部不斷地針對其正當性進行討論，但這次偏偏連公司本身都成為孟加拉的領主。

正當性姑且不論，克萊芙為什麼僅僅只取得一次勝利，就能獲得封地呢？而英國東印度公司就算提供軍事上的援助好了，但光憑這點就能成為印度的領主，未免也太容易了吧？讀者或許也會有這些疑問吧？他們能夠取得封地或領地靠的不是武力，而是納瓦布的賞賜。這點對於南印度的法國東印度公司而言也相同。

如果回想起第二章說明的印度洋海域王權理論，或許就能得到這些問題的解答。南亞、西亞等印度洋海域的王權，自古以來就會提供豐厚的賞賜，給予為自己帶來某種貢獻的人物或集團，無論他們信仰什麼樣的宗教、屬於哪個民族。最具代表性的例子就是伊朗移民曾登上王國宰相之位。來自印度次大陸以外的人，像這樣在王國取得高位、或是重要職位的情況並不少見。他們甚至曾因為預見英國東印度公司能為自己領地中的港鎮帶來發展，而將港鎮的半數關稅收入分給公司。在這個地區的王權身上，看不到以德川日本為典型的內外之分，接受外來者的「有容乃大」，以及統治的是人而不是領地，是其最大的特徵。

有了這樣的背景知識後，我們就能充分理解新納瓦布的行動。他能夠即位，靠著就是克萊芙與英國東印度公司的支援。儘管他們來自外地，但給予他們與功績相符的賞賜也是理所當然。納瓦布順著印度洋海域王權的傳統思維，照例將經常成為賞賜內容的某個領地的稅收，賞給克萊芙與英國東印度公司。

然而時代改變了，雙方的軍事力產生了懸殊的差距。納瓦布已經不可能在沒有英國東印度公司武力援助的情況下，統治其領地。而且英國東印度公司的背後，是逐漸銳變為近代主權國家的英國本國。將領土交給公司經營，就等於是把領土送給英國這個主權國家。日後回過頭來看，納瓦布給予英國東印度公司的，不再只是從前那種單純的賞賜。

## ◎英國東印度公司的轉變

克萊芙對於獲得迪瓦尼的地位相當得意，他說了下列這段話：

「淨利達到一百六十五萬英鎊。就算在印度購買所有出口用商品與中國特產品，以回應印度其他地區的商館要求，依然能夠留下相當的金額。」

「一般在東印度進行貿易的人，必須運來銀幣以購買商品。但自從我獲得迪瓦尼的地位之後，英國東印度公司就再也不需要搬運銀幣了。我們不需要送來任何一毛銀圓，就能進行投資、支付行政與軍事費用，甚至將大量的白銀送往中國。我成為迪瓦尼之後，納瓦布的所有權力都轉移到東印度公司手上，至於納瓦布留下的，就只有名義上的權威而已。」

如果事態真如克萊芙所說的那樣，這確實是一件美事。然而話說回來，原本應該追求貿易利潤的一介貿易公司，站上左右他國領主地位的立場，甚至還獲得稅收，真的不會出問題嗎？話雖如此，公司如果能在印度最主要的棉織品產地孟加拉握有莫大權力，在商品的調度與關稅方面建立有利的立場，拉開與對手荷蘭及法國東印度公司之間的差距，應該是一件值得開心的事情吧？「克萊芙，幹得好！」──公司行政部門的人在剛接到有關條約的消息時，多數都是這樣的反應。

當時英國與法國之間在北美洲與南印度的紛爭，才剛因為英國在七年戰爭中取得勝利而總算有個了結，倫敦沉浸在亢奮的情緒中。克萊芙在印度的成功，在這樣的氣氛下也被視為錦上添花的豐功偉業。

但是，公司的行政部門很快就了解這個「豐功偉業」真正的意義。他們不得不承認，公司的特質從貿易公司大幅轉變為握有領土的政權這個現實，與隨之而來的英國政府與公司之間的關係變化，早晚會為他們帶來苦果。

## 荷蘭東印度公司的變質

### ◎亞洲境內貿易的變化

直到十八世紀中葉為止的這段時期，急速成長的法國東印度公司一再以印度為舞台，與英國東印度公司上演軍事衝突。那麼最大的貿易公司荷蘭東印度公司，又呈現什麼樣的狀態呢？在此為各位讀者做個整理。

十七世紀前半到中葉之後，荷蘭東印度公司在亞洲海域的活動看起來一帆風順。他們控制高級香辛料產地摩鹿加與班達群島，並在台灣建造商館作為中國貿易的基地。不僅如此，他們還壟斷與日本的貿易，在錫蘭設置不下於巴達維亞的中心據點，同時也成功地在印度各地建立貿易基地。荷蘭東印度公司的事業特徵，就是透過這許許多多的商館建立網路，執行在亞洲境內的貿易。由於他們能在日本及波斯取得金、銀、銅，因此不像英國東印度公司那樣必須從本國帶出大量的貴金屬。他們使用亞洲境內的貴金屬，就能購買一定數量的印度棉織品、中國陶瓷器、蠶絲等亞洲各地的特產品。

筆者試著舉出十七世紀後半的一個例子。在長崎取得棹銅的荷蘭東印度公司，將這些銅帶到東南印度的科羅曼德爾海岸交換棉織品。接著他們再帶著這些棉織品前往東南亞各地，交換胡椒、香辛料、染料以及鹿皮與鯊魚皮等商品。他們將部分換得的商品送往歐洲，鹿皮及鯊魚皮則再送回長崎交換銅。這樣的制度讓他們在每次交換時都能獲得利益，十七世紀中葉之後，歐亞之間的貿易先不論，但光是亞洲境內的貿易，就足以讓他們取得經營公司所需的收入。就這層意義來看，長崎的貿易對公司而言就極為重要，這也是荷蘭人即使略感屈辱，也甘於忍受德川政權提出的無理要求。

然而亞洲境內的貿易情勢，到一六八〇年代以前已發生了劇烈的變化。首先，台灣的商館被鄭成功奪去，公司失去了中國貿易的據點。其次，日本的德川政權採取貿易量限制政策，荷蘭人無法再輕易地從日本運出大量的銀與銅。再者，印度的棉織品愈來愈受歐洲人歡迎，導致出口價格上漲，他們很難再把這些棉織品進口到物價便宜的東南亞。而且波斯的政情在進入十八世紀之後變得不穩定，無法再出口金銀。因此在一六八九至一七〇〇年之後，公司的亞洲境內貿易由盈轉虧，他們不得不從荷蘭本國運出貴金屬以購買亞洲的商品。從表格即可看出，貴金屬的出口量在

| （年） | 貴金屬出口量（單位：荷蘭盾） |
|---|---|
| 1602-09 | 5,207,000 |
| 1610-19 | 10,186,000 |
| 1620-29 | 12,360,000 |
| 1630-39 | 8,500,000 |
| 1640-49 | 9,200,000 |
| 1650-59 | 8,400,000 |
| 1660-69 | 12,100,000 |
| 1670-79 | 11,295,000 |
| 1680-89 | 19,720,000 |
| 1690-99 | 28,605,000 |
| 小計 | 125,573,000 |
| 1700-09 | 39,275,000 |
| 1710-19 | 38,827,000 |
| 1720-29 | 66,030,000 |
| 1730-39 | 40,124,000 |
| 1740-49 | 38,275,000 |
| 1750-59 | 58,396,000 |
| 1760-69 | 53,542,000 |
| 1770-79 | 48,317,000 |
| 1780-89 | 47,896,000 |
| 1790-95 | 16,972,000 |
| 小計 | 447,654,000 |

從荷蘭出口到亞洲的貴金屬量變化

一六九〇年代之後大幅增加。荷蘭東印度公司也就此失去了對他國東印度公司的其中一項優勢。

## ◎躊躇不定的領土擴張

巴達維亞所在的爪哇島，發生了瑪塔蘭王國（Sultanate of Mataram）與萬丹王國之間的內亂。公司處心積慮介入紛爭，企圖將友善面對公司活動的君主扶上王位，並且將爪哇島內陸與北部沿岸等交通、運輸要地，置於自己的主權之下。於是到了十八世紀中葉為止，公司終於將西爪哇與巴達維亞的腹地，以及爪哇島北部的沿岸地區等，納入其直轄地。這一連串政策目的，都是為了確保貿易安全、生產砂糖等新的貿易商品，而不是為了統治領地取得稅收。不過就結果來看，荷蘭東印度公司確實占領了摩鹿加及班達兩群島，以及部分的爪哇島，因此規模雖小，卻已然成為「領土國家」。

荷蘭歷史學家赫斯特拉（Gaastra）將這稱之為「躊躇不定的領土擴張」。就像英國或法國東印度公司一樣，維持領土需要負擔龐大的軍事費用，以雇用兵員及購買武器彈藥，因此擁有領土不一定是貿易公司樂見的狀況。進入十八世紀之後，巴達維亞的衛生狀態顯著惡化，許多來自歐洲的人都因為瘧疾等傳染病而倒下，使公司為了維持領土的兵員補充遭遇極大的困難。唯一的解決方式就是在軍隊中雇用當地人，因此東印度公司的士兵中，來自東南亞島嶼的人占了大多數。

本國的「十七紳士」（十七人董事會）與巴達維亞評議會的多數成員都認為，東印度公司是以貿易為主要事業的貿易公司，不應該把領土擴張及領土維持視為目的。這個論點與法國東印度公司相同。走上領土國家之路並非荷蘭東印度公司的本意，但荷蘭本國在不得已之下接連與英法兩國戰鬥，也沒有多餘的心力認真思考這件事情。

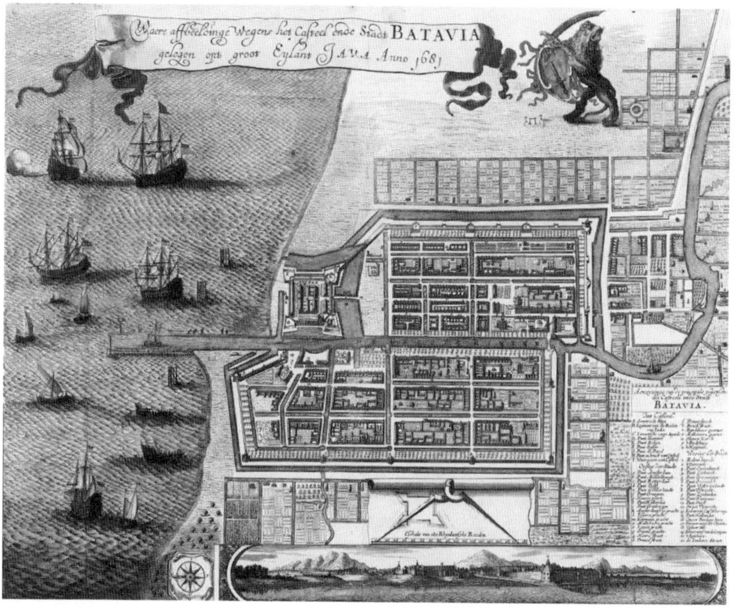


巴達維亞的城市街道圖（1681 年）

一方面也是因為，東南亞並沒有那麼多直接的軍事行動發生，所以如果無視英國與法國的公司在南印度挑起的爭端，十八世紀中葉左右的荷蘭東印度公司在西北歐諸國的東印度公司當中依然擁有最龐大的貿易量。直到十八世紀後半之後，事態才急轉直下。

# 第九章

# 東印度公司的終結與亞洲海域的變化

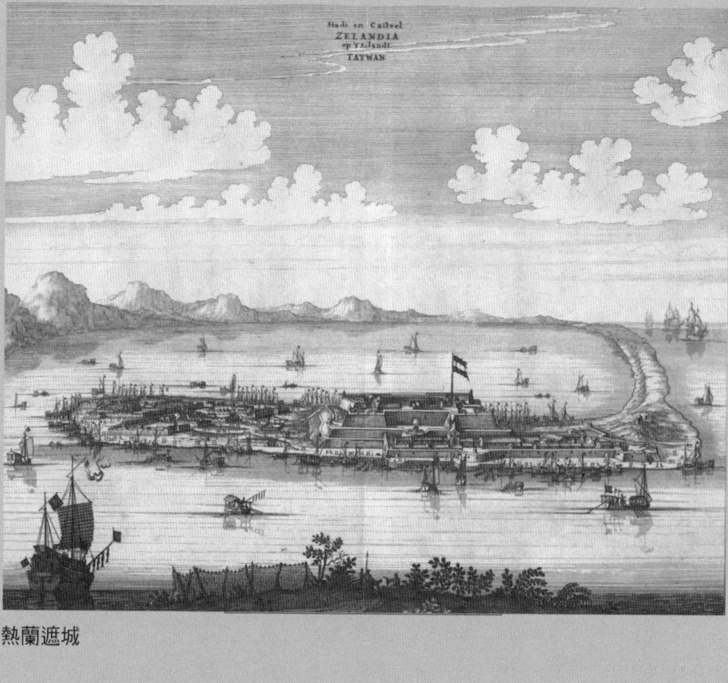


熱蘭遮城

## 英國東印度公司的困境

### ◎波士頓茶黨事件

一七七三年十二月十六日，英國在北美麻薩諸塞州的殖民地港鎮波士頓，爆發了知名的「波士頓茶黨事件」。殖民地獨立激進派的山繆．亞當斯（Samuel Adams），與其餘六十名左右的殖民地人喬裝成原住民印地安人的樣子，襲擊三艘停靠在岸邊的東印度公司船隻，將船上的三百四十二箱，總價值一萬八千英鎊以上的茶葉倒入海中。這個事件在日後的描述中也被視為美國獨立革命開始的象徵。

英國議會在同年六月制定的《茶葉法案》，是事件的直接主因。制定這條法案的目的，是為了挽救財務狀況惡化的英國東印度公司。法案允許公司不須經過英國本國，即可直接將茶葉進口到殖民地進行壟斷販賣，同時也大幅調降殖民地的茶葉進口稅率。至於已經進口到英國的茶葉，不僅退還進口稅，還可再次出口。

中國茶直到這段時期也都還是北美殖民地居民的必需品。但英國東印度公司有時候不僅得支付超過百分之百的高額關稅，還得先將茶葉進口到英國，接著再支付出口稅將其運到北美殖民地。所以住在北美殖民地的人如果想向宗主國英國正式購買茶葉，就必須支付超過本國的高價。英國首相弗雷德里克．諾思（Frederick North）認為，《茶葉法案》通過之後，東印度公司不僅可以收到退還的進口稅，還能將庫存的茶葉出口到殖民地販賣，至於殖民地的人則能喝到便宜、品質好的茶，因此對雙方而言應該都不是壞事。

但無論如何，殖民地進口商品的稅率都是由英國本國自行決定，對殖民地的人而言，這件事情本身就無法接受，與稅額高低無關。而且殖民地一定只能向英國東印度公司購買茶葉的「壟斷」販賣也是問題。再者，波士頓原本有許多靠著把茶葉走私到北美維生的人。他們避開英國本國的高額關稅，以低廉的價格向荷蘭與瑞典的東印度公司或法國商人買進茶葉，再將這些茶葉賣到北美殖民地。因此接不接受《茶葉法案》對他們而言是攸關生死的問題。這些因素累積起來，就導致了這場知名的歷史事件。

這次的事件成了北美殖民地把脫離英國獨立當成目標的契機，不過這與本書的主題沒有直接關係。在此希望讀者們把焦點擺在「財務狀況惡化的英國東印度公司」，不得不靠英國政府出手相救的事實。波士頓茶黨事件發生的時間，距離克萊芙取得迪瓦尼（Diwani）之位只有短短的八年，當時他還曾自豪地誇口，豐富的稅收想必能為公司財政帶來極大的貢獻。這樣的公司，為什麼會陷入需要政府出手相救的困境呢？

## ◎東印度公司的財政危機

東印度公司在短短幾年內陷入財務危機有幾個理由。首先是股息比率提高。英國本國的投資者，預期公司成為「領主」之後，將因稅收而帶來莫大收益，因此爭相買進東印度公司的股票，導致東印度公司股票成為大幅上漲的投機股。預期獲得高收益的股東，要求公司增加股息。公司只好在一七七一年將原本只有百分之七到八的股息比率，調升到百分之十二點五。股息比率提高之後，支付股息對公司而言就成為辛苦的負擔。

其次，中國產的茶葉在北美的殖民地開始滯銷也帶來很大的影響。因為中國產的茶葉在當時是東印度公司的主力商品，但北美在七年戰爭結束後，為了抗議本國對進口茶葉徵收的稅金而抵制東印度公司帶來的茶葉，改從荷蘭或法國走私茶葉。北美殖民地販賣的茶葉是先進口到英國的不良庫存品，而東印度公司為了將茶葉先進口到英國，還必須支付高額的關稅。有一說指出，其稅額高達一百萬英鎊以上。因此《茶葉法案》的目的就是將東印度公司從這個困境中拯救出來。

不過最大的理由應該是成為印度的「領主」並未帶來預期中的收益。英國本國東印度公司的重要幹部完全沒有體認到，一七六五年獲得迪瓦尼之位所代表的意義。他們雖然長久以來經營貿易公司，但擁有在印度實際工作經驗的人極少，因此根本不了解當地情況。

獲得迪瓦尼之位實際上代表著統治孟加拉的二千萬人民，並能徵收高達三百萬英鎊的稅金。這個時期的英國東印度公司，一整年從印度全境出口的棉織品總額也不過一百萬英鎊左右。而二千萬人更是超越當時英國的人口。該如何才能在這塊語言和習慣都不同的遙遠土地上，有效率地徵收稅金、提升公司收益，卻又不引起當地人的反感呢？總公司裡沒有人能夠擬定具體的方針並下達指令。其中甚至還有人天真地相信克萊芙的話，以為即使擺著不顧，公司也有龐大的收益從天而降。面臨新態勢的孟加拉接二連三將報告送到總公司的經營團隊面前，但他們卻完全沒有能力處理。

當然，稅金不是什麼都不做就會自動湧出。孟加拉商館每天都必須順暢地完成業務。無論是沿襲原本的方法也好、還是採用新的方式也好，想要徵收稅金，就要有縝密的制度與人手。往返倫敦需要一年以上的時間，總公司又無法作出適切的判斷，因此即使發生問題，也不能一一請示倫敦總公司，多數情況下都由加爾各答的商館長或上級商務員採取臨機應變的方法解決。

徵稅與統治是互為表裡的關係。如果想要徵收稅金，就必須維持治安、保持社會安定，為人民打造能夠納稅的環境；也必須任命熟悉當地情勢的人實際負責徵稅、與其建立信賴關係、準備帳本、並著手處理複雜的會計業務。光是進行這些基礎作業就要花一筆錢，但公司卻在南印度展開邁索爾戰爭、在北印度與馬拉塔勢力持續陷入敵對關係。執行這些軍事行動也需要莫大的費用，而這筆龐大的軍事費用卻必須由公司自行負擔。

不巧的是，孟加拉在一七七〇年發生大饑荒，據說多達百分之二十五的居民餓死，因此東印度公司的徵稅活動更是窒礙難行。而且派駐當地的東印度公司職員還濫用職務權限，累積鉅額的私人財產，這樣的舉動也使徵得的稅金也不如預期。舉例來說，稅務承包人故意以降低稅額作為收賄手段、收賄者與稅務承包人聯手私吞部分稅金等等，方法非常多。這些有組織的舞弊乍看之下卻是合法行為，因此倫敦方面想要徹查也極為困難。公司雖然在孟加拉發行巨額匯票，以付錢給這些致富的東印度公司職員或當地的自由商人，但身為付款者的倫敦東印度總公司即使拿到匯票，也準備不出金額相符的現金。公司向英格蘭銀行的借款也水漲船高，但還款的計畫卻遙遙無期。

這些理由綜合在一起，導致公司的財務狀況急轉直下。東印度公司雖然只是一家民間公司，但董事的友人或公司的股東中，卻有不少有力政治人物。再者，新舊兩公司合併之後，東印度公司便成了政府的債權人，財務經營的健全與否，直接關係到英國經濟的起落，兩者之間密不可分。所以政府無法對公司的困境視而不見，最後首相諾思只好在一七七三年制定

《管制法》（Regulating Act），也就是前面提到的《茶葉法案》。

政府根據《管制法》貸款一百四十萬英鎊給瀕臨破產的公司，並將股息比率限制在百分之六，幫助公司暫時脫離危機。但政府出手相助卻是有條件的，自此之後，英國政府對於東印度公司的經營，開始能夠行使一定的影響力。此外，東印度公司在印度的活動，原本由孟加拉、馬德拉斯、孟買三地的總督各自進行，但自此之後，孟加拉總督必須負起整體統籌的責任。這是因為倫敦總公司不是一個可靠的行政機關，倫敦討論如何處理當地發生的事態也需要耗費太多的聯絡時間，所以東印度公司需要一個能夠統籌管理當地的行政單位。第一任孟加拉總督由沃倫·黑斯廷斯（Warren Hastings）就任，他強力的指導讓公司對印度的統治逐漸步上軌道。

沃倫·黑斯廷斯　第一任孟加拉總督。

## ◎亞當・斯密對東印度公司的批判（一）壟斷貿易

古典派經濟學始祖亞當・斯密（一七二三－一九〇年）的知名著作《國富論》在一七七六年出版。換句話說，東印度公司的財政問題在社會上吵得沸沸揚揚的時候，斯密也正在構思他的著作。不出所料，他在這本書中竭盡所能地對東印度公司展開嚴厲的批判。他的批判內容涉及許多方面，但大致而言可以歸納成兩個方向，分別是關於壟斷型貿易公司這類公司型態的批判，以及關於公司經營方式與職員舞弊的批判。接下來就讓我們依序探討其內容：

> 東印度公司這種壟斷型企業，在各個方面都是有害的。對於其所設立的國家或多或少會帶來不利；而對於接受其支配的國家與居民，則會帶來破壞性的打擊。

東印度公司的特權獲得國家認可，但是亞當・斯密主張自由放任主義市場經濟才能為國家與國民帶來富足，因此他難以接受這種壟斷型貿易公司的存在。據他所說，貿易由某個公司壟斷會帶來兩項弊端。第一，只要開放自由貿易理應就能以低廉價格販賣的商品，卻因為壟斷而使其售價高出許多。第二，壟斷將使多數國民被排除在符合高收益性的事業之外。

當然，亞當．斯密也沒有從一開始就否定東印度公司的存在。

若是數名商人合作，自行負擔風險與經費，拓展與遙遠未開化國家之間的貿易，那麼允許其成立合股公司，在成功的情況下給予其數年的貿易壟斷權，也稱不上不當。因為這些商人若能透過嘗試，賭上危險與經費，在日後為整體社會帶來利益，那麼國家給予其一定期間的壟斷權，作為嘗試的回報，確實是簡單又自然的方法。（中略）但過了規定的期間之後，就必定得結束壟斷。若判斷要塞與守備隊有其必要，則必須由政府接手，支付公司對價補償，並對所有國民開放貿易。

換句話說，亞當．斯密認同東印度公司在剛成立的數年間進行壟斷貿易。問題在於公司成立已經超過一百七十年，壟斷貿易卻依然持續。斯密提倡的自由貿易思維，不久之後在政治家與知識分子之間形成多數派，並納入政府的政策當中，在十九世紀前半，掌握了東印度公司的命運。

## ◎亞當・斯密對東印度公司的批判（二）對印度的統治

亞當・斯密的另一個批判是，東印度公司對印度的統治有著根本上的矛盾。原文稍微有點冗長，在此試著簡單整理其論旨。

亞當・斯密指出，東印度公司的問題就在於統治印度時，依然不脫其經營貿易公司的手法。他的論述如下。

東印度公司作為統治印度的主權者，應該以增加印度的收入為目標。因此必須盡可能透過提高印度產品的產量以增加國民收入、努力確保這些產品的銷售市場、允許自由交易、增加買方人數以促進競爭，並廢除運送及進出口的限制。但是東印度公司依然將買賣商品視為自己的主要事業，站在商人的立場，把來自歐洲的商品在印度高價賣出，並且致力於在印度低價買入商品。這樣的立場與身為印度主權者的立場有著根本上的矛盾。

「商人的公司即使統治他國，似乎依然沒有把自己當成主權者」、「他們在日常業務中，重視站在壟斷商人的立場可以取得的暫時性微小利益，勝過於站在主權者立場能夠得到的永續龐大利益」。東印度公司遭受斯密猛烈的批評。

此外，亞當・斯密具體指出壟斷型公司常見的職員舞弊行為，這點也相當耐人尋味。據他所說，管理某處耕地的職員，曾對農民下達將罌粟田改成水田，或是將水田改成罌粟田的命令。這麼做是為了調整罌粟的產量以配合該年的鴉片供給，與荷蘭東印度公司在摩鹿加群島針對高級香辛料進行的產量調整相同。這位職員本身也從事鴉片的私人貿易，他的行為只是為了中飽私囊。東印度公司是印度的主權者，他的行為已經使他失去任職於這間公司的資格。

亞當・斯密的嚴厲批判，確實挑出了東印度公司與其職員統治印度的問題點。我想東印度公司的經營團隊，也無法對這樣的批判提出有效的反駁。事實上，下一節也將提到，《國富論》出版後不到十年，東印度公司的組織與經營方法就遭到根本性的修改。成為領主的東印度公司，就此失去民間貿易公司所擁有的自由。

## ◎《國富論》的極限

不過筆者在介紹東印度公司的轉變之前，想要先簡單聊一下《國富論》的極限——亞當・斯密把「國（nation）」當成一個普遍的概念進行論述。「無論哪個國家都一樣，該國的國民一整年的勞動行為，是生產生活必需品、豐富生活的便利品等國民一整年消費的所有物品的泉源」、「政治經濟學的目的，就是幫助國民與國家變得更富足」、「主權者的首要義務就是在他國的暴力與侵略中保護自己的國家，而軍事力對於履行這項義務而言不可或缺」。這些文章的前提，都是「主權國家」的存在。而我們也知道，以國民為主權擁有者的「民族國家」的概念，早在十八世紀的英國就已經建立起相當明確的雛形。

另一方面，亞當．斯密也把中國與印度當成「國」，放在與歐洲各國相同的標準下分析。然而在他所處的時代背景下，把中國與印度當成和歐洲各國同樣的主權國家探討，真的適當嗎？本書屢次提到印度洋海域的政權對海外貿易及其他地區的人所採取的態度。從他們的態度中，看不到「主權國家」的思維。「本國人」與「外國人」的區別還不明確，「國民（nation）」的概念也尚未建立。至少政權的支配領域與「國民」沒有完全重疊。亞當．斯密時代的「主權國家」恐怕只有西北歐洲及日本。在這種情況下，亞當．斯密以主權國家普遍存在為前提建立的論點，適用範圍能有多廣呢？筆者認為，我們必須從這種批判的角度，重新閱讀一次《國富論》，並試著驗證其內容與理論。

## ◎《印度法案》的成立

一七八四年在英國首相威廉．皮特的主導下制定的《印度法案》，為東印度公司與國家的關係帶來根本的變化。在這條法案成立的前不久，亞當．斯密在《國富論》中增加了一段新的文章。

> 東印度公司現在（一七八四年）陷入了幾乎是前所未見的經營危機，瀕臨破產邊緣，於是再度請求政府支援，試圖免於破產。（中略）議會中各黨派的任何一項計畫，都一致顯示東印度公司完全不適合支配領土。公司本身似乎也意識到自己不具備那樣的能力，希望交由政府處理。

儘管有諾思的《管制法》，東印度公司依然在十年內再度面臨財政破產。但另一方面，也有幾位東印度公司的職員，在短時間內累積了難以置信的財富，並且帶著這筆財產回國，在國內被稱為「Nabob」（納瓦布〔Nawab〕的英語腔），過著優雅的生活。當時英國軍隊在美國獨立戰爭中陷入苦戰，印度也有許多人餓死，「公司在印度實施的到底是什麼樣的統治啊？」許多人都產生了這樣的疑問。就這層意義來看，當時的東印度公司只剩下接受政府管理這個選項了。

英國根據制定的法律，成立了一個由國王任命的委員會。這個委員會一般稱為「管理委員會」或是「印度委員會」，負責監督、指導、管理東印度公司的民政、軍事、商業活動，而這些活動都與東印度公司在印度的稅收有關。東印度公司的董事會在這個委員會底下，如過去一般執行他們的正常業務。但是印度總督與司令官的任命必須取得國王的許可，印度寄來的信件與董事會寄往印度的信件也必須向委員會提出副本。董事會寄往印度的信件必須通過委員會審核，如果委員會要求變更內容，董事會也必須聽從。為了防止員工不當斂財，法律中也規定，員工以禮物為藉口收受的金錢與有價物品，全部屬於職務上的不當所得，從事這些行為將會受罰。

《印度法案》制定之後，東印度公司的經營在法制上就隸屬於政府監督之下。東印度公司自成立以來的民營貿易公司的歷史，可以說就在這時落幕。如同前述，英國東印度公司這時採取的經營體制，與法國東印度公司成立以來採取的體制極為相似。這或許是在研究英法兩國的政治制度與政府角色的歷史時，不可錯過的一個耐人尋味的觀點。

## ◎壟斷型貿易公司的終結

雖然政府開始參與公司的經營，但東印度公司在這之後的大約三十年間，依然維持貿易公司的體制，將東印度的商品運回英國販賣，也將英國的商品出口到東印度，壟斷英國與東印度之間的貿易。公司在印度實施直接統治的地區逐漸擴大，儘管遭受亞當・斯密的批評，公司依然繼續保有在統治的同時也從事商業活動的矛盾性格。

中國的茶葉是這段時期特別重要的進口商品。《印度法案》制定的同年，茶葉的進口稅率一口氣從百分之一百一十九調降到百分之十二，使得茶葉的進口量爆炸性地增加。東印度公司原本使用本國運出的白銀購買茶葉，但光靠這些白銀已經供不應求，於是在正式開始統治印度之後，愈來愈常將印度生產的鴉片運入中國以交換茶葉。公司自一七七三年以來，就獲准在印度領地壟斷鴉片的生產。如同大家所熟知，這些鴉片日後在中國社會造成嚴重的鴉片成癮問題，埋下了鴉片戰爭的伏筆。

然而到了十八世紀末期，英國社會開始出現明顯的變化徵兆，這些徵兆顯示，東印度公司這個持續兩百年的組織，愈來愈不符合時代。這裡所說的徵兆，指的是工業革命的開始與自由貿易的主張。隨著工業革命的發展，十八世紀末的英國開始能夠大量生產物美價廉的棉織品。海外對英國製棉織品的需求必然因此提升，這個結果促使資本家的人數增加，他們開始在政治上掌握大權。資本家當中也有人希望投入資本，展開與亞洲之間的貿易事業，這些人更加強烈地批評只有東印度公司壟斷東印度貿易的現狀，認為這是不恰當的做法，要求政府開放自由貿易。亞當・斯密認為只有自由貿易才能使國家富裕的理論，成為他們強大的助力。「壟斷」貿易在十七世紀初公司誕生之時曾是常識，但這個做法在不知不覺間已經過時了。

公司與政府一體化之後便無權決定自己的經營型態，只能遵循政府的方針。特許狀每二十年到期一次，國會在這時會展開討論，檢視東印度公司的特權與經營型態，而公司就在討論當中，階段性地失去壟斷型商業公司的特質。於是英國在一七九三年開放部分的印度貿易，一八一三年結束印度的壟斷貿易。公司在這時壟斷的只剩下與中國之間的貿易而已。但是與中國之間的壟斷貿易也在一八三三年結束，公司的商業活動從這時開始全面停止。東印度公司從此以後轉變為國家外派印度的統治機關，依然持續存在二十多年。雖然名稱不變，但性質已經與我們所知的貿易公司完全不同，這時的東印度公司，只不過是個統治領土的組織罷了。

# 法國與荷蘭東印度公司的解散

## ◎法國東印度公司的解散

如同上一章所描述的，法國東印度公司是在法國政府主導之下成立的組織。政府提供公司各方面的優待措施，譬如資金補助、水手募集、皇家海軍用的木材配給、關稅減免等等。法國東印度公司靠著這些優待，一口氣挽回起步比英國與荷蘭東印度公司晚的劣勢。雖然歷史沒有「如果」，但如果公司的幹部在一七五〇年代初期，積極從貿易公司轉型為領主勢力，委託法國政府經營領土，那麼或許日後存在的就不是英屬印度，而是法屬印度了。因為就政府負起經營責任這點來看，法國公司走在英國公司的前端。

當然，也有因為接受政府庇護才會肇生的弱點。首先，公司在民間不一定能夠籌措到豐富的資本。再者，如果法國政府陷入財政危機、或是對東印度貿易失去興趣，公司就會遭遇嚴重的困難。

這些缺點在一七五六至六三年的七年戰爭之際浮上檯面，最後成為公司的致命傷。位於歐洲大陸的法國基本上是陸軍國，海軍並不強盛，因此法國東印度公司的船隻在海上得不到海軍充分的保護，經常遭到英國海軍攻擊，很難將補給物資安全地送到印度。這也是法國東印度公司的軍隊在南印度陷入苦戰的原因之一。此外，在七年戰爭中戰敗的法國政府，必須支付高額的賠款，沒有多餘的資金能夠挪給東印度公司。公司需要資金運作才能維持活動，但巴黎也不像倫敦那樣，擁有如十七世紀末成立的英格蘭銀行一般獨立而且穩定的金融機構，所以公司的資金一下子就難以周轉。政府也沒有餘力拯救東印度公司，所以儘管在一七五〇年代初期，法國東印度公司在南印度展現幾乎要將英國東印度公司趕跑的氣勢，最後只能在一七六九年草草結束。

而且企圖投資外國貿易的人，譬如從事西印度貿易的貿易商人，在此之前就向政府提出請求，希望政府停止東印度公司的壟斷貿易，允許管制較少的自由貿易。這些人的意見也促成了東印度公司的廢止。一七七五年，從本國到馬斯克林群島（模里西斯）之間的東印度貿易正式自由化。雖然馬斯克林群島與印度及中國之間的貿易依然由壟斷型公司霸占，但法國在自由貿易的領域也依然領先英國。一七八七年之後，法籍商業資本家與東印度之間的貿易總額已經成長到超越荷蘭東印度公司。然而其活躍的貿易活動也維持不了多久。因為法國大革命在不久之後爆發，本國在一七九三年到一八一五年之間，陷入幾乎無間斷的戰爭與政治動亂，使得他們的海上貿易不得不縮小規模，甚至中斷。

## ◎荷蘭東印度公司的失控與廢止

荷蘭東印度公司從十七世紀初創立以來至一七六〇年代，一直在西北歐洲的東印度公司中擁有最大的規模與貿易量。然而到了一七八〇年代初期，這間盛極一時的公司只過了短短二十年，就因為二千五百萬荷蘭盾以上的負債苦苦掙扎，向荷蘭政府申請緊急財政支援。在這之後又過了十年，公司在一七九五年因破產而國營化，失去艤裝船隻的能力，最後終於在一七九九年廢止。事態的發展太過突然，這間公司到底發生了什麼事呢？

一般認為直接的原因是一七八〇年十二月展開的第四次英荷戰爭。荷蘭東印度公司的船隻，接連遭占有優勢的英國海軍捕獲，好不容易取得的亞洲物產幾乎無法送到荷蘭。光是商品遭到沒收就已經是嚴重的損失，再加上商品如果不送到荷蘭出售，就無法取得現金收入。沒有現金就無法艤裝船隻或是準備送往亞洲的商品，巴達維亞等亞洲商館發行的高額匯票也無法兌現。公司逃不出這個短期內突然出現的惡性循環，不久之後就面臨破產。

公司難道不能在事態演變至此之前，採取一些預防措施嗎？然而問題似乎不是那麼簡單就能解決。如同先前的說明，英國與法國東印度公司無法持續經營的原因，在某種程度上相當明確。英國的原因是經營印度領地伴隨而來的軍事、行政費用增加；法國的原因則是法國政府的財政問題。相較之下，荷蘭東印度公司經營惡化的原因，就顯得複雜而多重。筆者試著在下面列出專門研究荷蘭東印度公司歷史的研究者所舉出的衰退原因。

（1）公司的經營團隊在進入十八世紀後開始變得無能；（2）公司員工貪汙；（3）會計制度的缺陷與帳冊的不完備；（4）相較之下資本沒有增加；（5）荷蘭本國的「十七紳士」（十七人董事會）與巴達維亞評議會之間的不和與意見相左；（6）高股息比率；（7）亞洲境內貿易的不順利；（8）爪哇島的軍事費用增加；（9）歐亞之間的貿易利潤減少；（10）失去印度洋西海域的商館群；（11）巴達維亞的衛生狀態惡化導致人力資源折損；（12）荷蘭本國的軍事力弱化（在英荷戰爭中敗北）。

儘管列出了這麼多項原因，卻沒有哪一項是決定性的。這些原因在整個十八世紀累積起來，最後逐漸奪去公司的活力，等到發現的時候公司早已病入膏肓。

筆者先針對幾個項目進行補充說明，首先是（2），荷蘭東印度公司與英國及法國的公司不同，他們禁止員工從事亞洲境內的貿易。所以員工無法像馬德拉斯的耶魯、或本地治里的布爾多內一樣，擁有自己的船隻，公開進行私人貿易。但是亞洲境內貿易帶來的龐大利益使他們難以抵擋誘惑，幾乎所有的員工都想方設法利用公司的船隻從事私人的商品買賣。他們的活動導致公司失去部分正當收入。

其次是（4）。十八世紀初期，公司的經營順利，收益逐漸累積，但公司並未把這些收益拿來強化資本，而是當成股息配給股東，所以急需資金運轉的時候，只能仰賴借款。再加上會計制度與帳冊的不完備，使得經營團隊無法充分掌握經營的實際情形，這也是造成公司失控的原因。

至於（9）則指出了交易量增加，獲利率卻大幅下滑的問題。公司順利經營的一六六〇至七〇年代，亞洲運回的三千一百萬荷蘭盾的商品，能夠以將近三倍的訂價九千二百萬荷蘭盾賣出，但一百年之後，九千萬荷蘭盾的商品的賣出價格是二億一千四百萬荷蘭盾，大約只有兩倍多。到了十八世紀後半，大量運回的亞洲商品逐漸變得大眾化，稀有性降低，獲利率也就減少了。

## ◎逐漸轉變的時代

除了公司史專家提出的理由之外，筆者也想指出，荷蘭東印度公司壟斷貿易的經營體制與特質，也和英國的公司一樣逐漸過時，無法良好地適應日益轉變的時代。當時正值法國大革命的前不久，民族國家的概念逐漸在西北歐洲誕生的時期。一七八一年九月的某個晚上，荷蘭的愛國主義運動鬥士發放了一份以《致荷蘭國民》為標題的手冊，只要閱讀這份手冊，就能充分理解筆者想要表達的內容。

諸位同胞！現在正是我們一同再起的時候。請諸位關心國家整體的問題，因為這也是諸位自身的問題。這個國家是諸位的共同財產，不是奧蘭治親王（荷蘭共和國執政）與門閥市民的占有物。他們將自由人巴達維人的後代，也就是我們全體荷蘭國民當成世襲財產，或是當成可以隨心所欲剃毛宰殺的牛羊來對待，而實際上也確實如此。（中略）所有的國民才是這個國家真正的所有者，才是這個國家的主人。關於國家該如何治理，政治該由誰負責，諸位都有資格發言。

撰寫這份手冊的鬥士，接下來也舉出荷蘭東印度公司的例子，內容大致如下：

東印度公司是商人的公司，扶植這間公司是為了在東印度進行貿易。如果公司的絕大多數，甚至是所有參與者都希望公司的經營團隊輪替，那麼執行他們的希望就是經營負責人的義務，因為公司真正的所有者、真正的主人不是經營負責人，而是公司參與者，經營負責人只不過是公司參與者的僕從。「國家」這間公司也是同樣的道理。支配諸位的奧蘭治親王與掌權者，只能以諸位之名行使權力。諸位才是「國家」這間公司的參與者、所有者與主宰者。

荷蘭東印度公司採取的當然不是上述的體制。「十七紳士」代表的經營團隊，掌握了公司經營的所有一切。就像奧蘭治親王與其他掌權人所支配的尼德蘭共和國一樣。運動鬥士的主要批判對象雖然是共和國，但也把東印度公司當成陳腐體制的象徵，展開間接批評。賦予國民同等權利的民族國家體制，與壟斷貿易或壟斷型公司的思維在根本上就不相容。

荷蘭東印度公司也統治了爪哇島、摩鹿加群島以及南非的開普殖民地等數個領地，這些領地規模雖小，但如果他們能像英國東印度公司那樣轉型成為「領土國家」，或許還有延續若干年的可能性。但本國的政治情勢卻不允許。法國的革命軍在一七九五年占領荷蘭，建立了取代尼德蘭共和國的巴達維亞共和國。這個在法國大革命影響下建立的新共和國，不可能對象徵舊體制，並與舊體制密不可分的東印度公司出手相救。時代確實改變了。一七九八年，東印度公司的海外領土、財產與負債決定全部交由共和國繼承，並在隔年一八九九年，結束了將近兩百年的活動。東印度公司作為貿易公司的時代，也隨著荷蘭東印度公司的結束而告終。

# 亞洲海域的變化

## ◎南亞的變動

十七世紀西北歐各國成立的東印度公司，在亞洲海域展開活動過了兩百年以後，對於亞洲海域的沿岸各地究竟帶來了什麼樣的變化？在本書的最後，將針對這一點進行概述。在這兩百年期間，在政治、經濟文化各方面歷經最劇烈變化的是印度洋海域沿岸，尤其是印度次大陸。

西北歐各國的東印度公司為了在印度各地大量採購棉織品，十八世紀初在全新的織品工業領域創造出高達十萬人的工作需求，據說棉織品工業的相關職務總數，約占當時印度總人口的百分之十。除此之外，印度同時也是銷售市場，所以與東印度公司交易的商人、仲介者的勢力很強大。東印度公司大量購買印度製的棉織品，因此理所當然地對印度次大陸的經濟帶來良好的影響。

但英國東印度公司在一七六五年取得了孟加拉的徵稅權，成了印度的領主，情況有了極大的轉變，因為英國東印度公司企圖直接控制孟加拉高級棉織品的生產與流通，單方面固定原本由市場供需決定的棉織品價格，同時也打壓其他國家的東印度公司，壟斷孟加拉的高級棉織品。這也造成了棉織工人們甚至無法取得最低生活所需的工資。到了下一個世紀，大約一八二〇年左右，則變成英國製的棉織品物大量流入印度，造成許多棉織工人與織染師失業。

英國東印度公司在取得孟加拉的徵稅權之後，為了保護自身的權益，也在南印度及西印度與敵對的政治勢力展開抗爭，並且與合作性高、態度溫順的政治勢力締結軍事保護條約。與公司合作的政治勢力以割讓領土與支付士兵的駐軍費為條件，接受公司給予的援助。公司的基本態度是保護自身的商業權益，而不是把征服廣大的印度次大陸、實行直接統治當成目標。但無論願不願意，公司都成為印度次大陸有力的政治軍事勢力，面對這裡的權力及領土鬥爭時，再也無法置身事外。

一八〇〇年左右的各王侯領

英國東印度公司庇護下的政治勢力稱為王侯領。印度次大陸到一八〇〇年為止，分別出現位於德干高原海得拉巴的尼薩姆王國、南印度的邁索爾王國，以及北印度的阿瓦德（Oudh）王國等有力的政治勢力，這些政治勢力陸續成為王侯領。之後，西印度的拉傑普特（Rajput）各王國、印度中部的馬拉塔（Maratha）等勢力也陸續臣服於英國東印度公司，選擇以王侯領之姿續存。也因此到了十九世紀左右，英國東印度公司成了印度次大陸最強的政治與軍事勢力。

當初見機行事，未深入規劃就決定的統治制度逐漸統一。英國人理解到印度次大陸各地至今以來的土地制度與習慣，改採便於徵稅的方法。他們只把土地所有權給予特定的階層，同時為了確保這個狀態，此階層的人經常能夠享有比過去更強大、更穩固的特權。但反過來說，原本在村落共同體中，對生產品擁有某種權益的群體，卻喪失了對土地的權益。而且書記等事務工作者和宗教相關者中，也有許多人接受了東印度公司所提供的職務或是庇護，強化了社會地位。在東印度公司的統治下，當地居民中有人因此受惠，也有人的權益受到損害。

在印度展開統治的英國人體認到，在印度有與基督教、伊斯蘭教相匹敵的「印度教（Hinduism）」，並且以梵文經典作為聖典。除了伊斯蘭教和耆那教（Jainism）、錫克教

（Sikhism）等特殊宗教，以及各地不同的信仰文化以外，英國東印度公司把印度次大陸的信仰與儀式統一理解為「印度教」，並且將印度教視為「印度文明」的根基，認為英國人發現了「印度」文明。

「Hindu」一詞原本是西方的伊朗人、阿拉伯人稱北印度人時使用的詞彙。英國東印度公司把「Hindu」一詞與源自於歐洲的「宗教」概念結合，將印度次大陸的龐大居民視為「印度教徒」這個整體集團。最後，「Hindu」也成了「印度教徒」的自稱。

## ◎西亞與東南亞的變化

十八世紀末，西亞和東南亞的變化程度，沒有像開始接受英國東印度公司統治的南亞那麼大。西亞波斯的伊朗高原，在十八世紀前半薩法維帝國滅亡後，其周邊地區開始出現政治、軍事勢力的鬥爭。乍看之下情況與南亞十分相似，如果部分政治勢力向西北歐的東印度公司商館尋求軍事協助，或許就會發展成與南亞相同的情勢。但實際上西亞朝著與南亞完全相反的方向發展，荷蘭、法國、英國東印度公司相繼結束阿巴斯港和伊斯法罕的商館，到十八世紀中葉之後甚至撤離波斯。該如何理解這樣的差異呢？

東印度公司撤離的最大原因，恐怕是因為他們在人口約數百萬人左右的波斯，無法得到像南亞那麼大的商業利益。波斯雖然有生絲、絲織品等特產，不過這些產品並非波斯獨有。這類商品在孟加拉、中國，甚至鄂圖曼帝國都有生產，而且這些產品的需求量沒有印度的棉織品那麼大。十七世紀末以前，波斯是一處能夠取得白銀的魅力之地，不過戰亂導致貿易量減少，白銀也變得不容易取得。

此外，波斯灣的港市與伊朗高原各地的商品產地、消費地之間距離一千公里以上，必須依靠商隊運送貨品，這也成了問題。因為在當地政權的管制力不及之處無法確保交通安全，東印度公司只好利用自己的軍事力沿路保護商隊。但在生產力與消費力因戰亂而下降的波斯，不太可能獲得足以填補這項成本的收益。總而言之，對於東印度公司而言，波斯的貿易魅力，並沒有大到足以讓他們冒著危險、付出犧牲。

就結果來看，伊朗高原上各政治勢力之間的鬥爭持續不斷，最後在十八世紀末建立了鎮壓群雄的卡扎爾王朝（Qājār dynasty）。雖然歐洲各國的經濟、軍事力積極地擴展到東側的印度次大陸與西側的鄂圖曼帝國領域，不過波斯卻因為戰亂而成了橫亙其中的「真空地帶」，最後免於淪為歐洲各國的殖民地。

至於東南亞的情況則是，荷蘭東印度公司在十七世紀後半以後至十八世紀末，成功地獨占了高級香辛料的產地，把許多海港城市國家納入其支配範圍，因此與東印度公司相關的政治情勢並沒有產生劇烈的變化。其他歐洲各國的船隻，都認同荷蘭東印度公司在東南亞海域的優勢地位，直到一七八三年英國東印度公司挾著英荷戰爭的戰果，再度投入東南亞海域貿易活動之前，荷蘭東印度公司都持續壟斷高級香辛料，藉此創造高額收益。雖然當時的暹羅（泰國）、緬甸，以及越南等各地政權的情勢起伏不定，但這個情況與荷蘭東印度公司的存在與活動並沒有直接的關聯。我們雖然不能忽視華人經營東南亞海域的事實，但如果只把焦點擺在東印度公司，就可以發現十八世紀也可說是荷蘭東印度公司不斷地參與、協助爪哇島當地各個政治勢力間的鬥爭，並逐漸建立起小規模的領土國家體制的時期。

架構本身雖然沒有太大的變化，不過如果觀察細部情況，可以發現荷蘭東印度公司的活動確實緩慢地改變了當地人的生活。大橋厚子鎖定這個時期的爪哇島西部勃良安（Priangan）地方，針對十八世紀這一百年間，當地人的生活變化進行詳細調查，以下將介紹其部分研究成果。

爪哇島西部在十八世紀之前一般採取燒荒耕種，到了十八世紀中後期才開始開墾水田。這是荷蘭東印度公司獎勵水田耕作政策下所帶來的結果。而且水田耕作者在相形之下，也過著比較富裕穩定的生活。因為水田耕作者與荷蘭東印度公司帶來的商品作物——咖啡的栽培密切相關，而種植咖啡能夠增加收入。這一點和印度的情況相同，當地居民當中，也出現了因歐洲東印度公司的統治而獲益的人。

種植咖啡需要人手，在大致決定造園、採摘咖啡豆、輸送的時期之後，就需要一次投入大量的勞動力。其中由於燒荒耕作者的耕種時期與咖啡園的勞動時期重疊，所以燒荒耕作者無法成為所需的勞動力，對此荷蘭人和當地的統治者，就看上了水田耕作者及其家人的勞動力，因為水田在一整年的任何時期都能開始耕種。他們雖然因為滿足荷蘭人的期待而獲得經濟上的收入，卻必須離鄉背井前往工作場所任職，而且會出現勞動時間長就無法兼顧耕種水田，進而發展成威脅一家生計的狀況。此外，由於家中的男性外出工作，導致水田必須由女性耕種，促使女性勞動力強化，也是不可忽視的一項變化。荷蘭人為了運送咖啡豆而整修道路、建築橋樑，咖啡的集散地也因此成了地方的核心聚落，除了統治階級以外，也吸引許多華人來此居住。

十八世紀末的階段，以上所描述的社會變化還只發生在少數地區，譬如爪哇島盛產甘蔗的巴達維亞一帶，或是被迫種植胡椒的萬丹（爪哇西部）周邊。白石隆的研究認為，這是因為十八世紀的東南亞海域（從麻六甲海峽到摩鹿加群島一帶），布吉人以商人、傭兵、海盜的身分，在軍事上與經濟上擁有壓倒性的勢力。因此荷蘭東印度公司在爪哇島以外的東南亞海域，影響力極為有限。

不過，到了十九世紀，荷蘭政府展開直接統治之後，爪哇島與東南亞島嶼地區的變化就開始加速。因此繼南亞之後，東南亞也很快地就被納入近代歐洲的正宗殖民地支配體制之中。

## ◎十七世紀的東亞海域——明清交替與鄭氏政權

東印度公司在屬於「政治之海」的東亞海域，則遵循這片海域的規則從事貿易活動。他們展現出來的行為，與在印度洋海域及東南亞截然不同，不會強行把自己的理論與商業習慣強行加諸於當地人身上。至少歐洲東印度公司直到十八世紀末為止，都不是東亞海域的主導者。中國、日本政權、華商以及船員，才是推動這片海域歷史的主角。接下來首先利用岸本美緒繪製的十七至十八世紀中國貿易結構圖，簡單總結第三章以後所介紹的東亞海域貿易活動，進而思考東印度公司在其中所扮演的角色。

十七世紀前半，中國與日本、馬尼拉、東南亞之間的貿易往來繁盛。在日本及馬尼拉方面，主要以本地產的生絲換取白銀；在東南亞方面，則是以本地產的商品，換取香料及染料。本書的第三章已經詳細介紹過其中的貿易結構與實際情況，從結構圖可以看出，在一六三〇年代到八〇年代之間，原本順利的貿易活動陷入極度萎縮。因為這段時期，中國發生了明帝國滅亡與清帝國興起的重大事件，之後的東亞海域，就成了擁立明帝國皇子對抗清帝國的鄭氏海上勢力，與清帝國之間展開激烈鬥爭的舞台。

以下將說明這場在東亞海域史上具有重要意義的爭鬥。打下鄭氏海上勢力基礎的，是在一六二五年之後，活躍於東亞海域的鄭芝龍。鄭芝龍出身於福建泉州近郊，在以平戶為據點的同鄉華人海商李旦的手下工作，並且獲得李旦的

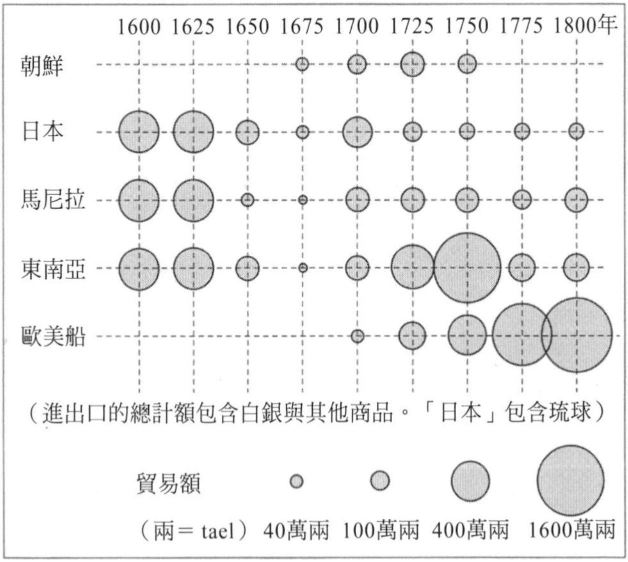


**十七至十八世紀的中國海外貿易結構** 引自岸本美緒，『清代中国の物価と経済変動』。

信任。李旦死後，鄭芝龍繼承其資產，過沒多久就發展成在東亞海域一帶呼風喚雨的一大軍事勢力。李旦與鄭芝龍主要從事日中貿易活動，但也不時做出掠奪敵對船隻的海盜行為。鄭芝龍在一六二八年占領廈門，並以此為根據地。明帝國則授予他官職，對他採取懷柔政策。此時的鄭芝龍手中掌管的船隻已經達到七百艘。

此後，航行東海的船隻如果沒有事先向鄭氏勢力繳納規定的金額，取得稱為「照牌」的航行証明書，就無法安全航行。如果船隻未持有照牌，或是持有的照牌超過一年的有效期限，就會遭到追捕並沒收船貨，船員也會遭逮捕。鄭氏勢力利用武力保障航海安全，並向船隻收取通行稅的制度，可以說是東亞海域的創舉。其靈感或許來自於葡萄牙人在印度洋西海域發行的海上通行證——卡特茲（cartaz）。無論如何，鄭芝龍在東亞海域建立了實質上的「海上帝國」。

一六四四年明帝國滅亡後，鄭芝龍歸順清帝國，不過他在平戶與日本女性田川松所生下的兒子鄭成功，則選擇了不同於父親的對抗清政權之路。鄭成功的目標是擁立明帝國的皇子，建立自己的海上帝國。清帝國對於鄭成功勢力侵擾從浙江、福建到廣東沿岸的行為感到棘手，於是在一六五六年頒布海禁令，禁止沿海的船隻出航，一六六一年更發布從海岸線起算三十里（十五公里）以內的居民，必須遷移到內陸的遷界令。這項命令的目的是為了使沿岸無人化，藉此切斷鄭氏勢力與沿海居民的接觸。

清帝國的強硬手段使得鄭成功被迫切斷與大陸沿岸連結。鄭成功只好捨棄廈門，與二萬五千名士兵一同移往台灣。荷蘭東印度公司雖然在台灣建立了兩個要塞與商館，但鄭成功的軍隊在一六六二年攻下這兩個要塞，迫使荷蘭人從台灣撤離。不久之後鄭成功過世，清帝國終於在大約二十年後的一六八三年，成功地壓制鄭氏政權。這個從十六世紀後期倭寇時代以來，活躍於東亞海域並擁有強大的軍事力與自律的海上政治勢力，就此失去蹤跡。

鄭成功雕像與熱蘭遮城（安平古堡）

## ◎十八世紀的東亞海域——和平的清帝國

鄭氏政權滅亡隔年，一六八四年清帝國發布展海令，允許民間船隻出海進行海外貿易，同時允許外國商船前往中國。清帝國為了民間貿易開放廣州、廈門、寧波等五個港口，設立海關，恢復東亞海域的秩序。剛結束五十年動亂的這片海域，呈現出與以往截然不同的風景。

**廣州的各國商館** 荷蘭、英國、瑞典、丹麥等各國的旗幟飄揚。

首先，德川政權在一六三〇年代之後，不顧反對施行了「鎖國」政策，使得原本除了中國大陸沿岸以外，東亞海域隨處可見的日本朱印船消失了蹤影。日本的白銀也不再像過去那樣大量輸出，被日本驅逐出境的葡萄牙人在海上的活動規模縮小，只剩下澳門和東南亞之間的貿易活動。前往馬尼拉的中國船數量減半，這也使得流入中國的白銀量減少。荷蘭東印度公司雖然定期派遣船隻前往長崎，不過貿易量也有明顯縮小的傾向。另一方面，荷蘭也不再派遣船隻前往中國，改與前往巴達維亞的華人商船進行交易。

換句話說，一六三〇年代以前的貿易熱潮消退了，像鄭氏這類以熱潮為背景累積政治力、軍事力的「海上帝國」也消滅了。從此以後，民間商人基本上允許在清帝國認可的港鎮自由從事買賣，而華人海商出海進行貿易的限制也解除。多數華商順應這樣的變化，在清帝國所帶來的和平，與清帝國所追求的秩序下，再度頻繁地前往日本、馬尼拉以及東南亞，在東亞海域從事貿易活動。

不過，華商與日本之間的貿易，因為德川政權採取的貿易量限制政策而有所侷限，因此十八世紀前半，華商與東南亞之間的貿易量大增。華商甚至移居東南亞各地，與本國的親戚、夥伴合作從事貿易活動。此外也有不少華商前往巴達維亞，與荷蘭東印度公司和當地的華人社群進行貿易。

到了十八世紀，直接前往中國的歐洲船增多，尤其英國東印度公司與馬德拉斯民間貿易業者準備的商船，陸續前往廣州、廈門，以及寧波，直接採購茶葉、陶磁器等商品。隨著茶葉在歐洲的需求性增高，前往中國的歐洲船大增。法國東印度公司更是透過在清帝國宮廷具有影響力的傳教士協助，在廣州開設商館，並派遣商館員常駐，致力於從事對中貿易活動。

荷蘭東印度公司原本透過前來巴達維亞的華商購買茶葉，但他們擔心一級品落入英國、法國東印度公司，以及新興的奧斯坦德東印度公司（短暫存在於一七二〇年代到一七三〇年代初）手中，於是在母國「十七紳士」的決議下，於一七二八年之後直接從荷蘭派遣船隻前往廣州。但與華商直接交易往來的巴達維亞評議會未必贊同這項措施，因此到了一七五六年，公司在「十七紳士」中成立了「中國委員會」，改由該委員會負責中國貿易。雖然先前說明過荷蘭東印度公司衰退的原因，不過母國的「十七紳士」與巴達維亞評議會之間的不和，確實也對公司的經營帶來負面的影響。

一七五七年，清帝國把歐洲船的貿易活動侷限於廣州一港，並且在一七五九年制定了《防範外夷規條》。自此以後到一八四〇年代鴉片戰爭結束為止，清帝國就對其沿岸的歐洲船，展開了所謂的「廣東體制」貿易管理。這項體制規定，歐洲人（一七八四年以後包含美國船在內）在貿易期間，只能停留於廣州珠江沿岸的外國人專用區，一旦交易活動結束就必須返回澳門，等待下一次貿易季節的到來。除此之外，歐洲人在廣州也只能與被稱為「十三行」的特權商人進行交易，嚴禁離開與十三行商人的會面區進入廣州城。通譯員由中國方面提供，歐洲人不可雇用當地居民作為通譯員。

村尾進的研究指出，這些措施的主要目的是為了隔離與排除基督宗教的傳教士，這一點與一世紀以前長崎施行的荷蘭人管理方法如出一轍。前面也提過，當時東亞海域周邊各國，認為基督宗教具有顛覆本國世界觀與社會秩序的危險性。

**馬戛爾尼**　前馬德拉斯總督。以英國大使的身份被派遣到清帝國。

雖然有廣東體制，不過到了十八世紀後半，歐洲和美國船的貿易量仍不斷地擴大。但至少當時的貿易主導權仍舊掌握在清帝國手上。英國東印度公司與英國人的民間貿易業者，為此策動英國政府向清帝國要求限制更少的貿易規定、取得作為英國據點的島嶼，以及在北京設置英國大使館等等。英國國王於是在一七九三年，派出由前馬德拉斯總督喬治・馬戛爾尼（George Macartney）擔任大使的使節團，前往清帝國向乾隆皇帝請願。但這些要求全數遭到拒絕，因此英國東印度公司與英國人在往後的五十年裡，仍舊必須遵從「政治之海」的東亞海域秩序。

## ◎東亞海域——日本的自立

一六四〇年代發生的明帝國瓦解與清帝國崛起，對日本的德川政權而言，具有十分重大的意義。因為明帝國一直都是代表東亞世界秩序中心的「中華」，而滿洲人則被視為「蠻夷」，德川政權把由蠻夷建立的清帝國取代明帝國成為中國之主的事件，視為「華夷變態」，這對此後日本的對外政策與外國認識帶來了不可忽略的影響。透過朱印船貿易也可看出，德川政權試圖脫離以明帝國為中心的世界秩序，逐漸摸索、建構出另一種以自己為中心的廣域秩序，其中「華夷變態」確立了其方向性。因為建立清帝國的滿洲人原本就是「蠻夷」，所以無論在實際上，還是理念上，日本都沒有必要遵循他們的秩序，或是向他們朝貢。

雖然日本沒有與清帝國建立官方關係，不過清帝國領內生產的生絲與絲織品，卻是日本列島的人想要取得的商品。德川政權採用「鎖國」政策明確界定自己管理的人民與領域，但也不忘透過「四個對外口」把包括生絲在內的中國商品輸入日本。這四個對外口分別是長崎的唐船及荷蘭船的民間貿易、日本與朝鮮及琉球兩國之間的貿易，以及與北方愛奴之間的間接貿易。

十七世紀中葉以後，德川政權透過這些窗口輸入大量的生絲和絲織品。一六三〇年代的生絲進口量，一年高達一百八十至二百四十噸。如果製成和服的話，大約是十三到十八萬件。日本之所以能夠進口如此大量的生絲，代表當時的社會經濟富裕，足以追求奢侈的絲織品。再者，生絲主要作為原料進口，再由國內的織品業者進行染織等加工。尤其京都有許多技術高超的工匠，並生產出以西陣織為代表的高級織品。

日本最初透過白銀的出口以換購生絲與絲織品。取得生絲雖然重要，不過德川政權也十分擔心白銀大量流出海外。因為白銀已經成為擴大國內商品流通時重要的支付手段。因此，從一六七〇年代開始，銅的出口開始取代白銀。而德川政權也在同一時期開始採取限制商品進口額的管制政策，盡其所能抑制金銀銅等貴金屬的外流。

加上一六八四年清帝國發布展海令後，大量的唐船一舉前來日本進行貿易造成混亂，使得德川政權更進一步地強化管制措施。一七一五年新井白石制定了正德新例，這是一項比目前為止的貿易管制措施都更加強化的貿易限制政策。正德新例中規定，每年前往長崎的唐船數限定在三十艘以內，荷蘭船則是兩艘以內；唐船的貿易額最多白銀六千貫目，荷蘭船則是三千貫目；唐船最多只能出口銅三百萬斤，荷蘭船則是一百五十萬斤。這項貿易限制體制持續到幕末，而且貿易額也不斷地縮減。

十七世紀荷蘭東印度公司商船運往日本的商品，主要是中國產的生絲和絲織品，進入十八世紀後，來自爪哇島的砂糖和印度產棉織品逐漸增加。除此之外，也進口了許多鹿皮、鯊魚、香料、染料、藥材等東南亞產的商品。荷蘭東印度公司當然也會帶來毛織品、油畫、眼鏡類、玻璃、鐘錶、天文工具、珊瑚等來自荷蘭本國的商品，不過數量和金額都不大，頂多只有整體的百分之五。一般提到長崎與荷蘭船之間的貿易，往往會單純地以為荷蘭船帶來大量時髦的歐亞舶來品，不過這可是大錯特錯。十七、十八世紀居住在日本列島的人想要的商品，和當時的西北歐人沒什麼兩樣，都是來自東南亞、印度洋海域，尤其是中國的商品。

直到十八世紀末為止，荷蘭東印度公司都為了取得日本的金銀銅，收購以亞洲境內特產品為主的商品並運往長崎，關於這一點希望讀者別搞錯。

如果將日本在一七〇〇年左右的進口額換算成白銀，大約略多於一萬貫，但這個數字，不過是當時日本國內實際徵收所得石高（米糧租稅額）的百分之一左右。但同一時期，英國的貿易總額卻高達國民淨收入的百分之二十六，兩者相比之下，日本的對外貿易依存度之低就令人印象深刻。受到貿易限制政策的影響，日本列島到了十八世紀初左右，幾乎已經達到即使不仰賴對外貿易，也能自給自足的狀態。由於德川政權限制了貿易總額，因此到了十八世紀，生絲的進口量明顯減少，反之日本國內的生絲產量逐漸增加。日本早在十六世紀，就已經開始在國內生產木棉，而琉球奄美的黑糖、番薯，以及肥前的磁器等也都基於同樣的理由開始自行生產或製造。

關於正德新例還有一點值得留意，那就是實施正德新例以後，前往長崎的唐船必須持有由德川政權所發行的信牌（割符）。信牌上規定下一次來航的年分，並且指定出航地點，只有持有信牌、遵守新例所規定之條例，並且運載商品不超過規定額的唐船，才能夠在長崎進行貿易。透過這項規定，德川政權至少完全地掌握長崎對外貿易的主導權。如果試著比較室町時代由明帝國主導的勘合貿易和信牌貿易，就能清楚地了解兩者之間的差異。

以日本為中心的廣域秩序觀下的海外貿易體制，無論在政治面還是經濟面，都可說在此時達到成熟階段。這是一個由擁有主權的政府，負起責任管理「國家」貿易與對外關係的體制，這個政府明確區別「國家」領域的「內」與「外」、「外國人」與「日本人」。這與同一時期在西北歐誕生的「主權國家」非常相似。十九世紀後半，日本能夠較為順利地接受誕生於近代歐洲主權國家延長線上的民族國家概念，原因之一就是早在江戶時代，日本就已經存在類似於主權國家的體制，並在某種程度上已經熟悉了這樣的思維。

# 結語

波士頓茶黨事件　為一七七三年發生的北美殖民地波士頓人民反對英國東印度公司壟斷茶葉貿易的事件。

## ◎東印度公司的多面性

很少有組織像東印度公司這樣擁有許多面向，難以給予歷史上的評價。即使在亞洲，其活動對不同的地區而言也有截然不同的意義。在南亞與東南亞許多地區的記憶中，東印度公司就是歐洲各國的殖民先鋒，甚至經常是殘暴的征服者；在許多中國人的理解中，公司則是把鴉片帶進中國，導致日後引發鴉片戰爭的惡毒貿易公司。日本對東印度公司的評價則與這些負面意見相反，認為公司帶來先進的歐洲文化，是溫和親切的商人。就如同本書不斷提醒的，這些對東印度公司的評價，分別都只展現出公司眾多面向中的一面，公司為了達到透過貿易獲取利益的目的，在不同的地區採取了不同的手段。

若從歐洲史的脈絡來思考，東印度公司則是商業資本家分別在各個國家成立的貿易公司，這類公司有兩大特徵，一是透過發行股票籌措資本，二是王權乃至於政府都允許他們壟斷與東印度之間的貿易。在十七世紀初，如果想在歐洲與東印度如此距離遙遠的地區之間展開貿易，並且確實取得利益，這確實是最好的方法。本文雖然無法詳細描述，但英國與荷蘭的公司為了維持壟斷，必須找機會送錢給皇室與政要，或是以低利率放款給政府。許多皇室家族的人們與政府高官是公司的股東；而在公司中擔任要職的人，有些也成為參與本國政治的議員。王權政府與公司之間相互依存，所以公司獲准壟斷東印度的貿易長達兩世紀之久。

但過了兩百年後，東印度公司這個組織與其經營方法已經不合時宜。最重要的是，「國家」的定義已經先產生了變化。西北歐確立了主權國家這種政治組織，並且逐漸培養出假設在主權所及的均質領土內，居住著均質的國民這種「民族國家」的思維。國王與政府必須考量「國家」與整體「國民」的利益，因此很難再給部分的人或組織專屬的優待與特權。

英國的資產家從十八世紀末開始變得愈來愈多，而這些資產家與東印度公司也是水火不容的存在。他們不願意把原料的調度或工業產品的販賣等，委託給東印度公司這種壟斷型的公司，強烈主張應該建立所有人都能自由從事貿易活動的體制。這些新興的產業資本家擁有經濟上的實力，因此政府無法忽視他們的意願。歐洲迎向民族國家與自由貿易的時代，東印度公司存在的基礎慢慢遭到侵蝕，最後面臨逐漸消失的命運。

英國的產業資本家人數增加，絕對與東印度公司的亞洲貿易活動脫不了關係。東印度公司大量進口印度產的高品質、低價格的棉織品，這些人於是想辦法讓英國產的織品也能實現同樣的品質與價格，而工業革命就是他們努力的結果。在東印度公司進口的便宜紅茶中，加入牛奶與砂糖當成早餐，對支撐工業革命的勞工而言，也是重要的營養來源。從這層意義來看相當諷刺，因為自由貿易與工業革命可以說是東印度公司自己孕育出來的產物。

## ◎東印度公司與美國

筆者也想提醒各位，討論東印度公司的活動時，不能忽視美洲大陸的存在。若將十七、十八世紀的物品流通當成一個整體來看，就能知道地球上的各個地區都有各自的特殊物產。只有孕育出東印度公司的西北歐，幾乎不生產其他地區的人想要的特產品。

西北歐出口的商品有毛織品、各種金屬（銅、鐵、鉛、錫等）、使用珊瑚、象牙、寶石等製作的珠寶飾品與鐘錶、刀劍之類的美術工藝品等等。但珠寶飾品與美術工藝品無法大量製造，銷售通路也有限。而各種金屬的產地不只西北歐，亞洲各地也能開採，不太可能有爆炸性的銷量。至於毛織品，在北印度是供戶外野營的軍人與動物保暖用，在波斯與日本則可用來製作地毯與衣物，因此在這幾個地區多少有點銷量，但在熱帶與亞熱帶的亞洲卻賣得不好。大致來說，歐洲的產品價格高，亞洲人不覺得這些產品物有所值。

歐洲產品價格較高的最主要理由，就是工匠的工資較高。這是為什麼呢？因為西北歐農產品的價格高，在這裡生活很花錢。在寒冷的氣候下，即使花了許多精力與金錢在農業上，也只能收穫產量有限的農作物。但溫暖的亞洲地區能夠生產豐富的農產品，因此價格便宜。這裡的人需要的生活費不像西北歐那麼高，因此工資必然低廉。亞洲人工資低廉不是因為貧困，印度棉織品之所以在西北歐熱銷，就是因為品質好又便宜。

西北歐人之所以能夠克服缺乏有力的出口商品與高物價這兩項不利條件，參與亞洲海域的貿易活動，是因為美洲大陸的存在。西北歐人用以交換亞洲物產的「自家商品」，主要是原產於南北美洲的白銀。葡萄牙人與荷蘭東印度公司也曾有一段時間使用日本的白銀，但這是一六七〇年代以前的事情。歐洲人如果不在南北美洲殖民、或是沒有發現美洲的銀山，想必就無法準備足以購買亞洲物產的充分資金。就這層意義而言，歐洲人「發現新大陸」對人類的歷史發展具有難以估量的重要性。

用一個比喻來說，東印度公司的行動，就像使用從別人家裡拿出來的資金，走進原本沒有資格進入的商店購買一流的商品，所以自己幾乎沒有花到什麼本錢。接著再把購買的商品帶回自己家使用、或是出售以換取利益。這樣的交易活動持續了兩百多年。因此西北歐整體變得富裕，培養出足以領導世界的經濟力也是理所當然的事情。美洲的白銀與亞洲的物產，建立了「近代歐洲」的經濟基礎。

## ◎歐洲主權國家的建立

十八世紀之前歐亞大陸的國家型態也是本書想要強調的重點之一。所謂的國家型態就是政治權力與其統治下的人民締結的多元關係。所以在此再一次綜觀全局，為本書的論點做個整理。

東印度公司誕生於十七世紀的歐洲，這時「主權國家」的思維開始變得有力。所謂的主權國家，指的是以明確的國境圈劃出其支配領域的主體，對外以君主為代表，不允許有凌駕於自己的權力存在。主權國家甚至對羅馬教宗主張，自己領域內信仰的宗教都應該由自己決定。主權國家之間藉由國境區分排他性的領土範圍，對於領域的「內」與「外」有明確的認知。

我們熟悉的民族國家，就建立於主權國家的延長線上，因此站在我們的立場來看，會覺得這是理所當然的政治社會體制。但「國家」在過去，也就是「中世紀歐洲」的政治與社會，卻有著完全不同的定義。首先，除了皇帝、國王以外，公爵、伯爵、騎士等政治主體，都各自擁有一定程度的獨立權限，並未形成以皇帝為頂點的明確階級制度。教宗、大主教、修道院等宗教主體，也握有極大的政治力，而義大利的各個都市，或波羅的海沿岸漢薩同盟的諸城市等，也都是獨立的主體。這些主體之間的關係與從屬意識極為錯綜複雜。一名騎士經常侍奉多位主君；某個人的最終審判權掌握在誰的手上也不明確。領土的變化也相當激烈，領主經常因繼承或婚姻關係而更迭，領域的範圍也會產生變化。在這樣的空間中，不可能建立「國籍」的概念。

擁有固定領域的主權國家，就是將這些錯綜複雜的權利關係與從屬意識整理成較為單純的概念，形成以國王為頂點的一元化政治權力。國王的權力變得更強大，因此也經常有人將這種制度稱為「君主專制（absolute monarchism）」。都市與貴族成為某個主權國家的從屬，主權國家之間誕生了「外交」與「國際關係」。每個人也都開始擁有國籍。一六四八年的西發里亞和約（Peace of Westphalia）承認尼德蘭共和國（荷蘭）的獨立，這是主權國家之間簽訂的第一份國際條約。東印度公司就是在這樣逐漸建立主權國家的背景中，帶著「國籍」誕生。各公司的船隻與商館懸掛的國旗，象徵的正是當時尚未存在於亞洲海域的主權國家。

## ◎統治人民的印度洋海域王權

另一方面，印度洋海域沿岸與東南亞的王權認為，統治人民比統治領域更優先。因為即使擁有廣大的土地，沒有人民也生產不出任何東西。白石隆稱這種概念為「曼陀羅」系統。各式各樣的人以地緣、血緣、職業、民族、宗教等種種不同的要素為核心形成集團，這些集團層層疊疊構成當地王權統治的空間。儘管沒有像中世紀歐洲那麼複雜，這個空間中的政治主體依然多元而錯綜。有時也會產生社會的多元性，被格外強大的王權所掩蓋，譬如阿巴斯一世時代的薩法維帝國，或是奧朗則布時代的蒙兀兒帝國。但剝開其外皮，就能發現其下的諸侯、地方、都市、行會、部族、宗派等政治主體，都保有某種獨立性。王權統治下的領域不採主權國家的形式，因此人民也沒有「國籍」，不存在蒙兀兒帝國人或薩法維帝國人這樣的概念。在此區域成立，統治範圍廣大的政治權力，將多元且擁有複雜權利關係的人民集團整個涵括在內，透過協調集團間的利害關係進行彈性的統治。

既然這裡的政治權力統治的是人民而不是領域，就「人」的層面來看就沒有「內」與「外」的區別。即使一個人來自海的另一邊，只要他主動服從統治，帶來經濟上或軍事上的貢獻，從而被當成臣子，給予他優渥的待遇或職務，也是理所當然。如同第四章提過的，伊朗裔的人來到印度次大陸後立刻擔任高位要職，這種情況時有所聞，這就是因為王權對人民的統治沒有內外之分。泰國阿育陀耶王朝的宮廷重用日本人山田長政，後來希臘裔的華爾康（Phaulkon）與伊朗裔的人在宮廷中擁有強大的影響力，想必也是基於同樣的理由。除此之外，英國、法國與荷蘭的東印度公司，從印度或波斯政權之處爭取到前所未有的優渥待遇，理由之一也是作為人類的集團所組成的東印度公司，為當地政權帶來了某種貢獻，或是日後可望帶來某種貢獻。

東印度公司來自支配領域的主權國家的世界，印度洋海域的政治權力卻以支配人民為目標，兩者之間對於國家與統治的概念，存在著嚴重的落差。舉例來說，英國東印度公司在孟加拉取得的職位「迪瓦尼」，是蒙兀兒帝國的孟加拉地方的徵稅、行政官職。但就實際情況而言，上至蒙兀兒皇帝、孟加拉太守，下至各個徵稅官員乃至於村長，這許許多多的政治主體，都對從這個地方的土地徵得的稅收擁有複雜的權益，稅收並非完全由迪瓦尼分配管理。但公司卻試圖以近代主權國家的一元支配理論統治這片土地，因此理所當然會引發嚴重的社會混亂。兩個相異的國家秩序體系在這個時點相遇，但握有強大軍事力的英國，以自己的國家秩序壓制了南亞的國家秩序。

此外，筆者在這裡也想稍微提一下伊斯蘭教在印度洋海域及東南亞的傳播與扮演的角色。這個地區的社會是由多樣化的人民集團交疊形成，對於試圖統治這種社會的政權而言，伊斯蘭教是為自己的統治帶來正當性的最佳宗教。因為阿拉是超越地緣、血緣、職業、民族等各種屬性，擁有普遍性格的唯一真神。

一般來說，穆斯林商人的活動，被認為是伊斯蘭教在印度洋海域傳播的原因。也有人對此做出「因為伊斯蘭教是商人的宗教」這種奇特的說明。但我們必須注意到，伊斯蘭教在印度洋海域及東南亞傳播時，最先改宗的是港市的政治支配者。他們透過成為穆斯林、提倡伊斯蘭教的理念進行統治，藉此獲得超越多元且複雜的人民集團的權力。

## ◎日本的王權與基督信仰

如同本書中一再強調的，自從日本在十六世紀末於東亞海域成立統一政權之後，就總是透過評估與中國及朝鮮之間的遠近關係來認識自己。然而日本在十八世紀初之前，已經發展完成的對外關係則具有幾個特徵——包括領域支配與國「內」及國「外」的區別，以及德川政權獨攬對外關係的權力。筆者在前面提過，這些特徵與位於歐亞大陸西側的歐洲，在幾乎同一個時期形成的主權國家的政治社會體制非常相似。我們或許可以這麼認為，由於日本在江戶時代已經形成了某種主權國家，所以十九世紀後半明治時代的日本才能順利轉變為民族國家，從而可以在某種程度上成功地「近代化」。

如果日本自十六世紀末開始逐漸形成的政治社會體制與主權國家非常類似，那麼我們就能充分理解豐臣秀吉與之後的德川政權試圖禁止、避免天主教或基督教傳入的理由。在天主教或基督教的理念當中，羅馬教宗是普世的最高權威。但這種理念與不允許有其他存在凌駕於自己的主權國家理念正面衝突。請各位回想一下，英國與法國等歐洲主權國家的國王，試圖無視於羅馬教宗權威，由自己決定國內的宗教，並由自己任命神職人員。大家只要想像日本也發生同樣的情況就行了。英國人與法國人原本就是基督徒，不可能立刻捨棄基督信仰，但日本政權卻打算把允許有權力凌駕於自己的基督宗教阻擋在海岸。

然而整個世界的一體性，雖然在十七到十八世紀之間因為貿易而強化，但日本的對外貿易卻反而縮小，形成一種自給自足的社會，這點相當耐人尋味。雖然地理位置多少也有影響，但日本為什麼能夠做到這點、為何朝著封閉的方向前進，依然還是疑問。筆者認為，我們應該把同時代的世界動向納入考量，對這些問題進行更加深入的探討。

## ◎兩百年前的世界

十九世紀初的世界，總人口數雖然增加到十億人，是十七世紀初的近兩倍，但人們的基本生活依然以農業為主，表面上看起來與兩百年前幾乎沒什麼兩樣。但這個時候，歐亞大陸的西端已經開始在政治、經濟、社會、文化、環境等各領域，發生帶給日後人類史重要影響的一大變動，那就是「近代歐洲」的誕生。近代歐洲各國的政治向心力因民族國家的概念而大幅增加，軍事力也因此強化。這些國家在法國大革命與拿破崙戰爭帶來的動亂告一段落的十九世紀前半，利用技術革新的產物蒸汽船，帶著價格低廉的工業產品與最新的武器，開始進軍世界各地。世界各地的人在往後一百多年的時間當中，不管願不願意，都必須過著與近代歐洲捲起的旋風對峙的生活。

印度洋海域與部分東南亞地區，早在十八世紀就已經遭遇逐漸誕生的近代歐洲，西亞也因拿破崙在十八世紀末的埃及遠征，親身體驗到近代歐洲的威脅。十九世紀初時，只有地理距離遙遠的東亞海域還能保持政治的自主性，但「近代」的奔流在不久之後也到達這片地區，大幅撼動這裡的社會。亞洲海域在面對近代歐洲時，引進了「近代」的概念。自此之後，亞洲海域的政治及社會結構大幅變貌的時代即將展開。

如同本書反覆強調的，近代歐洲絕非地理上的歐洲與其居民獨力創造出來的產物。東印度公司運來的亞洲物產與美洲的白銀，為歐洲帶來富足。歐洲以亞洲出色的產品為目標展開技術革新。西北歐的人，從他們前往的亞洲、非洲、美洲、大洋洲的人類與社會，以及人類周遭的環境中，獲取難以估量的新知，並且活用這些知識重新檢視自己的政治機構與社會制度，對其展開革新。他們找出了超越基督宗教範疇的全新世界觀與自我認知，為科學技術及學術帶來飛躍性的發展。由此可知，如果沒有歐洲以外的地區存在，近代歐洲就絕無可能誕生。近代歐洲是人們在世界一體化之前進行的各種活動形成的一個整體所孕育出來的，全世界的產物。

在十九世紀初，除了中亞與南亞之外，並未發生大範圍的國家領域變動。但北美洲已經誕生了美利堅合眾國，不久之後拉丁美洲各地的主權國家也陸續誕生。至於近代歐洲諸國，整個十九世紀都在歐亞大陸、非洲及大洋洲各地一步一步地展開殖民活動。「東印度公司的時代」邁向終點時，世界也隨著近代歐洲的理論展開翻天覆地的變化。

◆理解現代世界時不可錯過的書，同時在思考歷史上的「中世」為何時也很重要。
• 羽田正『イスラーム世界の創造』東京大学出版会 2005 年
• エマニュエル・ル＝ロワ＝ラデュリ著、稲垣文雄訳『気候の歴史』藤原書店 2000 年
• 歴史学研究会（編）村井章介（責任編集）『港町と海域世界』（港町の世界史１）青木書店　2005 年
• 歴史学研究会（編）深沢克己（責任編集）『港町のトポグラフィ』（港町の世界史２）青木書店 2006 年
• 歴史学研究会（編）羽田正（責任編集）『港町に生きる』（港町の世界史３）青木書店 2006 年
• 歴史学研究会（編）『世界史史料６　ヨーロッパ近代社会の形成から帝国主義へ』岩波書店 2007 年
• Robert B. Marks. *The Origins of the Modern World (Second Edition)*, Rowman & Littlefield Publishers (Lanham), 2007 (First Edition in 2002).
• Chardin, Jean. *Voyage du Chevalier Chardin en Perse*, 10 vols., Paris, 1811.

Ⅰ－Ⅲ、藤原書店 2006 年
- モンタナーリ・マッシモ著、山辺規子・城戸照子訳『ヨーロッパの食文化』平凡社 1999 年
- 山脇悌二郎『事典絹と木綿の江戸時代』吉川弘文館 2002 年
- Chardin, Jean, *Du bon usage du thé et des épices en Asie. Réponses à Monsieur Cabart de Villarmont*, texte établi par Ina Baghdiantz McCabe, L'Inventaire, 2002.

東印度公司商館與人

- 岩生成一『続南洋日本町の研究』岩波書店 1987 年
- レオナルド・ブリュッセイ著、栗原福也訳『おてんばコルネリアの闘い：17 世紀バタヴィアの日蘭混血女性の生涯』平凡社 1988 年
- 白石広子『じゃがたらお春の消息』勉誠出版 2001 年
- 羽田正『勲爵士シャルダンの生涯ー十七世紀のヨーロッパとイスラーム世界』中央公論新社 1999 年
- 羽田正「バンダレ・アッバースとペルシア湾海域世界」『歴史学研究』757 (2001.12)
- 羽田正「バンダレ・アッバースの東インド会社商館と通訳」歴史学研究会（編）羽田正（責任編集）『港町に生きる』青木書店 2006 年
- Bingham, Hiram, *Elihu Yale. The American Nabob of Queen Square*, New York, 1939.
- Haneda Masashi,"Bandar Abbas and Nagasaki. An Analysis of the Reaction of the Safavid Government to Europeans from a Comparative Perspective", *Annals of the Japan Association for Middle East Studies*, 20-2(2005).
- Haneda Masashi,《Les compagnies des Indes Orientales et les interprétes de Bandar'Abbās》, *Eurasian Studies*, v.1-2(2006).
- Love, Henry D., *Vestiges of Old Madras*, 4vols., Mittal Publications (Delhi), 1988.

其他

- アダム・スミス著、山岡洋一訳『国富論』上・下、日本経済新聞出版社 2007 年
- ジャレド・ダイアモンド著、倉骨彰訳『銃・病原菌・鉄』上・下、草思社 2000 年
  - ◆最適合思考環境如何影響人類歷史的書
- 尾本惠市・濱下武志・村井吉敬・家島彦一（編）『海のアジア』①〜⑥、岩波書店 2000-2001 年
- 田中明彦『新しい中世』日本経済新聞社 2003 年（初版 1996 年）

- 村井章介『中世倭人伝』岩波新書 1993 年
- 山脇悌二郎『長崎の唐人貿易』吉川弘文館 1964 年
- 八百啓介『近世オランダ貿易と鎖国』吉川弘文館 1998 年

人的移動與船

- 工藤庸子『ヨーロッパ文明批判序説』東京大学出版会 2003 年
- 斯波義信「綱首・綱司・公司－ジャンク商船の経営をめぐって－」森川哲雄・佐伯弘次（編）『内陸圏・海域圏交流ネットワークとイスラム』九州大学 21 世紀 COE プログラム（人文科学）東アジアと日本：交流と変容 2006 年
- 杉浦未樹「近世アムステルダムの都市拡大と社会空間」歴史学研究会（編）深沢克己（責任編集）『港町のトポグラフィ』（港町の世界史 2）青木書店 2006 年
- 羽田正「西アジア・インドのムスリム国家体系」『近代世界への道』（講座世界史 2）歴史学研究会（編）東京大学出版会 1995 年
- 家島彦一『海域から見た歴史：インド洋と地中海を結ぶ交流史』名古屋大学出版会 2006 年
- 山形欣哉 『歴史の海を走る：中国造船技術の航跡』農文協 2004 年
- 和田郁子「インド・ゴールコンダ王国の港市マスリパトナム－一七世紀前半のオランダ商館の日記を中心に」歴史学研究会（編）羽田正（責任編集）『港町に生きる』（港町の世界史 3）青木書店 2006 年
- Haneda Masashi,"Emigration of Iranian Elites to India during the 16th-18th centuries", *Cahiers d'Asie Centrale*, 3-4, 1997.
- Haneda Masashi,"The Character of the Urbanisation of Isfahan in the Later Safavid Period", Charles Melville (ed.). *Safavid Persia*, I.B.Tauris (London), 1996.
- Nagashima Hiromu,"Iranians Who Knocked the "Closed Door" of Japan in the Edo Period", Usuki Akira, Omar Farouk Bajunid, Yamagishi Tomoko (ed.), *Population Movement beyond the Middle East: Migration, Diaspora, and Network*, The Japan Center for Area Studies (JCAS), 2005.

貨物的世界史

- 井野瀬久美惠『大英帝国という経験』（興亡の世界史 16）講談社 2007 年
- 角山榮『茶の世界史一緑茶の文化と紅茶の社会』中公新書 1980 年
- 川北稔『砂糖の世界史』岩波ジュニア新書 1996 年
- 重松伸司『マドラス物語』中公新書 1993 年
- トム・スタンデージ著、新井崇嗣訳『世界を変えた 6 つの飲み物』インターシフト 2007 年
- フランドラン・M, モンタナーリ編、宮原信・北代美和子監訳『食の歴史』

- Matthee, Rudoph P., *The Politics of Trade in Safavid Iran. Silk for Silver 1600-1730,* Cambridge, 1999.

東印度公司與東亞

- 上田信『海と帝国』（中国の歴史 9）講談社 2005 年
- 岸本美緒『清代中国の物価と経済変動』研文出版 1997 年
- 岸本美緒「東アジア・東南アジア伝統社会の形成」『岩波講座世界歴史 13 東アジア・東南アジア伝統社会の形成』岩波書店 1998 年
- 岸本美緒『東アジアの「近世」』山川出版社 1998 年
- 檀上寛『元明時代の海禁と沿海地域社会に関する総合的研究』（平成 15 年度～平成 17 年度文部科学省科学研究費補助金（基盤研究（C）研究成果報告書）2006 年
- 村尾進「乾隆己卯－都市広州と澳門がつくる辺疆」『東洋史研究』65-4 (2007)
- Dermigny, *Louis, La Chine et l'Occident. Le commerce à Canton au XVIIIe siècle 1719-1833* , 3 vols. + album, Imprimerie Nationale, 1964.
- Van Dyke, Paul A., *The Canton Trade. Life and Enterprise on the China Coast, 1700-1845,* Hong Kong University Press, 2005.

東印度公司與日本

- 荒野泰典『近世日本と東アジア』東京大学出版会 1988 年
- 荒野泰典（編）『江戸幕府と東アジア』（日本の時代史 14）吉川弘文館 2003 年
- 石田千尋『日蘭貿易の史的研究』吉川弘文館 2004 年
- 岩生成一『南洋日本町の研究』岩波書店 1966 年
- 太田勝也『長崎貿易』同成社 2000 年
- 片桐一男『出島』集英社新書 2000 年
- 加藤榮一『幕藩制国家の成立と対外関係』思文閣出版 1998 年
- 神田千里『島原の乱』中公新書 2005 年
- 鬼頭宏『文明としての江戸システム』（日本の歴史 19）講談社 2002 年
- 古賀十二郎著、長崎学会（編）『新訂丸山遊女と唐紅毛人』前編・後編 長崎文献社 1968、69 年（増補再版 1995 年）
- 鈴木康子『近世日蘭貿易史の研究』思文閣出版 2004 年
- 高瀬弘一郎『キリシタン時代の貿易と外交』八木書店 2002 年
- 高橋裕史『イエズス会の世界戦略』講談社 2006 年
- 永積洋子『平戸オランダ商館日記』講談社学術文庫 2000 年
- 中村質『近世長崎貿易史の研究』吉川弘文館 1988 年
- 萩原博文『平戸オランダ商館』長崎新聞新書 2003 年
- 藤田覚（編）『十七世紀の日本と東アジア』山川出版社 2000 年

關於東印度公司的一切，以及歐亞之間的異文化交流

- Haudrère, Philippe, *Les Compagnies des Indes orientales,* Editions Desjonquères (Paris), 2006
  - ◆比較三間東印度公司，並描述各自歷史的概論書。
- Haudrère, Philippe, Gérard Le Bouëdec, *Les Compagnies des Indes,* Editions Ouest-France (Rennes), 1999.
- Jackson, Anna & Amin Jaffer (ed.), *Encounters. The Meeting of Asia and Europe 1500-1800*, V & A Publications (London), 2004.

東印度公司與東南亞

- 『岩波講座東南アジア史 3 東南アジア近世の成立』岩波書店 2001 年
- 『岩波講座東南アジア史 4 東南アジア近世国家群の展開』岩波書店 2001 年
- 大橋厚子「東インド会社のジャワ島支配」『岩波講座東南アジア史 4 東南アジア近世国家群の展開』岩波書店 2001 年
- 白石隆『海の帝国』中公新書 2000 年
- アンソニー・リード著、平野秀秋・田中優子訳『大航海時代の東南アジア』法政大学出版局 I (1997 年 )、II (2002 年 )
  - ◆嘗試將布勞岱爾理解「地中海」歷史的方法應用在東南亞歷史上的名著。
- Ota Atsushi, *Changes of Regime and Social Dynamics in West Java: Society, State and the Outer World of Banten, 1750-1830*, Brill (Leiden-Boston), 2006.

東印度公司與印度洋海域

- 粟屋利江『イギリス支配とインド社会』山川出版社 1998 年
- 辛島昇（編）『南アジア史 3 南インド』山川出版社 2007 年
- 小谷汪之（編）『南アジア史 2 中世・近世』山川出版社 2007 年
- 佐藤正哲・中里成章・水島司『ムガル帝国から英領インドへ』（世界の歴史 14）中央公論社 1998 年
- ジャン・シャルダン著、佐々木康之・澄子訳『ペルシア紀行』岩波書店 1993 年
- 羽田正「バンダレ・アッバースとペルシア湾海域世界」『歴史学研究』757 (2001.12)
- Barendse, R.J., *The Arabian Seas 1640-1700,* Leiden, 1998.
- Marshall, P.J., *The New Cambridge History of India, II-2, Bengal; The British Bridgehead, Eastern India 1740-1828,* Cambridge, 1987.
- Mentz, Søren, *The English Gentleman Merchant at Work. Madras and the City of London 1660-1740*, Museum Tusculanum Press, University of Copenhagen, 2005.
- Das Gupta, Ashin, *The World of the Indian Ocean Merchant 1500-1800,* Oxford, 2001.

荷蘭東印度公司相關

- 科野孝蔵『オランダ東インド会社』同文舘出版 1984 年
  - ◆以東印度公司在長崎的活動為重點。
- 科野孝蔵『オランダ東インド会社の歴史』同文舘出版 1988 年
  - ◆公司的成立、發展與日本貿易。
- 科野孝蔵『栄光から崩へ：オランダ東インド会社盛衰史』同文舘出版 1993 年
  - ◆探討公司衰敗的原因。
- 永積昭『オランダ東インド会社』講談社学術文庫 2000 年（初版 近藤出版社 1971 年）
  - ◆以描述荷蘭東印度公司在亞洲的活動為特色。
- Akveld, Leo, Els M. Jacobs, *The Colourful world of the VOC,* Bussum, 2002
- Bruijn, J.R., F.S.Gaastra and I.Schöffer (eds.), *Dutch-Asiatic Shipping in the 17th and 18th Centuries*, 3 vols., The Hague, 1979-1987
  - ◆收集關於荷蘭東印度公司船隻與船員基本資料的寶貴研究。
- Gaastra, Femme S., *The Dutch East India Company*, Walburg Pers (Zutphen), 2003.
  - ◆最新、最標準的荷蘭東印度公司歷史概論。
- Glamann, K., *Dutch-Asiatic Trade 1620-1740,* The Hague, 1980.
- Jacobs, Els M., *Koopman in Azië. De handel van de Verenigde Oost-Indische Compagnie tijdens de 18de eeuw*, Zutphen, 2000.
  - ◆東印度公司的亞洲境內貿易研究。
- Ryuto Shimada, *The Intra-Asian Trade in Japanese Copper by the Dutch East India Company during the Eighteenth Century*, Brill (Leiden-Boston), 2006.

法國東印度公司相關

- オドレール、フィリップ著、羽田正編『フランス東インド会社とポンディシェリ』山川出版社 2006 年
  - ◆唯一值得信賴的日語法國東印度公司社史概論。
- 深沢克己『海港と文明』山川出版社 2002 年
  - ◆為法國港市的歷史帶來啟示的豐富研究。
- Haudrère, Philippe, *La Bourdonnais. Marin et aventurier,* Editions Desjonquères (Paris), 1992.
- Haudrère, Philippe. *La Compagnie Frangaise des Indes au XVIIIE siécle* (seconde édition). 2 vols., Les Indes savantes(Paris), 2005.
  - ◆目前最具權威性的法國東印度公司史。

# 參考文獻

以下只列出撰寫本書時特別重要的參考文獻。


### 葡萄牙的「海上帝國」

- 生田滋『大航海時代とモルッカ諸島』中公新書 1998 年
- M.N. ピアスン著、生田滋訳『ポルトガルとインド』岩波現代選書 1984 年
  - ◆有助於思考南亞的王權。
- 宮崎正勝『ザビエルの海：ポルトガル《海の帝国》と日本』原書房 2007 年
- Newitt, Malyn, *A History of Portuguese Overseas Expansion*, 1400-1668, 2005.
- Subrahmanyam, Sanjay, *The Career and Legend of Vasco da Gama*, Cambridge. 1997.
- Subrahmanyam, Sanjay, The Portuguese Empire in Asia, 1500-1700, 1993.
  - ◆思考葡萄牙的「海上帝國」時的基本書籍。

### 英國東印度公司相關

- 浅田実『東インド会社』講談社現代新書 1989 年
  - ◆紀載詳細的英國東印度公司歷史。
- 浅田実『イギリス東インド会社とインド成り金』ミネルヴァ書房 2001 年
- 浜渦哲雄『世界最強の商社』日本経済評論社 2001 年
- Bowen, H.V., Margarette Lincoln, Nigel Rigby (eds.), *The Worlds of the East India Company*, The Boydell Press (Woodbridge,UK), 2002.
- Chaudhuri, K.N., *The Trading World of Asia and the English East India Company 1660-1760,* Cambridge, 1978.
  - ◆將東印度公司史的研究提升到新階段的古典名著。
- Farrington, Anthony, *Trading Places. The East India Company and Asia 1600-1834,* The British Library, 2002.
- Lawson, Philip, *The East India Company*. A History, Longman (London & New York) 1987.
- Moir, Martin, *A General Guide to the India Office Records*, The British Library, 1996.
  - ◆查詢東印度公司文獻的人不可或缺的參考書。
- Wild, Antony, *The East India Company. Trade and Conquest from 1600*, Harper Collins Illustrated (London), 1999.

羅伯特・克萊芙

（Robert Clive，1725～1774）

18 歲時以英國東印度公司職員的身分前往馬德拉斯。情緒起伏大，曾試圖自殺、進行決鬥。他在馬德拉斯的時候剛好爆發卡那提克戰爭，在一七五一年的軍事行動中發揮才能。一七五三年結婚，婚後暫時返回英國。一七五五年再度前往南印度，抵達馬德拉斯後收到加爾各答淪陷的通知，於是緊急趕往孟加拉奪回加爾各答要塞。之後在普拉西戰役中擊破孟加拉的納瓦布軍。已經簽訂同盟密約的新納瓦布，給他許多的現金與領地作為獎賞。但這些封賞成為公司職員日後腐敗的泉源而遭到批評。直到一七六〇年為止，持續以孟加拉總督的身分，致力於穩定納瓦布的權力。暫時歸國，並且被當成英雄歡迎，接著在一七六五年三度前往印度，直到一七六七年一月為止，都以孟加拉總督的身分維持秩序，並嚴格實行防止腐敗的政策。回國後遭政敵嚴厲批判，認為他的作為就是導致東印度公司財政惡化的原因。在議會中的堅定演說雖然維護了他的名譽，但激烈的攻擊還是使他罹患精神疾病，並在一七七四年結束了自己的生命。

---

亞當・斯密

（Adam Smith，1723～1790）

出生於蘇格蘭的漁港柯科迪，十四歲進入格拉斯哥大學就讀。畢業後在牛津渡過幾年的時光，接著再度回到蘇格蘭。一七五一年二十七歲時，取得格拉斯哥大學的教職。一七五九年出版的《道德情感論》使他獲得名聲。一七六三年辭去教授職務，以財政大臣湯森之子的家庭教師的身分前往法國。旅居法國期間，與伏爾泰、魁奈等當時一流的學者交好，在學術上也受到他們影響。兩年後回到倫敦，成為皇家學會的會員，與吉朋、詹森、伯克等當時一流的學者交流。一七六七年向湯森大臣辭別，回到故鄉柯科迪撰寫《國富論》。這本成為經濟學經典的重要著作出版（一七七六年）後，他主要居住於愛丁堡，擔任蘇格蘭的海關與鹽稅專員，每年獲得六百英鎊的收入，並且成為格拉斯哥大學榮譽校長，過著名利雙收的生活。

**新井白石**

（1657 ～ 1725）

出生於江戶的上總久留里藩士之子，但在不久後卻侍奉古河藩的堀田正俊。原本學習儒學，後來因藩的財政匱乏而成為浪人，三十歲左右成為朱子學者木下順庵的弟子。一六九三年，在師父的推薦下侍奉德川綱豐（甲府藩主）。綱豐在一七〇四年成為將軍的繼承人，一七〇九年成為第六代將軍德川家宣（在位一七〇九一一七一二年），白石也在這時以其臣下的身分進入江戶城，並與側用人及間部詮房（兩者都是官名）一起著手改革幕政。他們的改革運動從家宣持續到其子家繼（在位一七一三—一七一六年）時代，稱為「正德之治」，主要政策為鑄造高純度的正德金銀，以及實施稱為正德新例的海外貿易限制等等。在德川吉宗成為第八代將軍後失勢，日後便專注於寫作活動。他對洋學感興趣，甚自親自審問從屋久島登陸的基督宗教傳教士希多啓（Giovanni Battista Sidotti），並寫下《西洋紀聞》與《采覽異言》等著作。

---

**約瑟夫．法蘭索瓦．杜布雷**

（Joseph François Dupleix，1697 ～ 1763）

父親曾任法國東印度公司董事，一七二〇年被父親派往印度，擔任本地治里的高等評議會員、軍事負責人。一七三一年成為金德訥格爾商館長，發揮其政治上、行政上的才能，成功經營商館，並重整公司的業務。一七四二年被任命為本地治里總督。一七四四年之後，受奧地利王位繼承戰爭的影響，與英國東印度公司軍隊交戰。擁有出色的軍事天賦，在一七四七、四八年反擊英國東印度公司從陸、海對本地治里的包圍。此外也提供軍事積弱不振的南印度諸侯武力上的援助，強化法國東印度公司的影響。並且也對抗東印度公司與接受其援助的當地諸侯。然而法國東印度公司的總公司，不願意繼續從事花錢的軍事行動，於是在一七五四年將杜布雷解任。杜布雷回到巴黎後，對公司提起損害賠償訴訟，企圖取回自己代墊的款項，但最後訴訟沒有成功，他也抑鬱而終。

---

**布爾多內**

（La Bourdonnais，1699 ～ 1753）

出生於聖馬洛的航海家。十九歲就進入法國東印度公司工作。一七二四年升上船長。致力於征服位在印度西南方馬拉巴爾海岸的港鎮馬埃，因此獲准在自己的名字中冠上鎮名。透過亞洲境內的貿易累積財產後，暫時回到法國結婚，但在一七三五年又以法蘭西島（模里西斯島）及波旁島（留尼旺島）總督的身分回到印度洋，在當地留下建設港灣設施、種植甘蔗與樹薯的業績。英法東印度公司在南印度交戰時，以海軍提督的身分率領援軍趕往，立下占領馬德拉斯與解放本地治里的戰功。但後來與杜布雷總督反目，遭到解任並遣送回法國。一七四八年因瀆職的嫌疑遭到逮捕，在巴士底監獄坐了三年牢。坐牢期間財產遭沒收，也染上疾病，雖然在一七五一年時獲得假釋，卻在兩年後去世。

---

**尚・夏丹**

（Jean Chardin，1643 ～ 1713）

出生於巴黎的法國寶石商人。喀爾文派新教徒（胡格諾教徒）。波斯旅行記的作者。一六五五年奉父親之命前往波斯及印度進行寶石與珠寶飾品的買賣，在波斯販賣商品，並使用販賣所得在印度德干高原收購鑽石，接著於一六七〇年返抵巴黎。一六七一年再度前往東方，歷經辛苦的旅程，在一六七三年抵達波斯。自此之後有數年的時間旅居伊斯法罕，途經印度，在一六八〇年返回巴黎。後來看到法王路易十四對胡格諾教徒的迫害日益嚴重，便移居倫敦，並成為英國東印度公司的大股東，也獲國王封爵位。自此之後便以倫敦為據點，與弟弟丹尼爾一起從事東印度貿易，同時也將自己的波斯旅行經驗及所有波斯相關知識寫成書籍出版，帶給孟德斯鳩與盧梭等法國啟蒙主義思想家相當大的影響。對歐洲各地新教徒的援助也很熱心。

---

**丹尼爾・夏丹**

（Daniel Chardin，1649 ～ 1709）

出生於巴黎的胡格諾教徒。尚的弟弟。一六八五年前往倫敦投靠哥哥。一六八七年與哥哥一起成立公司，隨後帶著可觀的財產與妻子一起前往東南印度的馬德拉斯（現在的清奈）。自此之後便於馬德拉斯長住，直到一七〇九年去世為止。與英國東印度公司之間保持友好關係，也以民間商人的身分從事亞洲境內的貿易，以及和哥哥合作的歐亞間貿易。抵達馬德拉斯之後，立刻加深與總督耶魯的友好關係，並在一六八八年被任命為新設的馬德拉斯市參事會員。同時進行鑽石交易以及亞洲境內貿易。在一六九八年擔任馬德拉斯市長長達十年。原本位於別處的墓石被遷移到清奈的聖瑪莉教堂外庭保留下來。

---

**伊利胡・耶魯**

（Elihu Yale，1649 ～ 1721）

生於波士頓。三歲時舉家搬回英國，自此之後就再也沒有前往新大陸。就讀於倫敦的私立學校，畢業後於一六七〇年進入英國東印度公司。一六七二年抵達馬德拉斯後勤奮工作，在商館內的地位也扶搖直上。一六八〇年，在新落成的聖瑪莉教堂與同事的遺孀結婚。這個時候也開始從事鑽石貿易與亞洲境內的個人貿易。一六八七年就任馬德拉斯總督，直到一六九二年才卸下職務。在職期間設置馬德拉斯市長與市參事會員職務。卸任後因累積的財富過於龐大而招致嚴重批評，到了一六九九年才終於得以返回倫敦。回到英國之後支援基督教的傳教活動，並且提供康乃狄克州某間為體現基督教精神而建設的學校高額捐款，這間學校於是冠上耶魯的名字（今天的耶魯大學）。一七二一年死於倫敦，遺體埋葬在北威爾斯的雷克斯漢姆。

---

### 奧朗則布

（Aurangzeb，1618 ～ 1707）

蒙兀兒帝國第六代皇帝。在位期間為一六五八年到一七〇七年。沙賈罕的三子。一六五七年趁其父王患病之際，與兄長爭奪皇位繼承權，最後將父王幽禁後即位。他分別征服德干高原的艾哈邁德沙（比賈普爾）蘇丹國（一六八六年）與庫特博薩（戈爾康達）蘇丹國，因此帝國支配的領域在他的時代變得更加廣大。他是虔誠的穆斯林，因此以忠於伊斯蘭教理念的統治為目標，導致占其統治人口多數的非穆斯林反彈，在位期間的後半都致力於對抗馬拉塔等勢力。他不同於之前的皇帝，並未建設巨大的陵墓。蒙兀兒帝國的統治，也隨著這位皇帝的去世而鬆弛，內亂接連在領地內發生。

---

### 鄭成功

（1624 ～ 1662）

在東海進行大規模走私貿易的海上勢力頭目鄭芝龍，與平戶的日本人女性田川松生下的孩子。七歲時被父親帶走，渡海去到中國大陸。一六四四年清朝占領北京，父親不久之後決定歸順清朝，鄭成功於是與父親分道揚鑣，擁立明朝皇室遺孤，以廈門為據點主導反清復明活動。鄭成功擁有數百艘船隻，是半獨立的海上軍事勢力，清朝為了削弱其經濟力而頒布遷界令，強制將沿岸地區的居民移往內陸，避免鄭氏勢力與他們交涉。鄭成功因此在一六六二年，攻擊台灣的荷蘭東印度公司據點，擊退荷蘭人，並將自己的據點移到台灣。不久之後猝逝。十八世紀初的近松門左衛門以他波瀾萬丈的一生為題材改編成淨琉璃人偶劇（國姓爺合戰）。現代的台灣、中國福建、日本平戶等地都將他當成鄉土英雄祭拜。

---

### 柯妮利雅・范・尼言羅德

（Cornelia van Nijenroode，1629 ～ 1691）

平戶的荷蘭東印度公司商館長與日本人妻子之間生下的孩子。由於巴達維亞處在荷蘭人的數量慢性不足的狀態，因此一六三七年在其評議會的命令下，與姊姊一起從平戶被送往巴達維亞。抵達巴達維亞後生活在孤兒院，一六五二年與商務員助手皮耶・科隆結婚。兩人之間生下四男六女共十個孩子。後來成為首席高級商務員的科隆，在一六七二年去世，她繼承了鉅額的財產，並在一六七六年與來到巴達維亞擔任法官的約翰・彼得再婚。她與再婚對象因財產的管理與使用問題發生爭執。因為當時荷蘭法律規定，妻子的財產必須由丈夫管理。她在一六八七年航向荷蘭，出席在祖國的法庭，但十名子女當中唯一在世的兒子也在航海途中因病去世。荷蘭的判決費時三年以上，她等不到判決的結果便離開人世。但她大部分的財產最後並未落入彼得手中，而是由孫子繼承。

---

# 主要人物略傳

**瓦斯科・達伽馬**

（Vasco da Gama，1469 年左右～ 1524）

葡萄牙西南部沿岸要塞的長官之子，知名航海家，因發現從歐洲經好望角抵達印度的航線而聞名。他分別於一四九七到九九年、一五〇二到〇三年、一五二四年三度航向印度，是葡萄牙的國民英雄。從首度航海開始就貫徹使用武裝商船的掠奪與攻擊，在十六世紀的印度洋海域建立葡萄牙軍事霸權的基礎。首度航海的成功，讓他在回國後得到貴族的頭銜（伯爵），並獲得充分的年金與領地。此外他也在回國後結婚，生下六名子女。他為國王曼紐一世提供東印度政策的建議直到一五〇五年為止，之後在名為埃武拉的城市過著悠遊自在的退休生活。一五二四年，他奉下一任國王之命成為印度總督，第三次前往印度，卻在抵達後三個月去世。

---

**阿巴斯一世**

（'Abbās I，1571 ～ 1629）

薩法維帝國第五代皇帝。在位期間為一五八七～一六二九年。他在年輕時即位，果斷實施行政與軍事的改革，強化皇帝權力。他攻打鄂圖曼帝國與蒙兀兒帝國並收復失土，帶領薩法維帝國邁向極盛期。儘管他出身於與海洋無關的土耳其裔遊牧家族，卻對波斯灣的海上貿易抱持著強烈興趣，征服阿拉伯半島的巴林王國之後，便在英國東印度公司的援助下，攻陷葡萄牙人的據點荷姆茲島，並在其對岸建立新的港市阿巴斯港。除此之外，他也努力建設領內的道路、橋梁、商隊，並將首都從加茲溫遷到伊斯法罕，建設許多清真寺、官立學校、廣場、庭園等，象徵強化後的王權權威。

---

**簡・皮特斯佐恩・科恩**

（Jan Pieterszoon Coen，1587 ～ 1629）

荷蘭東印度公司草創時期的東印度總督。出生於荷蘭的荷恩。一六〇一年十三歲時前往羅馬，在法蘭德斯商人的公司實習。一六〇七年首度前往東印度，隨後暫時返回荷蘭，一六一二年成為率領兩艘船的首席商人，再度遠赴爪哇島。一六一四年奉命成為亞洲地區位列第二的事務總長，接著在一六一七年被任命為總督。他嘗試透過暴力壟斷摩鹿加群島與班達群島的高級香辛料，並獲得相當程度的成功。此外，他也在荷蘭東印度公司的據點巴達維亞建設要塞。荷蘭視他為「英雄」，但他在東印度卻有「班達的殺戮者」這個完全相反的評價。一六二三年返回荷蘭成為荷恩分部的負責人，隔年再度成為總督，並在一六二七年回到巴達維亞。一六二九年因罹患熱病而猝死。

---

| 時間 | 東印度公司與亞洲海域 | 歐洲、美國 |
| --- | --- | --- |
| | | 1756 年，七年戰爭（～ 1763 年）。 |
| 1757 年 | 普拉西戰役。清帝國限定歐洲船只能在廣州港進行貿易。 | |
| 1761 年 | EIC 占領本地治里。 | |
| 1765 年 | EIC 取得孟加拉的徵稅權。 | |
| 1767 年 | 第 1 次邁索爾戰爭（斷斷續續持續到 1799 年）。 | |
| | | 1768 年，阿克萊特發明水力紡紗機。 |
| 1769 年 | 法國東印度公司解散。 | |
| 1773 年 | 英國制定《管制法》。 | 波士頓茶黨事件（北美洲）。 |
| 1774 年 | 黑斯廷斯成為孟加拉總督（～ 1785 年）。 | |
| 1775 年 | 第 1 次馬拉塔戰爭（～ 1782 年）。 | 美國獨立戰爭（～ 1783 年）。 |
| | | 1776 年，亞當・斯密出版《國富論》。 |
| | | 1780 年，第 4 次英荷戰爭（～ 1784 年）。 |
| 1784 年 | 制定《印度法案》（英國）。 | |
| | | 1789 年，爆發法國大革命。 |
| 1793 年 | 英國大使馬戛爾尼前往清帝國。 | |
| | | 1795 年，巴達維亞共和國取代荷蘭共和國成立。 |
| | | 1798 年，拿破崙遠征埃及。 |
| 1799 年 | 荷蘭東印度公司廢止。 | |
| 1813 年 | 英國東印度公司結束與印度之間的壟斷貿易。 | |
| 1833 年 | 英國東印度公司結束與中國之間的壟斷貿易，自此之後便停止商業交易。 | |
| 1858 年 | 英國東印度公司解散。 | |

| 時間 | 東印度公司與亞洲海域 | 歐洲、美國 |
| --- | --- | --- |
| 1687 年 | 蒙兀兒帝國消滅戈爾康達蘇丹國。耶魯成為馬德拉斯總督（至 1692 年）。丹尼爾・夏丹抵達馬德拉斯。 | |
| 1688 年 | 馬德拉斯設置市場與參事會員的職位。EIC 與亞美尼亞人社群在倫敦締結合作協定。 | 英國光榮革命。 |
| 1689 年 | 長崎建設唐人屋敷。自此之後，來航的華人全都必須居住於此。 | |
| 1697 年 | 幕府透過長崎會所管理貿易。 | |
| 1698 年 | 英國國王認可新東印度公司。新舊公司的競爭激化。 | |
| | | 1700 年，英國制定第 1 次印度棉布禁令法。 |
| | | 1706 年，唐寧在倫敦開設咖啡館。 |
| 1707 年 | 蒙兀兒帝國皇帝奧朗則布去世。印度次大陸的政治情勢流動化。 | 英格蘭與蘇格蘭共組大不列顛王國。福南梅森在倫敦開店。 |
| 1709 年 | 新舊英國東印度公司合併。 | |
| 1715 年 | 德川政權根據正德新例限制長崎的對外貿易額。 | |
| | | 1718 年，伊利胡・耶魯在北美的紐哈芬市誕生。 |
| 1719 年 | 約翰・羅對法國東印度公司進行改革。 | |
| 1722 年 | 阿富汗人攻陷薩法維帝國首都伊斯法罕。奧斯滕德東印度公司成立（～ 1731 年）。 | |
| 1729 年 | 阿巴斯港發生荷蘭商館長遭殺害的事件。 | |
| 1731 年 | 瑞典東印度公司成立（～ 1807 年）。 | |
| 1736 年 | 薩法維帝國滅亡。 | |
| 1740 年 | 巴達維亞發生華人虐殺事件。 | 奧地利王位繼承戰爭（～ 1748 年）。 |
| 1742 年 | 杜布雷成為本地治里的總督（～ 1754 年）。 | |
| 1744 年 | 卡那提克戰爭（斷斷續續持續到 1761 年）。 | |
| 1746 年 | 法國東印度公司軍隊占領馬德拉斯（～ 1748 年）。 | |

| 時間 | 東印度公司與亞洲海域 | 歐洲、美國 |
|---|---|---|
| 1621 年 | VOC 的巴達維亞總督科恩主導大量屠殺班達島民的事件。 | |
| 1622 年 | 薩法維帝國的阿巴斯一世接受 EIC 的援助，占領荷姆茲島，並在對岸建造阿巴斯港。 | |
| 1623 年 | 發生安汶島事件。 | |
| 1624 年 | VOC 在台灣建造熱蘭遮城要塞。 | |
| 1635 年 | 德川政權廢止朱印船制度。禁止日本人航行海外與歸國。 | |
| 1637 年 | 天草・島原之亂發生。 | |
| 1639 年 | 德川政權禁止葡萄牙人來航。荷蘭人與英國人的混血兒與其母親被放逐到巴達維亞。EIC 在馬德拉斯建造要塞與商館。 | |
| 1641 年 | 德川政權下令將 VOC 商館從平戶遷移到出島。VOC 從葡萄牙人手上奪取麻六甲。 | |
| 1644 年 | 明帝國滅亡，清遷都北京，開始統治中國。 | |
| | | 1648 年，簽訂西發里亞和約（三十年戰爭結束）。 |
| | | 1652 年，第 1 次英荷戰爭（～ 1654 年）。 |
| 1656 年 | 清帝國發布海禁令（至 1684 年止）。 | |
| 1657 年 | 克倫威爾頒發特許狀給 EIC。 | 倫敦的咖啡館「卡拉威」開始供應茶。 |
| 1662 年 | 鄭成功征服台灣的 VOC 要塞。 | |
| 1664 年 | 法國東印度公司成立。 | |
| | | 1665 年，尚・夏丹首度出發前往波斯及印度旅行（1670 年返航，第 2 次旅行為 1671 ～ 80 年）。 |
| 1669 年 | VOC 征服望加錫王國。 | |
| 1670 年 | 丹麥成立亞洲公司（～ 1807 年）。 | |
| 1674 年 | 法國東印度公司取得本地治里。 | |
| 1683 年 | 清帝國平定台灣的鄭氏政權。 | |
| | | 1685 年廢除南特敕令。 |

| 時間 | 東印度公司與亞洲海域 | 歐洲、美國 |
|---|---|---|
| 1550年 | 葡萄牙人首度造訪平戶。 | |
| 1557年 | 明帝國暫時允許葡萄牙人住在澳門。 | |
| 1567年 | 明帝國放鬆海禁。 | |
| 1571年 | 西班牙人在馬尼拉建立據點。 | |
| 1580年 | 大村純忠把長崎捐給耶穌會。 | |
| | | 1581年尼德蘭七省（荷蘭）宣布從哈布斯堡王國獨立。西班牙的菲力普二世兼任葡萄牙國王。 |
| 1587年 | 豐臣秀吉將長崎設為直轄領，下令驅逐傳教士。 | |
| | | 1588年，西班牙無敵艦隊遭擊破。 |
| 1590年 | 豐臣秀吉統一大部分的日本列島。 | |
| 1592年 | 豐臣秀吉侵略朝鮮（文祿之役、壬辰倭亂）。 | |
| 1595年 | 荷蘭船隊首度前往東印度。 | |
| 1600年 | 關原之戰。 | |
| 1601年 | 英國東印度公司成立。 | |
| 1602年 | 荷蘭東印度公司成立。 | |
| 1603年 | 德川家康成為征夷大將軍，建立德川政權。荷蘭東印度公司由12艘船組成的船隊，首度從荷蘭航向亞洲海域。 | |
| | | 1607年，英國移民在北美東岸建設詹姆斯鎮。 |
| 1609年 | 荷蘭東印度公司（以下簡稱VOC）船隻首度抵達平戶，設置商館。 | |
| 1612年 | 英國東印度公司（以下簡稱EIC）在蘇拉特設置商館。 | |
| 1613年 | EIC在平戶設置商館（至1623年為止）。 | |
| 1619年 | VOC占領巴達維亞作為亞洲海域的據點，並建設都市。 | |
| | | 1620年，五月花號航向北美。 |

# 年表

| 時間 | 東印度公司與亞洲海域 | 歐洲、美國 |
| --- | --- | --- |
| 1371 年 | 明帝國發布海禁令。 | |
| 1404 年 | 日明之間展開勘合貿易。 | |
| 1405 年 | 鄭和第 1 次下西洋（至 1433 年第 7 次為止）。 | |
| | | 1492 年，哥倫布發現新大陸。伊比利半島最後的穆斯林政權滅亡。 |
| 1497 年 | 達伽馬出發前往東印度。 | |
| 1498 年 | 達伽馬抵達古里。 | |
| 1500 年 | 卡布拉爾出發前往東印度（1501 年歸航）。 | |
| 1501 年 | 薩法維帝國建立。 | |
| 1502 年 | 達伽馬第二次航向東印度。 | |
| 1510 年 | 葡萄牙人征服果阿。 | |
| 1511 年 | 葡萄牙人占領麻六甲。 | |
| 1515 年 | 葡萄牙人征服荷姆茲島。 | |
| | | 1517 年鄂圖曼帝國滅馬木留克王朝，征服敘利亞與埃及。根據馬丁・路德的「九十五條論綱」展開基督宗教的宗教改革運動。 |
| 1523 年 | 寧波之亂（細川氏與大內氏的使節在寧波發生爭端）。 | |
| 1526 年 | 蒙兀兒帝國成立。石見銀山開始開採。 | |
| | | 1534 年創設耶穌會。 |
| 1542 年及 1543 年 | 葡萄牙人漂流到種子島（鐵砲傳入日本）。 | |
| | | 1545 年在南非的波托西發現銀山。 |
| 1548 年 | 朱紈攻擊倭寇。 | |
| 1549 年 | 聖方濟・沙勿略登陸鹿兒島。 | |

興亡的世界史 16

# 東印度公司與亞洲的海洋

## 跨國公司如何創造二百年歐亞整體史

東インド会社とアジアの海

東印度公司與亞洲的海洋：跨國公司如何創造二百年歐亞整體史
羽田正著／林詠純譯／
初版／新北市／八旗文化出版／
遠足文化發行／二〇一八年二月
譯自：東インド会社とアジアの海
ISBN 978-986-95905-4-9（精裝）

一、東印度公司　二、國際貿易史

558.09
107000095

作者　羽田正
日文版編輯委員　青柳正規、陣內秀信、杉山正明、福井憲彥
譯者　林詠純

總編輯　富察
責任編輯　穆通安、張乃文、洪源鴻
編輯協力　許哲睿
行銷企劃總監　蔡慧華

封面設計　莊謹銘
排版設計　宸遠彩藝

出版　八旗文化／遠足文化事業股份有限公司
發行　遠足文化事業股份有限公司（讀書共和國出版集團）
地址　新北市新店區民權路 108-2 號 9 樓
電話　〇二～二二一八～一四一七
傳真　〇二～二二一八～八〇五七
客服專線　〇八〇〇～二二一～〇二九
信箱　gusa0601@gmail.com
臉書　facebook.com/gusapublishing
部落格　gusapublishing.blogspot.com

法律顧問　華洋法律事務所／蘇文生律師
印刷　成陽印刷股份有限公司

出版日期　二〇一八年二月（初版一刷）
　　　　　二〇二四年六月（初版十四刷）

定價　五五〇元整